国外油气勘探开发新进展丛书
GUOWAIYOUQIKANTANKAIFAXINJINZHANCONGSHU

SOIL MECHANICS FOR PIPELINE STRESS ANALYSIS
管道应力分析相关土壤力学

〔加〕James M. Oswell 著

张 宏 刘啸奔 丁 晖 译

石油工业出版社

内 容 提 要

本书叙述了管道应力分析相关的土壤力学知识和基本原理，介绍了获得土壤参数的方法，列出了管土相互作用的案例，并结合中国土壤的情况和类型进行了具体分析。同时把中国土壤分类系统和常用的 ASTM 系统进行了对比，对开展管道强度设计计算和安全评估有积极作用。

本书可供从事管道强度设计、运行管理的技术人员和管理人员，以及从事管道强度分析研究的科研人员参考使用，也可供油气储运相关专业的师生参考阅读。

图书在版编目（CIP）数据

管道应力分析相关土壤力学／（加）詹姆斯·M. 奥斯威尔（James M. Oswell）著；张宏，刘啸奔，丁晖译.
—北京：石油工业出版社，2020.9
（国外油气勘探开发新进展丛书；十九）
书名原文：Soil Mechanics for Pipeline Stress Analysis
ISBN 978-7-5183-4043-9

Ⅰ.①管… Ⅱ.①詹…②张…③刘…④丁… Ⅲ.①管道工程-应力分析②土壤-土物理性质 Ⅳ.①U172
②S152.9

中国版本图书馆 CIP 数据核字（2020）第 101083 号

Original title: Soil Mechanics for Pipeline Stress Analysis
by James M. Oswell
First published by Naviq Consulting Inc.
Copyright © 2016 by James M. Oswell
All Rights Reserved.
Simplified Chinese edition is published by arrangement with James M. Oswell

此简体中文版本经原书作者授权石油工业出版社有限公司翻译出版。版权所有，侵权必究。
北京市版权局著作权合同登记号：01-2020-4246

出版发行：石油工业出版社
（北京安定门外安华里 2 区 1 号　100011）
网　　址：www.petropub.com
编辑部：（010）64523687　图书营销中心：（010）64523633
经　销：全国新华书店
印　刷：北京中石油彩色印刷有限责任公司

2020 年 9 月第 1 版　2020 年 9 月第 1 次印刷
787×1092 毫米　开本：1/16　印张：12
字数：257 千字

定价：100.00 元
（如出现印装质量问题，我社图书营销中心负责调换）
版权所有，翻印必究

《国外油气勘探开发新进展丛书（十九）》
编 委 会

主　　任：李鹭光

副主任：马新华　　张卫国　　郑新权

　　　　何海清　　江同文

编　　委：（按姓氏笔画排序）

　　　　王长宁　　卢拥军　　刘　春

　　　　张　宏　　张　洁　　范文科

　　　　周家尧　　郝明强　　章卫兵

序

"他山之石，可以攻玉"。学习和借鉴国外油气勘探开发新理论、新技术和新工艺，对于提高国内油气勘探开发水平、丰富科研管理人员知识储备、增强公司科技创新能力和整体实力、推动提升勘探开发力度的实践具有重要的现实意义。鉴于此，中国石油勘探与生产分公司和石油工业出版社组织多方力量，本着先进、实用、有效的原则，对国外著名出版社和知名学者最新出版的、代表行业先进理论和技术水平的著作进行引进并翻译出版，形成涵盖油气勘探、开发、工程技术等上游较全面和系统的系列丛书——《国外油气勘探开发新进展丛书》。

自 2001 年丛书第一辑正式出版后，在持续跟踪国外油气勘探、开发新理论新技术发展的基础上，从国内科研、生产需求出发，截至目前，优中选优，共计翻译出版了十八辑 100 余种专著。这些译著发行后，受到了企业和科研院所广大科研人员和大学院校师生的欢迎，并在勘探开发实践中发挥了重要作用，达到了促进生产、更新知识、提高业务水平的目的。同时，集团公司也筛选了部分适合基层员工学习参考的图书，列入"千万图书下基层，百万员工品书香"书目，配发到中国石油所属的 4 万余个基层队站。该套系列丛书也获得了我国出版界的认可，先后四次获得了中国出版协会的"引进版科技类优秀图书奖"，形成了规模品牌，获得了很好的社会效益。

此次在前十八辑出版的基础上，经过多次调研、筛选，又推选出了《天然裂缝性储层地质分析（第二版）》《压裂水平井》《水力压裂——石油工程领域新趋势和新技术》《钻井液和完井液的组分与性能（第七版）》《水基钻井液、完井液及修井液技术与处理剂》《管道应力分析相关土壤力学》等 6 本专著翻译出版，以飨读者。

在本套丛书的引进、翻译和出版过程中，中国石油勘探与生产分公司和石油工业出版社在图书选择、工作组织、质量保障方面积极发挥作用，一批具有较高外语水平的知名专家、教授和有丰富实践经验的工程技术人员担任翻译和审校工作，使得该套丛书能以较高的质量正式出版，在此对他们的努力和付出表示衷心的感谢！希望该套丛书在相关企业、科研单位、院校的生产和科研中继续发挥应有的作用。

中国石油天然气股份有限公司副总裁 李鹭光

译者序言

10年前，因为中俄原油管道漠大线的安全评估问题，有幸认识了James（Jim）M. Oswell先生。后来我们经常探讨冻土区的管道相互作用问题。Jim是一个在岩土工程方面非常有经验的资深工程师，在包括我国中俄原油管道漠大线在内的世界上许多国家的管道建设提供了很多咨询帮助。2017年10月他访问我校时送给我他新撰写的专著《Soil Mechanics for Pipeline Stress Analysis》，该书介绍了许多与管道应力分析相关的土壤力学知识和基本原理，获得土壤参数的方法，特别是介绍了一些管土相互作用的分析案例。这些内容对于我们开展管道强度设计计算和安全评估非常重要。因此我建议我将此书译成中文，由石油工业出版社出版。为此Jim非常支持，针对中国读者的需求增加了许多与中国土壤特性相关的内容。该书的翻译出版工作得到石油工业出版社和方代煊、王兴两位编辑的大力支持。在翻译过程中，得到我曾经的同事，也是本书许多参考文献的作者刘学杰博士的帮助，同时也得到中国石油管道公司管道科技中心李亮亮工程师、中国科学院西北生态环境资源研究院李国玉研究员的大力支持，同时研究生迪娜尔·波拉提、杨悦、刘高灵、高宁、张婷、江金旭和张东、付洋、池艺琦、赵子棋等同学也为此付出了辛勤劳动。在此一并感谢！

该书可作为从事管道强度设计、运行管理的现场工程师和高校从事管道强度分析研究的教师的参考资料，也可以作为油气储运相关专业的研究生学习管道强度知识的参考书。

尽管译者对管土相互作用比较熟悉，但缺乏对土力学基础知识的了解，翻译不免有一些生硬，甚至可能错误。望各位读者指出，以便今后改进。

中国石油大学（北京）　张宏
hzhang@ cup. edu. cn
2020年3月于北京

原书序言

本书能使非岩土工程专业的从事管道强度分析与设计的管道工程师了解岩土力学的基本概念、术语与原理，以及管道与岩土之间相互作用的关系。这些内容将有利于管道应力分析，能帮助管道设计人员与为管道工程项目提供岩土工程信息的岩土工程师进行更好的交流。

管道工程师与岩土工程师的交流经常存在隔阂，岩土工程师们不懂得如何进行管道应力分析，不清楚哪些问题对管道工程师最重要，而管道工程师们也不能正确理解和应用岩土工程师们提供的土壤特性和强度参数等。本书的初衷就是解决这个问题。

本书的中国版本是为满足中国管道工程师和应力分析人员的需求而专门编写的。除了常用的国际上的土壤分类系统外，本书还介绍了中国土壤分类系统，并与常用的ASTM系统进行了比较。此外，本书用专门一节简要介绍了中国土壤的情况和中国土壤类型的图片。

近年来，该领域研究十分活跃，新的研究成果不断涌现。本书无意论述该方向的研究与工程实践的最新进展，而是希望能给管道工程师在解决管道工程中常见的相关问题时提供合理及实用的方法。

本书中文译本由我的朋友——来自中国石油大学（北京）的张宏教授翻译。

James M. Oswell

原书致谢

非常感谢过去几十年来和我共事过的许多工程师，和这些人一起的工作经历对我来说是非常有益的，成就了我成功而又充实的事业。

以下同行花费了许多时间来审查本书早期英文版本，并提出了很多具有建设性的意见和建议，包括曼尼托巴大学名誉教授 James Graham 博士，阿尔伯塔省卡尔加里市岩土工程师 Robert L. Martin 先生，Stresstech 工程有限公司首席应力分析工程师 Wes Dyck 先生。与英属哥伦比亚省温哥华 BGC 工程公司的高级岩土工程师 Hamid Karimian 博士就本书的数次讨论同样使我受益良多。Robert Martin 先生在本书第一版出版前后与我分享了很多他对土壤力学的深刻理解。

我非常感激并采用了审稿人提出的相关建议与意见。本人对本书仍可能存在的任何语法、语言或者技术上的错误负责。

James M. Oswell

作者简介

James（Jim）M. Oswell 是 Naviq 咨询公司的首席工程师。他专注于管道岩土工程方面的业务咨询，包括地质灾害、管土相互作用和冻土等。他参与了加拿大西部和北部、阿拉斯加和俄罗斯等国家主要油气管道项目。曾担任加拿大、美国、哥伦比亚和厄瓜多尔等国家多项管道事故调查的首席岩土工程师。而且他还一直是管道事故监管、准司法听证会和诉讼案件的鉴定证人。

Jim 发表 30 多篇科技论文，曾任加拿大岩土工程学会副会长，国际冻土协会加拿大国家委员会前主席，现任加拿大土壤学报副主编。

Jim，湖首大学土木工程专业毕业，卡尔加里大学岩土工程硕士，曼尼托巴大学岩土工程博士。

Jim 邮箱：jim.oswell@naviq.ca。

目　　录

1　绪论 ……………………………………………………………………………… (1)
　　1.1　管道与岩土工程 …………………………………………………………… (1)
　　1.2　研究重点 …………………………………………………………………… (1)
2　土壤的成因与地质特征 ………………………………………………………… (2)
　　2.1　土壤成因及类型 …………………………………………………………… (2)
　　2.2　中国的地表地质 …………………………………………………………… (9)
3　土壤的分类和定义 ……………………………………………………………… (11)
　　3.1　土壤分类 …………………………………………………………………… (11)
　　3.2　有机土壤分类 ……………………………………………………………… (16)
　　3.3　永冻土分类 ………………………………………………………………… (17)
　　3.4　其他土壤分类系统 ………………………………………………………… (17)
　　3.5　土壤术语的定义 …………………………………………………………… (17)
　　3.6　地下水对土壤应力的影响 ………………………………………………… (21)
　　3.7　土壤压实步骤及定义 ……………………………………………………… (22)
4　作用在管道上的土壤载荷 ……………………………………………………… (24)
　　4.1　山体滑坡 …………………………………………………………………… (24)
　　4.2　液化和侧向扩展 …………………………………………………………… (27)
　　4.3　地表断层 …………………………………………………………………… (29)
　　4.4　上浮屈曲 …………………………………………………………………… (32)
　　4.5　水平弯头的热胀 …………………………………………………………… (33)
　　4.6　冻胀和融沉 ………………………………………………………………… (33)
　　4.7　管道应变对失效的影响 …………………………………………………… (36)
5　管道设计和应力分析所需的土壤信息 ………………………………………… (37)
　　5.1　重要原则 …………………………………………………………………… (37)
　　5.2　管土相互作用相关的重要信息 …………………………………………… (39)
6　土壤强度的测试与解释 ………………………………………………………… (40)
　　6.1　有效应力原理 ……………………………………………………………… (40)
　　6.2　土壤强度试验 ……………………………………………………………… (44)
　　6.3　管道埋深的高应力土壤强度 ……………………………………………… (46)
　　6.4　管道浅埋深有效土壤强度 ………………………………………………… (51)
　　6.5　排水剪胀性 ………………………………………………………………… (52)

	6.6	典型的土壤强度	(53)
	6.7	应变率对强度的影响	(61)
	6.8	土质敏感性	(62)
	6.9	土壤强度差异性	(63)
	6.10	土壤强度的参数相关性	(64)
	6.11	侧向土压系数	(69)
	6.12	重塑/扰动后强度	(69)
7	土壤抗力、屈服位移和管土相互作用		(70)
	7.1	土壤极限抗力和土壤刚度	(71)
	7.2	轴向土弹簧	(73)
	7.3	水平土弹簧	(77)
	7.4	挤压（垂直向下）土弹簧	(83)
	7.5	垂直向上土弹簧	(87)
	7.6	排水条件下黏土的屈服位移	(90)
	7.7	有效相对密度的使用	(90)
	7.8	沼泽土中的管土相互作用	(91)
8	管土相互作用专题		(92)
	8.1	土壤极限抗力和土壤刚度	(92)
	8.2	土壤弹性参数的选择	(92)
	8.3	土壤参数差异性对管道应力的影响	(96)
	8.4	双曲线土壤抗力函数	(100)
	8.5	加载速率对土壤强度的影响	(100)
	8.6	地下水在估算土壤强度方面的作用	(103)
	8.7	非饱和土对管土相互作用的影响	(103)
	8.8	融沉	(107)
	8.9	冻胀	(107)
	8.10	水平定向钻穿越管道周围的土壤特性	(110)
	8.11	多土壤刚度的使用	(113)
	8.12	应变软化和载荷—位移行为	(113)
	8.13	管沟宽度对水平土壤抗力的影响	(115)
	8.14	回填土时效对强度的影响	(117)
	8.15	回填土强度对水平土壤刚度的影响	(118)
	8.16	管沟壁坡度对水平土壤抗力的影响	(119)
	8.17	回填土温度对温差的影响	(119)
	8.18	冻土回填的影响	(121)
	8.19	地面占压	(122)

8.20 土壤大侧向位移的问题 …………………………………………… (127)
8.21 管道位移模式和过渡区 …………………………………………… (130)
8.22 临界坡长和坡宽 …………………………………………………… (132)
8.23 虚拟锚固点 ………………………………………………………… (134)
8.24 管道抬升的棘轮效应 ……………………………………………… (135)
8.25 位移速率的影响 …………………………………………………… (137)

9 管土相互作用问题的缓解措施 ………………………………………… (143)
  9.1 温度应力 …………………………………………………………… (143)
  9.2 穿越地质断层 ……………………………………………………… (143)
  9.3 滑坡 ………………………………………………………………… (144)
  9.4 上浮位移和屈曲 …………………………………………………… (146)
  9.5 液化和侧向扩展 …………………………………………………… (147)

10 总结 ……………………………………………………………………… (148)

版权和版权许可 ……………………………………………………………… (150)

参考文献 ……………………………………………………………………… (155)

名词术语 ……………………………………………………………………… (164)

1 绪论

1.1 管道与岩土工程

岩土工程主要研究土壤与岩石的行为,以及这些土壤材料与工程结构之间的相互作用。岩土工程特别关注建筑基础的承载能力和边坡稳定性评估,公路路基与底基层设计、堤坝设计等问题。为管道提供工程参数是岩土工程中非常小的一项功能。

历史上,在管道工程中岩土工程师的工作仅局限于管道定向钻穿越的技术可行性和滑坡稳定性方面。很少要求他们为管道应力分析提供相关基础数据。而大学中典型的岩土工程课程包括建筑基础设计、堤防设计和边坡稳定性分析,没有管土相互作用方面的课程。所以我们并不奇怪,为什么管道工程师在得到岩土工程师提供的相关参数后,开展应力分析时会因为一些不确定性和基于保守的原则,相当保守地去采用这些土壤参数,而且通常是过分保守的。管道工程师通常不熟悉土壤力学的基本原理,他们在分析中总是保守地考虑土壤对管道的作用。

因此,本书的作用就是搭建管道工程师和设计人员与岩土工程师各自知识体系之间的桥梁,使得土壤参数能更好地用于管道工程项目设计。本书还能够帮助管道工程师与设计人员理解岩土工程师使用的专业概念和术语。

1.2 研究重点

这本书研究重点为土壤力学、岩土工程和管土相互作用的有关内容,主要包括:
(1)土壤分类和定义;
(2)管土相互作用的主要场景;
(3)土壤强度测试与解释;
(4)管道设计中所需的土壤参数;
(5)土壤极限抗力,土弹簧参数和管土相互作用;
(6)管土相互作用专题与思考;
(7)特定地质灾害的减灾策略;
(8)总结和核心内容。

2 土壤的成因与地质特征

2.1 土壤成因及类型

土壤形成的地点及形成方式对土壤在管土相互作用中的行为及工程特性参数具有重要影响。本节将介绍很常见的土壤沉积物类型。

冰碛土是沉积在冰川边或冰川下部的土壤。典型的冰碛土是颗粒大小不同的混合物。它通常是细颗粒基质,也含有一定比例的粗颗粒。有些冰碛土则基本由粗颗粒基质组成。冰碛土还有可能包含煤或方解石晶体等一些其他的颗粒。常用的描述冰川沉积物的其他术语还包括底碛或冰碛。

冰碛土一般是非常致密和坚硬的,图2.1是两种不同的冰碛土。

(a) 阿尔伯塔省卡尔加里西北部含碎石的细冰碛土　　(b) B.C.Caribou的砂砾石

图2.1　两种不同的冰碛土

冰川湖泊土一般在因冰川形成的静水中沉积而来。典型的冰湖土颗粒非常细,并含有大量的黏土。该类土壤起初在冰川里。冰川融化后,冰川水会携带着土壤沉积到正融化或消退的冰川前的湖水中。例如,最后一次冰川作用后,加拿大萨斯喀彻温省东北部和马尼托巴省以及美国北达科他州和明尼苏达州的北部地区被阿加西冰湖覆盖。这些区域的地表土壤为厚厚的中高塑性黏土层。

湖泊土壤沉积于近代非冰川作用的静水环境中。通常是高含黏土的细粒土壤。这些细的土壤颗粒沉积物被带入湖中并沉淀。冰川湖泊土和湖泊土壤强度通常小于冰川土壤强度。图2.2为阿尔伯塔省卡尔加里冰川湖泊土壤。

图 2.2　阿尔伯塔省卡尔加里西北部的冰川湖泊土壤

冲积土/河流沉积土沉积于流动的河道。沉积的颗粒大小取决于流动水的能量或速度，流动速度越高，沉积下来的颗粒越粗，更细的颗粒都被带向下游。图 2.3 均为河流沉积土。

(a) 高速流动的阿尔伯塔省Bow河河流沉积土

(b) 低速流动的秘鲁亚马逊流域Rio Tambopata河河流沉积土

图 2.3　河流沉积土

并非所有河流沉积土或冲积土都是新近沉积形成的。正如湖泊土是新近形成的,而冰川湖泊土有几千年的历史,冰川土是与过去发生的冰川事件有关的河流冲积土。它们可能沉积在远离现代河流的地方。图2.4为加拿大大草原上冰川河流沉积的砂土和细砾石。管道的路由设计不希望遇到这些土壤。

图2.4 加拿大萨斯喀彻温省西部冰川河流沉积的砂土和细砾石

崩积土是一种来自斜坡顶部并由于重力作用而堆积在坡下的土壤。作为土壤术语之一,"崩积土"一词很少用。无论土壤粒径如何,除非岩土工程师能确认它们在斜坡高处的母体,否则就无法认定它们是崩积土。图2.5为一条大河附近的斜坡,斜坡的表层由细颗粒沉积物构成,其来源为斜坡顶部后面的冰川湖泊沉积物。图2.6所示的斜坡剖面显示了土壤地层,地层信息来源于多个钻孔。在斜坡钻孔中发现了覆盖在粉质黏土上的再沉积细砂和粉土(崩积层)。黄土是一种风积土,中国大部分地区覆盖着黄土,下一节将对此详细介绍。

风积土是由于风吹土堆积而成的。受限于运移和堆积方式,风积土颗粒度分布往往很窄,一般为粉土和细砂。因为较粗的砂土和砾石太重,不能被风携带,而黏土大小的细颗粒要么太黏而不能被风吹起,要么太轻被刮走了,不能形成有效堆积。图2.7所示为风积土。

图 2.5 覆盖一层未受扰动的土壤崩积层的斜坡

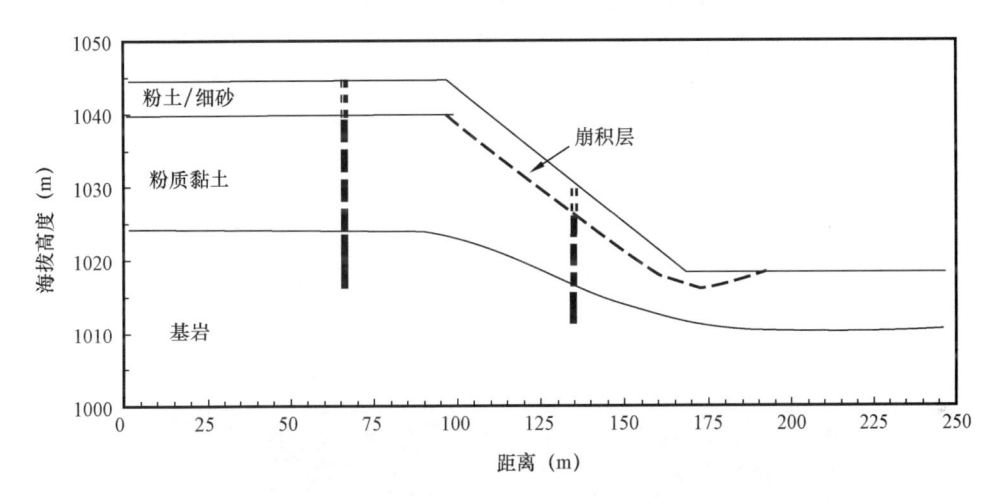

图 2.6 根据钻孔地层信息得到的图 2.5 斜坡剖面图

图 2.7 曼尼托巴省西南部的风积土壤

崩塌岩屑通常由堆积在岩体下方斜坡上的岩石碎片组成,与崩积层类似,但粒径更大,并来自裸露的基岩斜坡上部。图2.8所示为一个崩塌岩屑斜坡。

图2.8　阿尔伯塔省卡那那斯基斯郡Rawlings湖岩屑斜坡

基岩风化后未被运移的部分形成了残积土。它们存在于没有发生冰川作用的地方。在西半球,这些地方包括美国部分地区,中美洲和南美大部分地区。同时在非洲、印度次大陆和东南亚也有残积土。残积土种类很多,从蒙脱石黏土到几乎原始的基岩。典型的残积土剖面在地表附近为黏土,埋深越大粒径越大,最深处为母基岩。图2.9所示为残积土,值得注意的是图中暴露出的地层的结构,它与风化作用、时间和母基岩成分有关。基岩越软,风化越快。

图2.9　南美洲哥伦比亚残积土

在中国许多地区都有称为红土带的残积土,主要分布在南方。它们是亚热带地区基岩风化作用形成的。图2.10为黄山的残积土,红色表明土壤中铁元素含量较高。

冰川海洋土壤沉积在冰川作用后的盐水环境中。这些黏土的工程性质通常与其孔隙水化学变化有关。这些变化致使土壤形成絮凝状的"卡片房"式亚稳态黏土片状结构,当受到施工或地震震动的扰动时,该结构易于坍塌且强度显著降低。这些土壤通常具有高含水量、高孔隙率和低渗透率。图2.11所示为冰川海洋土壤,这些土壤通常被称为"速动"黏土。

图 2.10　中国黄山的残积土

图 2.11　不列颠哥伦比亚省基蒂马特附近的冰川海洋土（左图来自 Rod Read，右图来自 Michael Wagner）

"滑移面"指黏土矿床中的预剪切平面。当黏土充分剪切能使片状黏土沿运动方向定向移动时，就形成了滑移面。这种移动将土壤摩擦角降为一个较小值或"残余"值。滑移面是土壤运动更容易发生的弱剪切面。图 2.12 为残积土中的滑移面。

图 2.12　南美洲厄瓜多尔残积土中的滑移面

泥炭土和沼泽土是有机沉积物，它的特性是高含水、矿物质含量少，承受结构和运输车辆载荷能力差。有机厚度范围从小于 300mm 到 3m 以上。有机物的成分可以是带有完整的植物根和木屑组成的纤维,也可能完全分解无法辨识的泥炭。沼泽土形成于沼泽、高位地下水或静水中。泥炭土通常形成于地势稍高没有积水的地方。一些工程师或地貌学家将沼泽地作为地形单元,泥炭土作为构成沼泽地的材料。图 2.13 所示为泥炭土沉积。

(a) 西北地区诺曼韦尔斯输油管道附近的泥炭土/沼泽

(b) 阿尔伯塔省Fort 麦克默里堡附近的泥炭土岩样

图 2.13　泥炭土沉积

能在两个冬季和其间的夏季保持冻结的地层,我们一般称之为永冻土。它覆盖了南北半球高纬度地区的大片地区,以及高海拔地区(即高山永冻土)。尽管在加拿大大部分省份的北部地区,零星分散的永冻土地区很常见,但是可以认为北美的永冻土范围大约是从北纬60°开始向北延伸的。永冻土地带地形地貌是多样的。冻土的工程特性与土壤类型、地温、含冰量、地表扰动以及其他因素有关。冻土将影响管道设计的许多方面,包括路由、管道特性、水工保护、施工和运营。永冻土土样如图 2.14 所示。

图 2.14　含冰永冻土

根据冻土面积占比,可将永冻土分为五个区划。表 2.1 列出了这五种区划和它们对应冻土面积的百分比。

高山永冻土可能存在于温带的高海拔山区。

表 2.1 永冻土的区划（Van Everdingen,2005）

永冻土带	永冻土占比(%)
连续	90~100
基本连续	65~90
中等连续	35~65
基本不连续	10~35
孤立	1~10

需要注意的是无论在连续的、不连续的还是孤立的永冻土地带，永冻土的工程特性都是相同的。唯一的显著差异是平均地温。连续永冻土层的地面温度通常最低，零星和孤立的永冻土层的地面温度最高。

更多有关永冻土区域管道设计相关的岩土工程方面的内容参见 Oswell(2011)。

混杂沉积土这种土壤矿物质含量的范围很广，从几乎不含矿物质到含有大量的矿物质，可能是砂石，也可能是细粒状的物质。通常这种沉积物的成分和结构在垂向和侧向都会有所不同。该名词通常与冰川沉积有关，如冰碛土。

喀斯特地貌的特征是碳酸盐岩溶解形成天坑、隧道和溶洞。溶洞可能在一定深处形成并向上发展到地表。如果管道建在未被发现的空腔上，空腔上方的"顶部"可能会塌陷，导致管道上出现设计未考虑的应力。图 2.15 所示为加拿大北部的一个大型喀斯特天坑。

图 2.15 位于加拿大西北地区诺曼韦尔斯附近的碳酸盐岩基岩中的大型喀斯特天坑

2.2 中国的地表地质

中国是一个幅员辽阔、地质条件复杂的国家。近地表土壤的差异较大，即使是相似的土壤类型，区域间也存在显著的差异。从南方的热带土壤，到北方和青藏高原的永冻土。与北半球其他国家相比，影响中国土壤性质的一个重要原因，是中国只有非常有限的地区在最后一次冰河时代（约 11000 年前结束）受到冰川作用的影响。欧洲和俄罗斯大部分地区、整个加拿大和美国北部的许多土壤都是冰川作用或其后果的结果，例如冰碛土、冰川湖泊土或冰川沉积土。由于中国大部分地区未受冰川作用的影响，土壤主要是风化和侵蚀运移作用的结果。

2.1节简单介绍了一种细粒风积土壤的黄土沉积物。这种土壤比形成砂丘的砂土更细,如图2.7所示。这些由风力运移的粉质土壤覆盖了中国中部和中西部的大片区域,几乎占了中国近7%的陆地面积。它们是黄河中游沿线的主要土壤类型,覆盖了陕西省和甘肃省的大部分地区以及青海省的东部。秦岭和伏牛山脉限制了这种土壤向南的延伸。黄土在兰州和西峰附近的厚度超过200m(Lin和Liang,1982)。这些沉积物的年龄从几十万年到近一万年不等。

黄土特性对管道设计、施工和运行都很重要。首先,土壤的风蚀性很强,因为它主要由粒径与淤泥相近且内聚力很小的颗粒组成。土壤一旦被施工扰动,就很容易被地表水或风运移。施工时,首先需要采取特殊措施控制风蚀和流失。其次,原状黄土普遍疏松,压实性差,遇水浸湿后易塌陷(或发生体积变化)。如果地表水进入管沟,可能导致露管或掏空。作为一种地质灾害,黄土含水饱和度一般较低,遇水后强度弱化,土壤强度不稳定,这会导致边坡不稳定,从而对管廊带产生负面影响。

沙漠覆盖了中国的大片地区。中国沙漠地形主要有两种类型:砂地和戈壁。作为世界上第五大沙漠,戈壁沙漠覆盖了沿着中蒙边界的中北部大部分地区。广阔的戈壁沙漠主要是裸露或粗糙风化的基岩,沙子覆盖面积相对较小。塔里木盆地、准噶尔盆地、柴达木盆地和中国东北地区的沙漠以砂质为主。

中国热带和亚热带地区已发育形成了残积土。长江以南的许多近地表土壤都是原始残积土(更准确地说是"红土"),是火成岩基岩风化作用的结果(Guorui和Yuzhi,1997)。如2.1节所述,残积土是下伏基岩风化形成的。地层中的土壤组成随深度而变化,土壤在地表风化最严重(因而粒径最小),且随深度增加粒径逐渐变大,如图2.9所示。图2.10所示为黄山地区风化红土。在中国东南部的浙江、福建、广东等部分地区和邻近省份的风化土壤剖面厚度可能超过50m(Lan等,2003)。

大江大河会产生河滩和冲积平原,在沿海地区则产生冲积三角洲。例如,上海长三角地区的土壤由长江冲积平原或三角洲沉积的厚层细粒压实土构成。

中国的永冻土目前仅限于内蒙古和黑龙江省北部地区的"纬向永冻土",西藏以及青海和新疆的部分地区的"高山或高海拔永冻土"。在结束于大约11000年前的最后一次冰河期,中国北方大部分地区和青藏高原都处于永冻土状态。北京周边地区也处于永冻土层,尽管该地区并未受到冰河作用。

中国的一些地区也有非常发育的岩溶地貌。广西桂林的岩溶地形面积很大,包括孤立的山丘和山峰(所谓的锥形喀斯特)。

3 土壤的分类和定义

3.1 土壤分类

岩土工程师用该学科独有的语言描述土壤、岩石和矿床地质。在世界范围内,甚至在说英语的国家,或者在北美大陆之内,专业词汇都不统一。例如,在加拿大和美国,土壤的分类方式都有微小的差异。

在北美,土壤分类的规范包括:

(1)美国材料试验协会(ASTM D2487):用于工程的土壤分类标准做法(统一土壤分类系统)。

(2)美国材料试验协会(ASTM D2488):土壤的描述和识别标准做法(目测法)。

在其他地区,如欧洲、俄罗斯,则有自己的分类制度。

ASTM 标准提供了描述从野外调查收集的和基于实验室分类实验的矿物和有机矿物土壤的程序。岩土工程师应避免使用当地或口语措辞来描述土壤。

矿质土壤大致分为"细粒"和"粗粒"土壤。这种不同颗粒大小的矿质土壤用 200 目筛网(每英寸 200 个筛眼)进行区分,其在 ASTM 规定的筛眼尺寸为 0.075mm。

一些国家使用的土壤分类系统与 ASTM 标准在几个小方面有所不同。例如,在中国和加拿大,粗粒土的定义与 ASTM 分类有以下几点不同:

(1)区别砂土和砂砾的粒度是 2mm,而不是 ASTM 规定的 4.75mm。

(2)区别砂砾与鹅卵石的粒度是 60mm,而不是 ASTM 规定的 75mm。

在中国,用于工程目的的土壤分类是由中国水利部制订的 GB/T 50145—2007《土的工程分类标准》规定的。土壤分类与 ASTM D2487 非常相似。表 3.1 为中国与 ASTM 系统的土壤粒径对比。比较表明,这两种分类方法之间只有微小的差别。对于管道的设计和施工,这些差别是无关紧要的。

表 3.1 ASTM D2487 和 GB/T 50145 中粒度定义的比较

粒组	颗粒名称	粒径范围 d(mm) ASTM D2487	粒径范围 d(mm) GB/T 50145
巨粒	漂石(块石)	$d > 300$	$d > 200$
	卵石(碎石)	$75 < d \leq 300$	$60 < d \leq 20$
粗粒	粗砾	$19 < d \leq 75$	$20 < d \leq 60$
	中砾		$5 < d \leq 20$
	细砾	$4.75 < d \leq 19$	$2 < d \leq 5$
	粗砂	$2 < d \leq 4.75$	$0.5 < d \leq 2$
	中砂	$0.425 < d \leq 2$	$0.25 < d \leq 0.5$
	细砂	$0.075 < d \leq 0.425$	$0.075 < d \leq 0.25$
细粒	粉粒	$d \leq 0.075$	$0.005 < d \leq 0.07$
	黏粒	$d \leq 0.075$	$d \leq 0.005$

第 2 章中列出的主要土壤类型涵盖了从冲积或河流沉积的巨石、卵石和粗砾到包括湖泊沉积的黏土和红土等各种粒径非常细的土。土壤结构由其粒度分布决定,可在实验室将土壤按粒径分离。图 3.1 显示了用于粒度测试的几个筛子。对于大于 0.075mm 的颗粒,粒度分布由筛子确定;对于小于 0.075mm 的颗粒,粒度分布由密度计测试确定。图 3.2 给出了用筛分分析和密度计测试获得的几种土壤类型粒度分布图。

图 3.1 用于粒度测试的筛子

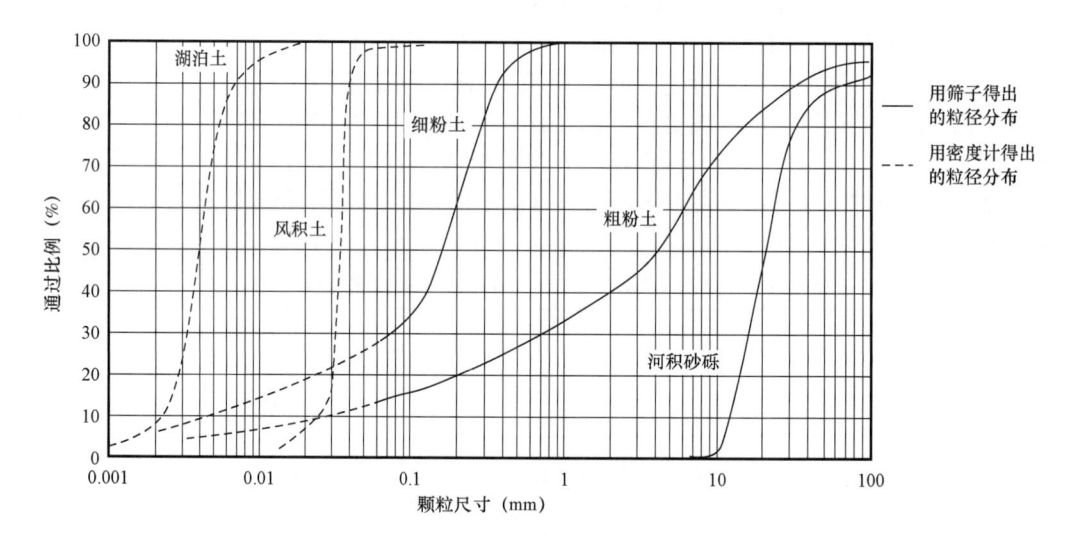

图 3.2 不同土壤的典型粒径分布

根据 ASTM 和 GB/T 50145 标准,细粒矿物土主要不是由结构或粒径定义,而是由它们的工程特性定义。如果细粒土表现得像粉土,那么它就被归类为粉土;如果它的特性像黏土,那么它被归类为黏土。这与粉土或黏土颗粒含量无关。图 3.3 描述了细粒土的工程特性。土壤塑性曲线具有两个特性:液限和塑性指数。这些性质是土壤测试程序的一部分,以瑞典土壤科学家的名字命名,被称为 Atterberg 极限。Atterberg 极限在岩土工程中的定义是:

液限：土壤表现为液体而不是固体的土壤极限含水率，国际通用的缩写是"w_L"。

塑限：土壤失去塑性或内聚力的极限含水率，国际通用的缩写是"w_P"。

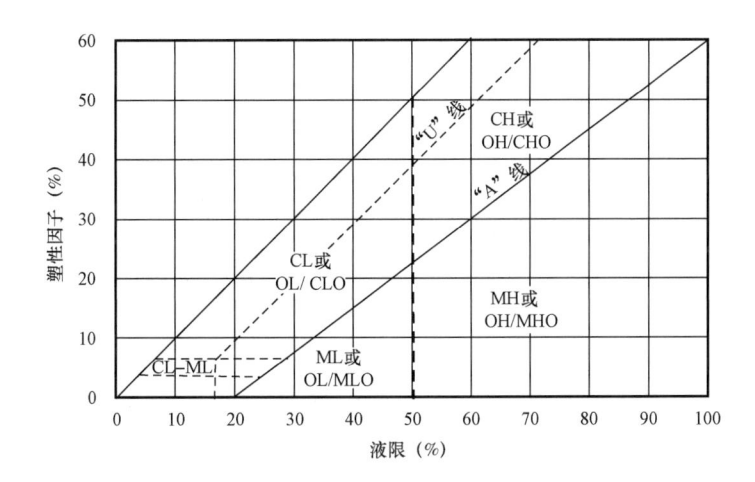

图 3.3 基于液限和塑性指数定义细粒土的塑性图（土壤符号定义见表 3.2）

在北美，"LL"和"PL"有时分别用来代表液限和塑限的缩写。

ASTM 土壤分类系统使用一系列的双字母符号来标识土壤，并表示它们的一些重要性质。用于识别各种细粒土壤的符号见表 3.2 和图 3.3。这些符号经常出现在钻孔记录和岩土工程报告中用于简要描述土壤。在中国的土壤分类体系中，以细粒土为主的土壤中粗粒土含量和有机质含量都更加明确。表 3.2 为北美和中国的土壤符号定义。

表 3.2 北美和中国的土壤符号定义

北美		中国	
土壤符号	定义	土壤符号	定义
GP	级配不良的砾	GP	级配不良的砾
GW	级配良好的砾	GW	级配良好的砾
GC	黏土质砾	GF	含细粒土砾
GM	粉土质砾	GC	黏土质砾
SP	级配不良的砂	GM	粉土质砾
SW	级配良好的砂	SP	级配不良的砂
SC	黏土质砂	SW	级配良好的砂
SM	粉砂	SF	含细粒土砂
MH	高塑性粉土	SC	黏土质砂
ML	低塑性粉土	SM	粉砂
OH	高塑性有机细粒土	MH	高塑性粉土（高液限粉土）
		ML	低塑性粉土（低液限粉土）
OL	低塑性有机细粒土	OH	高塑性有机细粒土
		OL	低塑性有机细粒土

续表

北美		中国	
土壤符号	定义	土壤符号	定义
CH	高塑性黏土①	CH	高塑性黏土(高液限黏土)
CI	中塑性黏土②	CL	低塑性黏土(低液限黏土)
CL	低塑性黏土	CHO	含5%~10%有机成分高塑性黏土(有机质高液限黏土)
		CLO	含5%~10%有机成分低塑性黏土(有机质低液限黏土)
		MHO	含5%~10%有机成分高塑性粉土(有机质高液限粉土)
		MLO	含5%~10%有机成分低塑性粉土(有机质低液限粉土)

① 又称"富黏土"。
② 在加拿大和欧洲使用,但在美国没有使用,代表中等塑性黏土。

塑性指数定义为液限与塑性极限($w_L - w_P$)之间的差值,从而定义了土壤具有塑性或内聚性的最小含水量,国际公认缩写为I_P,过去有时用"PI"。

另一个术语称为液性指数,缩写为I_L,偶尔写为"LI"。可用式(3.1)定义:

$$I_L = \frac{w - w_p}{w_L - w_p} = \frac{w - w_p}{I_p} \tag{3.1}$$

式中 w——土壤天然原位质量含水量。

从式(3.1)中可以看出,如果天然原土含水量与液限相同,则液性指数为1.0,如果天然原土含水量与塑性极限相同,则液性指标为零。这个比率描述了土壤介于液体、非粘结性的还是易碎的之间的相对位置。

在图3.3中,"A线"区分黏土与粉土,而"U线"为根据土壤塑性特性确定的土壤黏性上限。

液限和塑限测试是在土力学实验室对0.475mm以下粒径的土壤进行的。如果土壤含有较粗的颗粒,就用筛子将其分开。图3.4所示为北美使用的液限测试设备和正在进行测试的照片。在欧洲和中国使用落锥装置。图3.5为中国和欧洲使用的测定液限的试验装置。图3.6为正在进行塑性测试时的照片。实验室测试是在不同的含水量下进行的,然后绘制在一张图上以估算对应测试要求的数值。在这本书中没有讨论测试过程。ASTM对每个测试都有一个标准过程,可参考美国测试和材料协会ASTM D4318:土壤液限、塑限和塑性指数测试方法。

虽然这些测试的技术很简单,但结果非常有用。

如果土壤无法测试塑性极限,例如因为土壤含有太多的细砂,这种土壤被称为非塑性土。这意味着这种土壤通常会表现为无内聚力。表3.3列出了各种土壤类型的典型Atterberg极限值。

在某些地方,图3.3中纳入了"CI"土类别,代表中塑性的黏土,其液限为30%~50%。ASTM标准不包含"CI"土壤,而加拿大和欧洲标准修改了ASTM标准已包含"CI"土壤(欧洲规范7规定中等塑性黏土液限为35%~50%)。ASTM标准规定"CL"或贫黏土的液限低于50%,"CH"或富黏土液限高于50%。

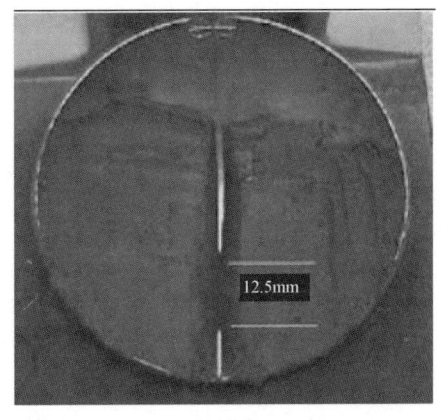

(a) 装置　　　　　　　　　　　　　　(b) 样本

图 3.4　北美通常使用的液限测试装置和装置中测试后的细粒土壤样本
（两部分土壤长度超过 12.5mm 在测试后位移到一起）

(a) 装置　　　　　　　　　　　　　　(b) 土样

图 3.5　中国和欧洲使用的液限试验装置以及装置中细粒土样（李亮亮）

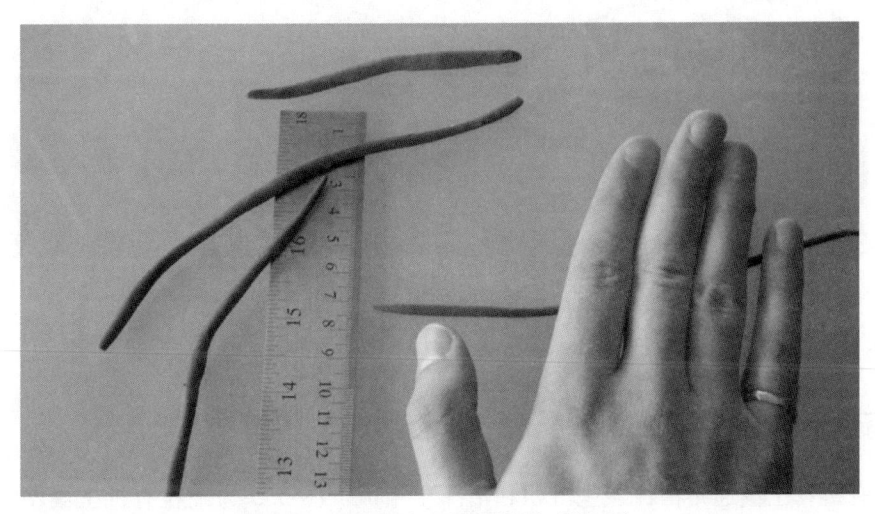

图 3.6　正在进行塑性极限测试的照片
（将土壤样品在玻璃板上搓成直径为 3.2mm 的土条，土条在该直径开始碎裂时的含水量表示塑性极限）

表3.3 各种土壤类型的典型 Atterberg 极限值

土壤类型	$w_P(\%)$	$w_L(\%)$	$I_P(\%)$
砂土	0	0	0
粉土	0~25	12~27	0~12
黏土(低塑性)	12~20	20~25	3~15
黏土(中塑性)	25~50	30~50	15~30
黏土(高塑性)	50~100	50~700	>30

  黏土一般有三种:高岭土、伊利土和蒙脱土。含蒙脱石的普通黏土是蒙脱土和膨润土。黏土片及其周围的水的化学性质决定了黏土矿物之间的差异。在图3.3中,高岭土通常具有低塑性("CL"),伊利土一般为中等塑性("CI"),而蒙脱土几乎是高塑性的("CH")。

  土壤中黏土的含量可以通过观察其干燥时的表现来定性地估计。黏土矿物具有吸水能力,湿时膨胀,干时收缩。因此,含有大量黏土矿物的土壤表面会开裂。图3.7为中国长江沿岸土壤的照片,由于其表面开裂了,说明其黏土的含量较高。

  黏土矿物的性质在其工程特性、管土相互作用,特别在确定土壤短期和长期的强度方面起着重要的作用。

图3.7 中国长江河床土壤照片
(10元人民币用于显示图片比例,由于水分蒸发和土壤收缩形成的表面开裂表明黏土含量为中等到高)

3.2 有机土壤分类

  高含有机物土壤通常由泥炭土沉积和沼泽土组成。图3.3为细粒有机土壤塑性图,但这些土壤主要是带有一些分解的有机物的矿质土壤。泥炭土和沼泽土主要是纤维状或无固定形状的材料。ASTM没有给出泥炭土和沼泽土定义和分类的标准。在加拿大,现场描述的标准是基于MacFarlane(1958)报告中的"Radforth分类系统"。有机材料根据可见的木质纤维、含纤维有机基质和其他因素进行分类。

3.3 永冻土分类

永冻土通常指ASTM D4083《冰冻土壤描述导则(目测程序)》中描述的土壤。该标准基于由Pihlainen和Johnston(1963)编制的《加拿大永冻土分类》。该分类考虑了冰的存在方式,包括可见的还是不可见的,与土壤颗粒结合方式(如条状或晶体状),可见冰的含量等。

中国黑龙江省寒地建筑科学研究院(1999)编制的一份文件从地基设计的角度给出了一些对永冻土特性的认识。

3.4 其他土壤分类系统

世界各地使用许多土壤分类系统。分类原则通常与前述系统相同,都是用来提供统一的且具有逻辑性的描述土壤的方式。

在欧洲,土壤分类由EN ISO 146688—1定义。欧洲体系与ASTM分类体系大体上相似,但差异在于以2mm粒径区分砂土和砂砾,其做法类似于加拿大。定义中塑性黏土的液限为35%~50%,而加拿大的定义为30%~50%。

尽管与北美有点不同,俄罗斯的土壤分类系统也是很完善的。细颗粒和粗颗粒土的区分与ASTM不同。俄罗斯和北美系统之间的显著差异是在细粒土的定义中是否使用塑性指数(IP)定义。在俄罗斯体系中,没有相当于图3.3的分类表。实际上,在俄罗斯体系中,"塑性"的含义与北美所使用的完全不同。Oswell等(1995)提供了ASTM和俄罗斯土壤分类系统的比较。

3.5 土壤术语的定义

本节介绍并定义了各种常用的土壤术语。错误的理解和错误的描述术语通常是造成管道工程师困惑并错误采用土壤强度参数的原因。

含水量(质量含水):水的质量(M_w)与固体质量(M_s)之比:

$$w = \frac{M_w}{M_s} \times 100\% \tag{3.2}$$

饱和度:土壤颗粒孔隙中含水体积与孔隙总体积的百分比(注:当我们说土壤是饱和的,并不一定指土壤是"湿的",而通常指此时土壤的力学"特性"较差)。通常认为地下水位以下的土壤是饱和的。在温带,地下水位以上的土壤饱和度一般也在90%~98%之间。

容重:单位体积土壤的质量(包括土壤、空气和水的总质量),定义为:

$$\gamma_b = \frac{M_{Total}}{V_{Total}} \tag{3.3}$$

式中 M_{Total}——整个试样的质量,包括水和固体;

V_{Total}——整个试样相应的体积。

表3.4中为各种土壤的容重值。

干容重:干土单位体积质量,定义为:

$$\gamma_d = \frac{\gamma_b}{1 + \dfrac{w}{100}} \tag{3.4}$$

表3.4　各种类型土壤容重的典型范围

土壤类型	容重(kN/m³)			
^	级配不良的土壤		级配良好的土壤	
^	范围	典型值	范围	典型值
松砂	17～19	17.5	17.5～20	18.5
致密砂	19～21	20.5	20～22	21.0
软黏土	16～19	17.5	16～19	17.5
硬黏土	19～22.5	20.0	19～22.5	20.5
粉质土	16～20	17.5	16～20	17.5
砾石土	19～22.5	20.5	20～23	21.5

饱和容重:假设土壤所有孔隙都充满水时的单位体积质量。对于原位饱和土壤,容重等于饱和容重。如果土壤样品未饱和,容重将略小于饱和容重。

有效容重:浸没在水下土壤考虑浮力效应的容重(也称为浸没容重或浮力容重),定义如下:

$$\gamma' = \gamma_b - \gamma_{\text{water}} \tag{3.5}$$

图3.8显示了各种土壤的饱和容重和含水量之间的关系。可以看出,对于不同相对密度的土壤,容重和含水量之间的关系是非常一致的,并且含水量大于10%后,这种关系对相对密度就不敏感了。图3.8中的曲线基于下列相态式:

$$\gamma_s = \frac{G_s(1 + w)}{1 + wG_s}\gamma_w \tag{3.6}$$

式中　γ_s——饱和容重;

G_s——相对密度;

w——含水量;

γ_w——水的容重。

级配良好的土壤通常比级配不良的土壤的容重更高,特别是颗粒状材料。这种特性如图3.9所示。如果土壤颗粒级配不良(对岩土工程师通常意味着"所有颗粒粒径相同"),那么颗粒之间的孔隙可能占总体积的很大一部分。相反,如果土壤级配良好(岩土工程师通常认为这意味着粒径范围很宽),那么大颗粒之间的孔隙空间被逐渐变小的颗粒填充,导致容重更高。

容重与密度:土壤容重在式(3.3)中定义为土壤重量(力)与总体积的比,单位通常是N/m³或kN/m³。密度定义为土壤质量与总体积的比,单位通常为kg/m³或mg/m³。密度的常用符号是"ρ"。从容重和密度的单位看,容重等于密度乘以重力加速度(9.81m/s^2)。

相对密度:表征粗粒土密度与实验室测得的最大密度之间的相对关系。可通过将粗粒土孔隙体积与其可能的最大和最小孔隙体积进行比较的方式来计算。单位体积土壤中的孔隙体积与固体体积的比称为孔隙率。由图 3.9 可见,级配不良的土壤中的孔隙率远远高于级配良好的土壤。粒状土壤的最大和最小孔隙率可通过实验室标准试验确定。相对密度也可以通过现场测试(如标准贯入试验)获得。

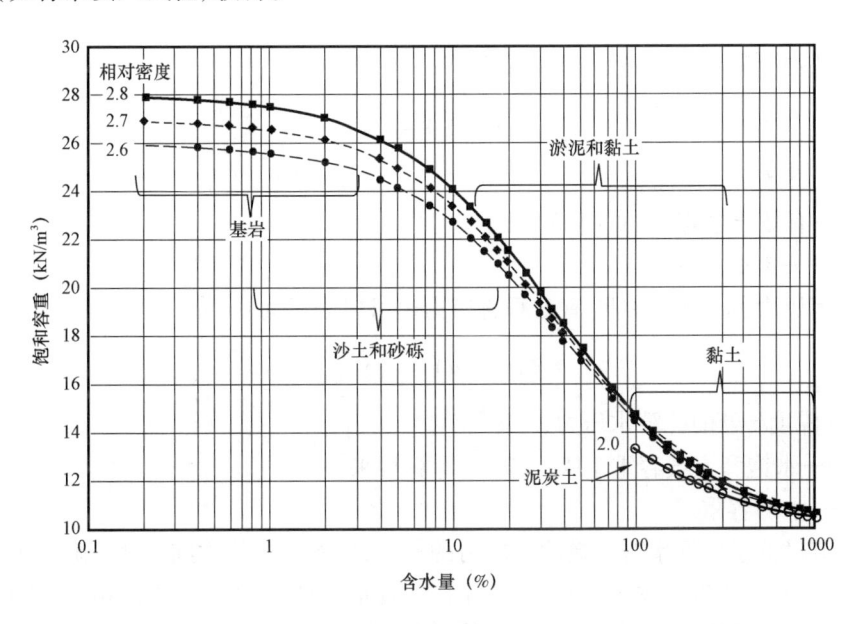

图 3.8　各种土壤的饱和容重与含水量的关系

(a) 级配不良的材料　　(b) 级配良好的材料

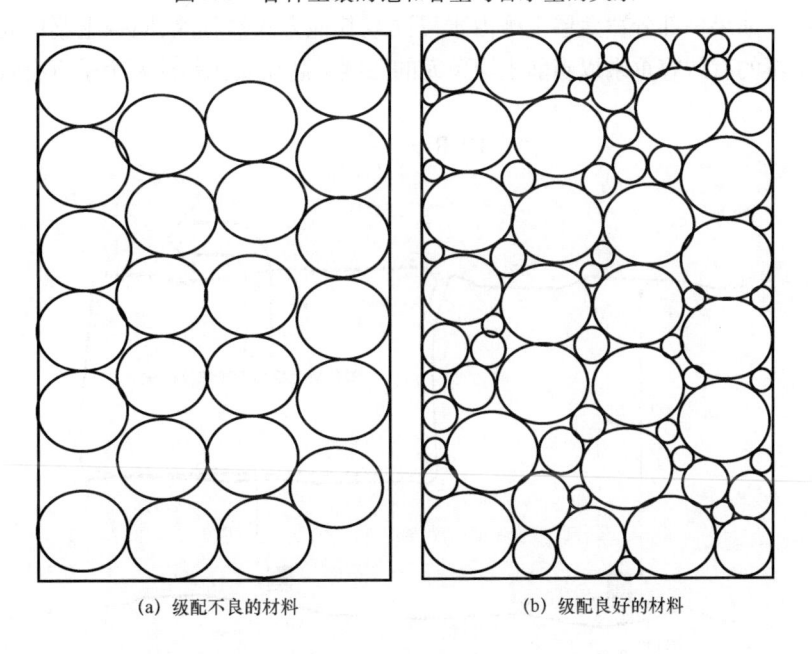

图 3.9　级配不良的材料和级配良好的材料

垂直应力：在一定深度土壤单元上的垂向应力，等于上覆土的总容重乘以土壤单元的深度。计算总垂直应力时应使用土壤的容重。总垂直应力表达式为

$$\sigma_v = \gamma z \tag{3.7}$$

式中 σ_v——总垂直应力；
γ——土壤的总容重，或饱和土容重，视情况而定；
z——土壤埋深。

如果存在地下静水，则有效垂直应力为：

$$\sigma'_v = \gamma' z_{present} \tag{3.8}$$

式中 σ'_v——有效垂直应力；
γ'——有效土壤容重[式(3.5)]；
$z_{present}$——土壤深度。

在孔隙水压力(u)的存在下，有效垂直应力也可以表示为：

$$\sigma'_v = (\sigma_v - u) = (\gamma_{sat} - \gamma_w)z \tag{3.9}$$

式中 u——深度 z 处的孔隙水压力；
γ_{sat}——水饱和土壤容重[从式(3.6)计算得来]；
γ_w——水的容重。

第 3.6 节讨论了地下水对有效垂向应力的作用，第 6.1 节将详细讨论孔隙水压力的作用。

超压实比：最大先期有效垂直应力与当前有效垂直应力之比。图 3.10 说明了超压实比（OCR）的概念。在图的左侧，某深度处的土壤单元的垂直有效应力等于土壤的有效容重乘以土壤单元的深度。如果一部分覆盖层土壤由于侵蚀或其他方式被移除，同一土壤单元现在的垂直有效应力是土壤的有效容重乘以当前土壤单元的深度。超压实比是这两个垂直有效应力的比：

$$OCR = \frac{\sigma'_{past}}{\sigma'_{present}} \tag{3.10}$$

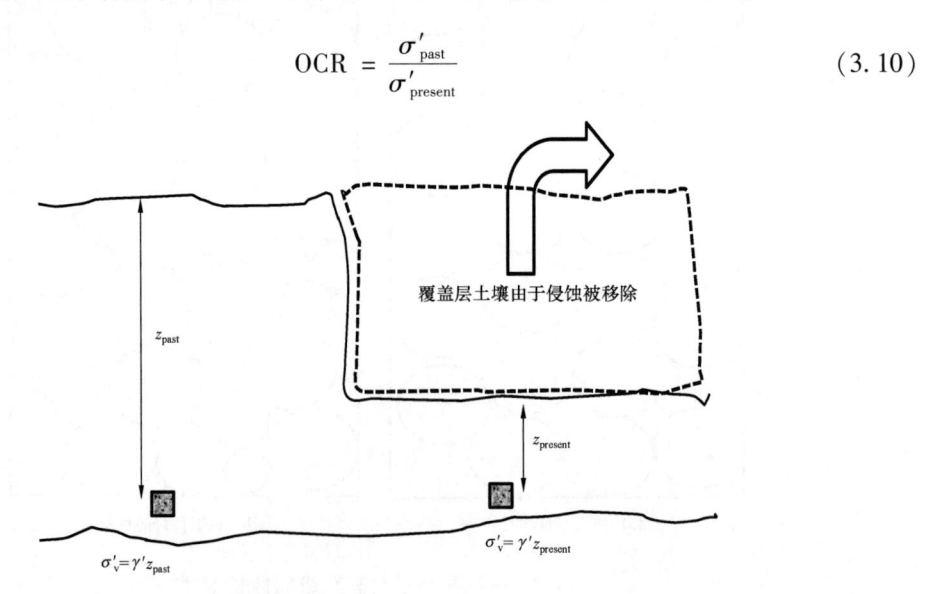

图 3.10 超压实比图解

许多过程会导致土壤存在超压实的现象,侵蚀是其中之一。在南北纬地区,冰川作用是超压实的另一个重要原因。在大约11000年前结束的最后一次冰川期的高峰期,北美冰盖的厚度超过了几千米。冰的重量对土壤产生的垂直应力要比土壤今天经受的应力大得多。其他机理包括时效、蠕变、地下水波动和土壤化学变化。在中国,只有青藏高原的部分地区受到过冰河作用。中国北方没有受到过冰河作用,但确实经历过可形成永冻土的条件。

侧向土压:一定深度土壤单元的有效垂直应力代表了覆盖在该土壤单元上的有效重量。垂直土应力又会引起水平土壤应力。静态条件下,水平土应力(σ'_H)与垂直土应力(σ'_v)的比称为侧向土压系数(K_0),定义为:

$$K_0 = \frac{\sigma'_H}{\sigma'_v} \tag{3.11}$$

静水压力在所有方向上相等,但土壤不同。水平应力通常小于垂直应力,但随超压实比而变化。

3.6 地下水对土壤应力的影响

地下水和孔隙水以一种重要的方式影响着土壤的特性,该影响体现在土力学的基本原理中。孔隙水是包含在土壤颗粒之间和周围孔隙空间中的水。如图3.11所示,孔隙水对土壤颗粒有静水压力,且各个方向上压力相等。

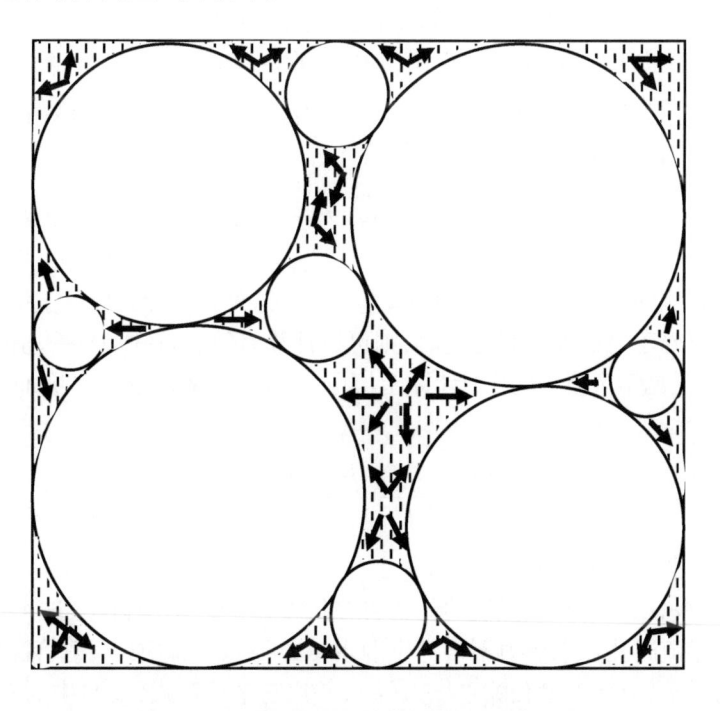

图3.11 土壤颗粒周围孔隙内的孔隙水压力

饱和土壤中的孔隙水对土壤的强度以及土壤承受外部载荷的方式有很大影响。如3.5节所述,在静水条件下,土壤有效容重为土壤容重减去水的容重。因为它反映了水下固体颗粒的浮力效应,这也被称为浮重。

要了解一定深度处土壤的有效应力状态,必须知道作用于土壤单元的孔隙压力。对于静态地下水,即稳定的非流动地下水,孔隙压力为该深度的水压力。土壤单元上的有效垂直应力取决于有效容重。图 3.12 是静水条件下有效垂直应力的计算过程。在图 3.12 的左侧,地下水位在管道中心(虚线)处,地下水位以上土壤的有效容重等于土壤的容重。在地下水位下方,有效容重由式(3.5)计算得出。管道底部的土壤有效垂直应力是由有效容重和相对深度构成:

$$\sigma'_v = \gamma_b H_w + (\gamma_b - \gamma_{water})(H_p - H_w) \tag{3.12}$$

式中的符号如图 3.12 所示。

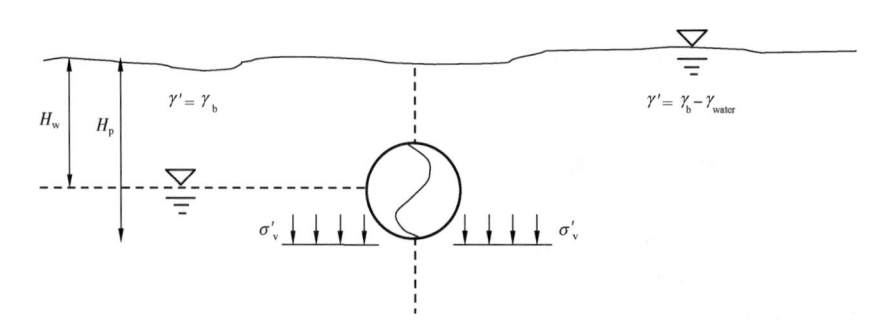

图 3.12 静态地下水位及对土壤容重的影响
(虚线左边的地下水位在管道中心深度,右边地下水位在地面)

在图 3.12 的右侧,地下水位位于地面,因此所有深度的土壤仅受有效容重作用。有效垂直应力是有效容重和深度的乘积,如下式所示:

$$\sigma'_v = (\gamma_b - \gamma_{water}) H_p \tag{3.13}$$

由图 3.12 和式(3.12)及式(3.13)可见,当土壤容重大约是水容重的两倍时,图 3.12 左侧的土壤单元比右侧的土壤单元有更大的垂直应力。这种情况导致原位土壤强度更高。

如果地下水位处于地面和管底之间时,则可以计算有效容重的加权平均值,并用于确定土壤抗力和土壤刚度(见第 7 章)。用于计算土壤刚度和土弹簧常数的土壤加权平均有效容重式为:

$$\overline{\gamma'} = \frac{(\gamma_b - \gamma_w)(H_p - H_w) + \gamma_b H_w}{H_p} \tag{3.14}$$

式中 $\overline{\gamma'}$——加权平均有效容重。

地下水和孔隙水压力对土壤强度的作用将在接下来的几章中讨论,这里讨论的只是静水条件。在地下水渗流时孔隙水压力不再等于静水压力,例如在斜坡上,或管沟底部在地下水位以下。在这些情况下,应该测量孔隙水压力(u),并用它来计算式(3.9)中的有效垂向应力。

3.7 土壤压实步骤及定义

管道施工文件可能会规定将回填土壤夯实到一定的容重或密度。这儿夯实规定为用百分比表达的 Proctor 密度，即从标准实验室测试中获得的土壤密度。

20 世纪 20 年代和 30 年代，Ralph Proctor 开发了标准的压实试验。该试验程序在 ASTM D698 中得到标准化。该试验可建立土壤干密度与土壤含水量的关系。在实验室使用一个直径 100mm 的模具，其中放置三层土壤，每一层都施加 600kN·m/m³（12400ft·lb/ft³）压实能量作用来测试确定标准密度与含水量关系。Proctor 发现含水量在一定范围内时，土壤的干密度随着含水量的增加而增加，然后随着含水量的增加，干密度会降低。少量水对土壤颗粒的润滑作用会增加土壤密度，但是水量过多会使土壤颗粒开始分离变得不可压缩，故导致土壤形成较低的密度。图 3.13 为几种土壤的干密度—含水量关系图。最高干密度对应的含水量为最佳含水量。

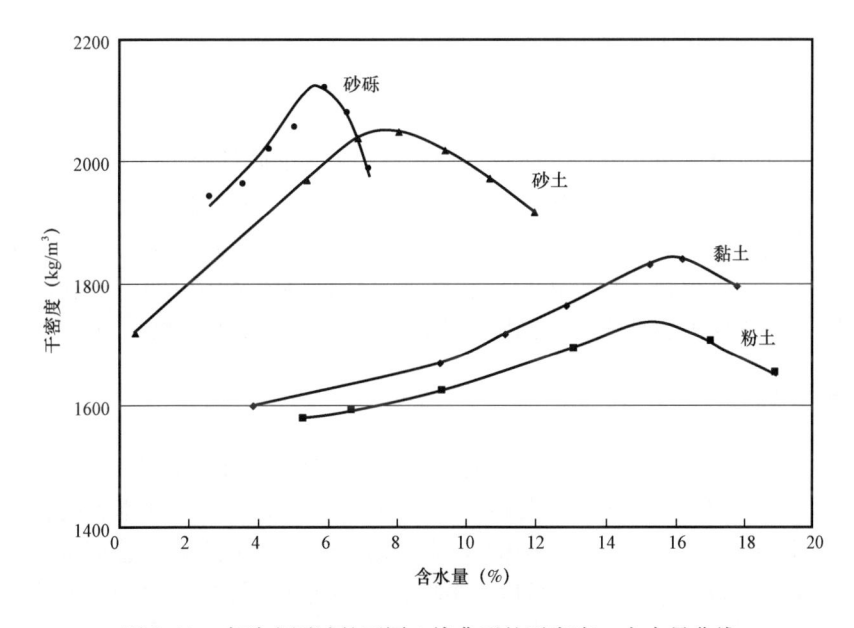

图 3.13 实验室测试的不同土壤典型的干密度—含水量曲线

图 3.13 中，砂砾和砂土这样的粗颗粒材料，在较低的含水量可达到比黏土和粉土等细粒土更高的干密度。最大干密度是粒度等级、含水量和压实作用等几个变量的函数。

为方便现场应用含水量与干密度的关系，我们发现用 20 世纪 30 年代和 40 年代的压实设备，通过一定的压实作用，可以获得由 Proctor 方法确定的最大干密度的 95% 的密度。因此，标准 Proctor 最大干密度的 95% 成为许多土方工程的压实标准。在 20 世纪 50 年代，随着重型压实设备的发展，人们发现标准 Proctor 密度可以更容易地达到。Proctor 测试方法被修改以满足更高压实标准的要求。它与初始测试方法类似，但标准测试中使用了较大的模具和更大的总压实功 2720kN·m/m³ 而不再是 600kN·m/m³。经过改进的 Proctor 测试通常用于承受重负荷的回填土，如机场跑道和重载道路以及高速公路。

在中国土壤压实遵循的规程和程序与北美使用的 ASTM D698 非常相似，中国的标准是 GB/T 50123—2019 和 JTG E40—2007。

第 8 章将讨论与回填压实相关的问题。

4 作用在管道上的土壤载荷

管道和土壤相互作用方式较多,地面运动为主要载荷来源,例如：
(1)滑坡；
(2)侧向扩展(液化)；
(3)冻胀融沉。
也有一些是因为管道位移产生相互作用,例如：
(1)上浮屈曲；
(2)使管道产生侧向和垂向弯曲的热膨胀。

本章介绍一些常见管土相互作用情况以及它们是如何影响管道设计和完整性的。管土相互作用对管道和环境的破坏可能是灾难性的。并且如果管道发生泄漏,用于清理和环境恢复的成本可能非常高,而引发的民事、刑事或监管处罚也会非常严厉。例如,2010 年 Enbridge 管道公司管道在美国密歇根州卡拉马祖河破裂事故(起因是腐蚀疲劳)的清理和环境恢复费用超过 10 亿美元,其中还不包括来自美国监管机构的 370 万美元的罚款(Linnitt,2013)。

4.1 山体滑坡

表 4.1 为世界几个地区管道失效事故的统计。在加拿大、美国和欧洲的统计资料中,与土壤有关的管道失效事故约占总失效事故的 5%,在另外一些地区与土壤相关的管道事故率要高得多。例如,以千千米/年的事故率来衡量,南美由于地质灾害造成的管道事故率比北美或欧洲高几个数量级(Sweeneyetal 等,2004)。虽然大多数地区与地质灾害相关的管道破坏的频率较低,但一旦事故发生,往往会对环境造成破坏,清理和恢复成本极高。管道事故在一些老管道和位于山区的管道中更为常见。

表 4.1　世界各地区管道失效原因(加拿大国家能源局,2011)

地区	时间段(年)	腐蚀失效	第三方失效[①]	材质不良[②]	岩土工程相关	其他原因
加拿大	1991—2009	66	8	5	5	16
阿尔伯塔省	2000—2009	7	49	28	2	15
美国	1987—2009	22	24	20	5	29
欧洲	1979—2007	15	50	17	7	11

① 包括所有外部扰动。
② 包括制造和施工相关的原因。

与管道发生相互作用的土壤滑移类型和土石运动方式有多种。包括深层转动滑坡、浅层平移滑坡、斜坡纵向或侧向的蠕变位移以及其他类型,例如塌方、落石、液化侧向扩展和泥石流。图 4.1 和图 4.2 为两条受滑坡位移影响的管道照片。

图 4.1 加拿大哥伦比亚省北部开挖后的管道[该管道因缓慢滑坡而变形(Ed McClarty)]

图 4.2 南美导致管道破裂的残积土滑坡(箭头为山体滑坡运动方向)

  滑坡移动速度不同,管土相互作用和对环境的影响也不同,区别在于地面移动是在管道事故发生前还是发生后被发现。表 4.2 列出了按运动速度划分的滑坡类型。滑坡速度在管土相互作用研究中很重要,因为它决定了在确定土弹簧参数时要考虑的土壤特性。这将在之后进行讨论。

  图 4.3 是 NPS 12(直径 300 mm)管道受轴向地面位移作用的照片,地表移动导致管道产生轻微的褶皱(图 4.4),但没有造成破裂。在线检测时发现了管道褶皱(图 4.5)。图 4.3 中显示了颗粒状的回填土是如何附着在管道涂层上并在滑坡时向下拉涂层的。图 4.3 中,管道上的两层黄夹克彼此脱离,外层破裂并单独滑动。在图 4.5 中,管道褶皱在管道内检测数据中十分明显,形成局部尖峰。通过对管土相互作用的研究,表明滑坡体的轴向移动和管道沉降(可能是由于管道下方冻土融沉导致的)弯曲变形的组合导致了管道褶皱的形成。

表 4.2 滑坡位移速度等级（Cruden 和 Varnes,1996）

等级	描述	速度（mm/s）	速度（m/d）	典型速度
7	极快	5000	432000	5m/s
6	非常快	50	4320	3m/min
5	快速	0.5	43.2	1.8m/h
4	中速	0.005	0.432	13m/mon
3	慢	5×10^{-5}	0.00432	1.6m/a
2	非常慢	5×10^{-7}	0.00004	16mm/a

图 4.3　土壤运动对 NPS 12 管道涂层造成的损坏

图 4.4　NPS 12 管道由于土壤运动产生褶皱

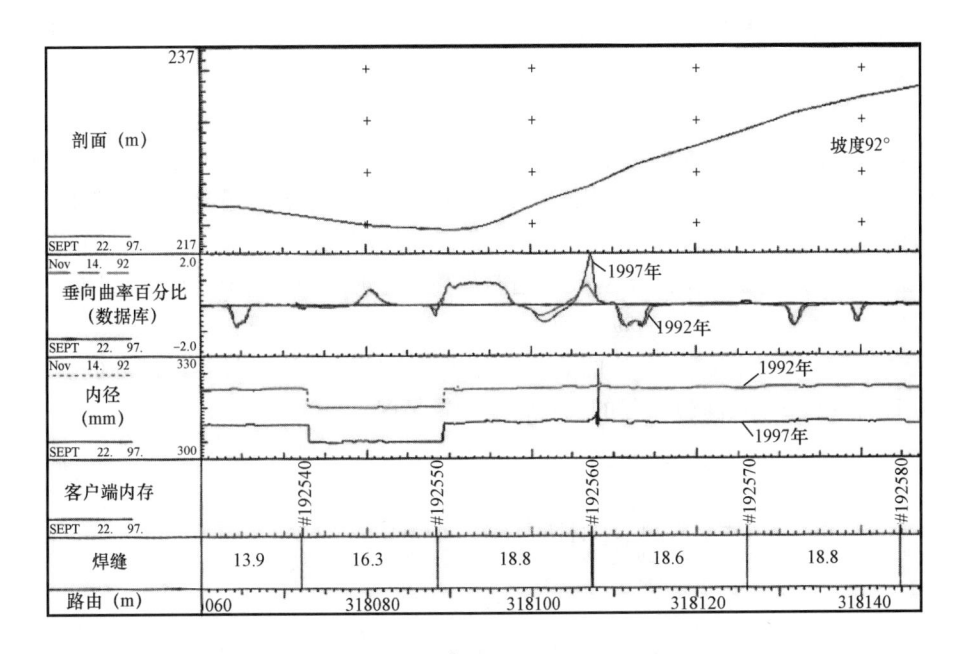

图 4.5 两次在线检测结果(1992 年和 1997 年)
(褶皱形成是由于轴向滑坡和融沉,管道垂向曲率和内径发生了变化)[Enbridge Pipelines(NW)公司]

4.2 液化和侧向扩展

在循环载荷或地震载荷作用下,粉土和砂土以及一些敏感性黏土等松散无黏性土壤很容易发生崩塌、液化或移动。埋在这些土壤中的管道将产生变形,变形大小取决于土壤位移和土壤特性。该载荷作用的后果包括管道弯曲和轴向应变,上浮或/及融沉。

当土壤瞬时表现为流体或液体特性时会发生液化,地震引起的地面强烈震动最容易引发液化。当可液化的土壤经受高强度地面震动时,土壤孔隙间水压力升高。如果地面震动强度足够大,持续时间足够长,土壤孔隙水压力足够高,导致土壤颗粒发生物理上的分离。这导致土壤变成流体状材料,土壤强度很小或没有强度的,土壤的有效强度降低到非常低的水平(见第 6.1 节)。地面震动停止后,孔隙水恢复到静水压力,土壤颗粒重新相互接触,土壤的强度回到或接近其液化前的水平。有时,由于颗粒重新排布和孔隙水的排出,液化后的土壤可能比液化前更致密。影响液化的因素包括:

(1)土壤颗粒的大小和形状。无黏性细粒砂和粉土最容易受到影响。圆形的、级配均匀的土壤比有棱角的、级配良好的土壤更易受影响。

(2)松散的或亚稳定的土壤结构。一般而言,液化土壤密度低,在受剪切时收缩。致密土壤受剪切时膨胀。

(3)接近地表的地下水位。

(4)强烈的地面晃动。震级大小和离震中距离是重要的因素。

(5)时效。土壤密度通常与土壤沉积时间有关。Youd 和 Perkins(1978)提供了各种不同地形单元和年龄的土壤的液化可能性,例如,大多数土壤的年龄小于 500 年,不论其成因如何

(冰川沉积除外)，都被认为具有高或非常高的液化敏感性，在更新世(10000多年前)期间沉积的大多数土壤被认为具有低或非常低的液化趋势。

侧向扩展是由于深层土壤强度大幅度下降后，会沿着坡度最小为2°的缓坡向下，或面向诸如悬崖或河岸之类的开放面产生水平位移的现象。土壤强度的损失可能是由于上述液化土壤导致的，或由于第2章中讨论的冰川海洋黏土等高敏感性土壤坍塌导致的。类似于侧向扩展和与侧向扩展相关的其他位移方式还包括液化流动或流动破坏。流动破坏的特征是运动中液化土壤通常包含大块的原土。流动破坏通常发生在坡度为10°~20°的陡峭斜坡上，并可能以每小时几十千米的速度移动(Youd,1978)。

在许多情况下，位于位移土壤和稳定土壤之间界面处的管道是最容易破坏的。图4.6展示了由侧向位移(或山体滑坡)引起的三种管道变形情况。

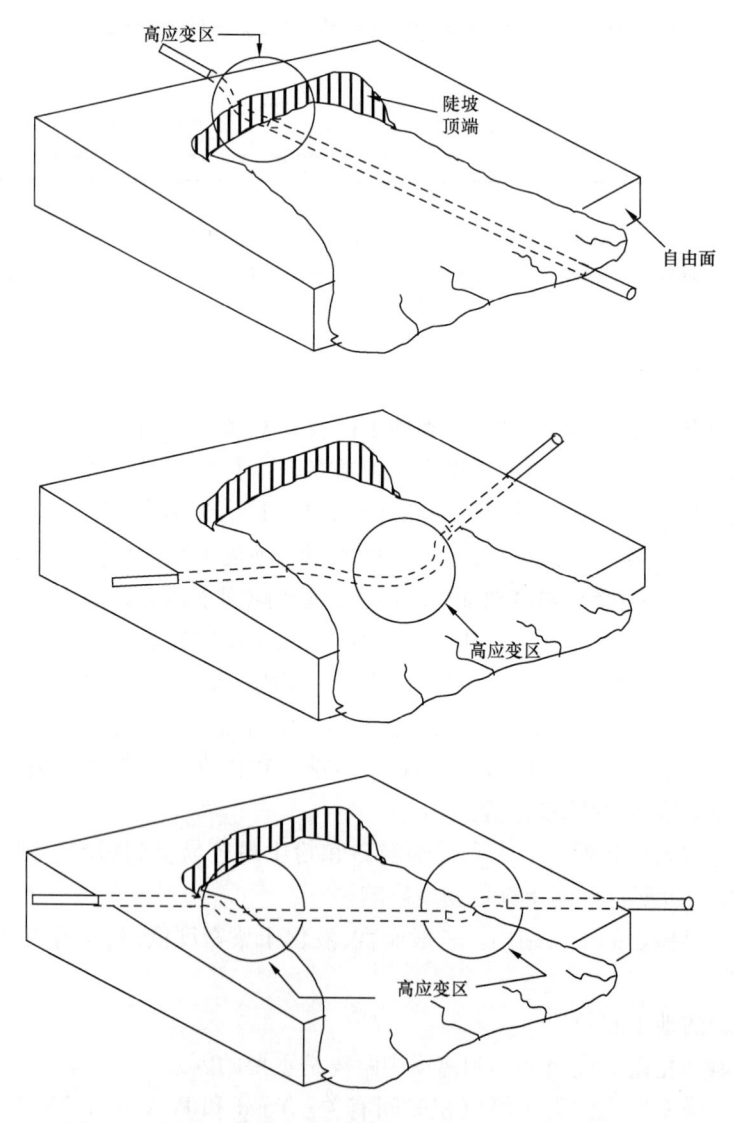

图4.6 由侧向位移(或山体滑坡)引起的三种管道变形情况

Honegger, Wijewickreme 和 Youd(2014)从案例的回顾中发现,侧向扩展的平均宽度约为100m,95%的宽度不超过350m。Youd,Hansen 和 Bartlett(2002)记载的案例表明,由地震引起的土壤侧向扩展位移的上限大约为 5~6m。根据 Honegger,Nyman 和 Youd 的建议,土壤滑动方向的距离应当不超过土壤自由面或台地高度的 50 倍左右(Honegger, Nyman 和 Youd,2006),尽管该极限并不是硬性规定,且从几个值得注意的案例中发现侧向扩展延伸的距离超过了自由面高度的 50 倍(Bowen 等,2012)。

浮力和管道上浮是土壤液化导致的另一个后果,这取决于管道和管输介质的质量,管道很可能由于下方土壤承载能力丧失而沉入液化土壤中。或者,液化土壤表现得像稠密的泥浆。由于浮力大小取决于管道排开流体的容重,液化土壤提供的上浮力高于饱和非液化土壤的上浮力,因此,管道可能会浮在液化土壤中。如果管道由于温度载荷或安装载荷作用轴向受压,这种上浮趋势会更加明显。当土壤液化时,类似于上浮屈曲,管道压应力会因为抬升位移而减小(见4.4节)。

4.3 地表断层

地震会导致地表破裂,对建筑物和管道及线缆等基础设施造成灾难性损坏。穿越断层的管道受到的威胁与断层的类型和方向有关。中国许多地区地震活跃,自 2000 年以来,发生了 9 次 6 级以上的地震。在地震引起断层滑移的地方,穿越这些断层的管道会受到非常剧烈的管土相互作用。

地震断层有许多不同的种类,图 4.7 给出了四种主要断层类型的示意图。此外,断层类型可能发生组合,例如正断层同时发生垂直和侧向的位移。图 4.7 中未给出逆冲断层,逆冲断层只是逆断层的一种。需要注意的是,在大多数情况下,断层只有一侧发生移动。对管道设计来说知道断层的哪一侧会移动很重要。表 4.3 列出了不同类型的断层案例。北美西部大陆断层系统主要是走滑断层,它们是许多震级在 4.0~7.0 级之间的中等到大地震的震源。瞬间矩震级是以对数来表示的,7 级地震威力是 6 级地震的 10 倍。根据管道穿越断层的方位和断层位移量的不同,浅表断层滑移会导致穿越断层的管道产生剪切和拉伸或压缩的轴向应变。也可能诱发弯曲应变。图 4.8 为穿过走滑断层的管道中产生的应力示意图。

表 4.3 构造断层案例

断层发生地点	断层类型(断裂新活动)
美国加州圣安德里亚斯	右旋走滑断层(1906)
美国加州加洛克	左旋走滑断层
印度尼西亚苏门答腊岛	平移断层(2004)
土耳其东安纳托利亚	左旋走滑断层(2010)
美国阿拉斯加德纳里	右旋走滑断层(2002)
美国内华达独立谷	正断层(2008)
中国四川龙门山	逆断层(2008)
美国阿拉斯加—阿留申大逆冲	逆断层(1964)

左旋走滑断层　　　　　　　　右旋走滑断层

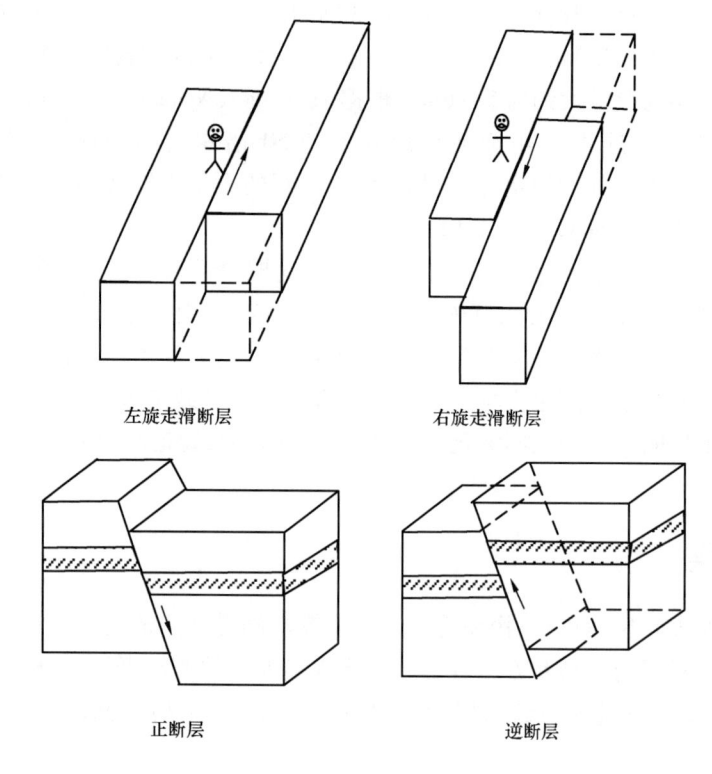

正断层　　　　　　　　逆断层

图4.7　构造断层主要类型示意图
（走滑断层用地面相对于断层另一侧的观察者移动的方向来区分）

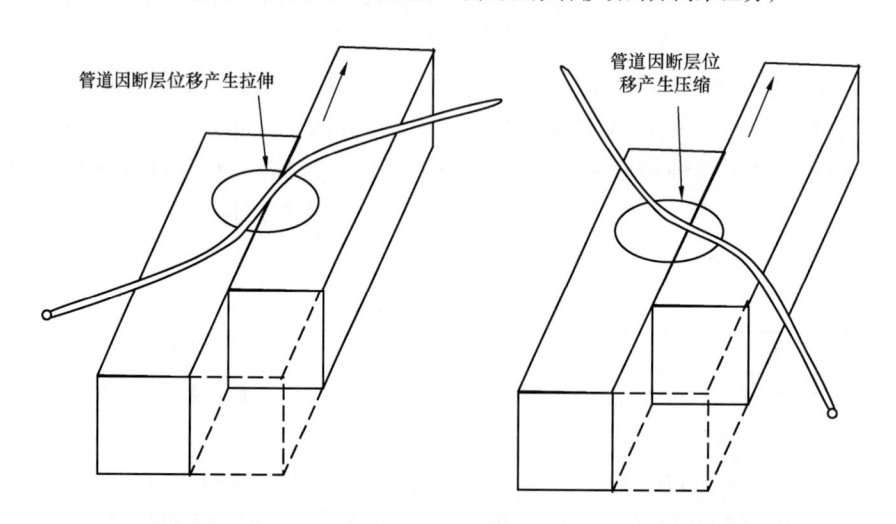

管道因断层位移产生拉伸　　　　　管道因断层位移产生压缩

图4.8　管道穿越左旋走滑断层的方向影响管土相互作用示意图

正断层是地壳拉伸作用力的结果，并在管道中产生拉力。逆断层和逆冲断层是地壳压缩的结果，并在管道中产生压缩载荷。逆断层的倾角通常大于45°，而逆冲断层的倾角通常小于45°。俯冲断层是一块板块在另一块板块下方或上方滑移的一类特殊的逆冲断层。

在中国，Liu和Jia（2012）的报告指出，管道设计的设计重现期取决于管道的等级，即管道的重要性。表4.4列出了管道地区和设计重现期。一级管道承担关键能源供应,需要在地震发生时和地震后维持运行,管道破裂可能会造成重大的人员伤亡或对环境造成重大影响。二级管道承担重要的能源供应,管道破裂将造成较大的生命和财产损失,地震期间运行中断是可以接受的,但只需要小的维修就可以恢复运行(Liu, Wu 和 Yang, 2017)。

表4.4 根据管道等级划分的地震灾害设计重现期(Liu 和 Jia, 2012)

管道等级	50年一遇的概率(%)	设计重现期(a)
Ⅰ	2	2475
Ⅱ	5	975
Ⅲ	10	475

在北美,管道没有被列入建筑规范要求,但管道设施需要满足建筑规范要求。在大多数情况下,压缩机或泵站等管道设施对于地震灾害需要满足设计重现期为2475a的要求。因此,合理的设计管道应采用相同的设计重现期。

地震震级(矩震级,M)与断层位移之间的关系可以用一些经验式表达。Wells 和 Coppersmith(1994)提出了最早的经验式之一,Liu 和 Jia(2012)对此进行了扩充,他们提出以下有2475年重现期的最大断层位移与地震震级关系:

$$\lg D_{max} = 0.67M - 4.53 \tag{4.1}$$

式中 D_{max}——最大断层位移,m;

M——地震矩的震级。

基于186个案例历史数据库验证,式(4.1)适用于走滑断层、正断层和逆断层。相关系数为0.82,标准差为0.38。图4.10为用矩震级估计的最大断层位移。为了便于比较,已知2002年TransAlaska管道穿越的Alaska中部Denali地震的震级为$M7.9$,而测量的断层位移约为5.3m(Ellsworth et al, 2004)。经过式(4.1)和图4.9估算的断层最大位移为5.8m。

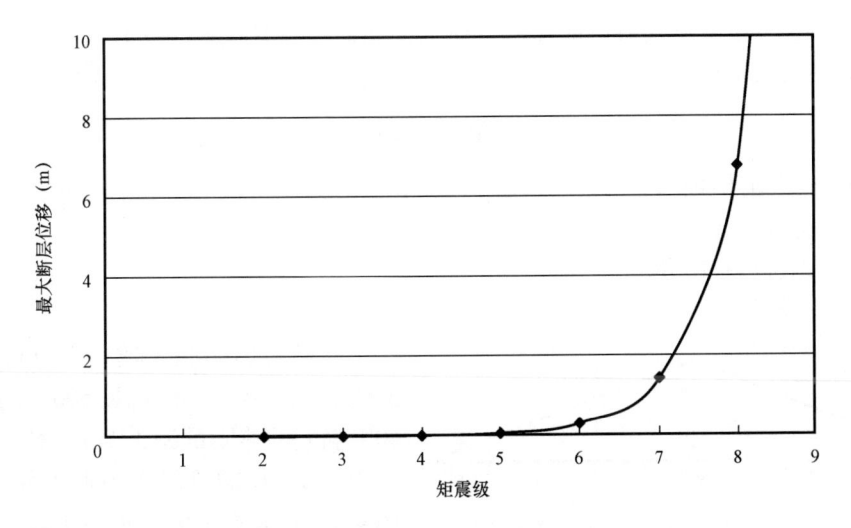

图4.9 基于式(4.1)的断层位移估算

4.4 上浮屈曲

管道上浮屈曲是由于管道热胀受到约束后轴向受压,回填土不能有效约束管道,管道抬升拱出回填土的现象。管道热胀变形是管道温差(即管道运行温度与管道回填安装温度的差值 ΔT)的函数。比如说,若管道在冬季敷设时的环境温度为 −5℃,管道以 20℃ 运行,管道温差则为 25℃。

管道热胀压缩载荷只有当管道受到周围和上覆土约束时才会产生,如果管道轴向或上覆土约束不够,管道则会发生热胀变形释放热胀压应力。图 4.10 显示了一条直径 300mm 的管道由于热胀导致局部上浮屈曲的现象。

图 4.10 高地下水位泥炭土中 NPS12 管道由于热胀局部上浮屈曲的照片

下面的例子可说明热载荷可能引起管道上浮屈曲。设管段长 500m,温差为 40℃。不受约束的钢管热膨胀量见式(4.2):

$$\Delta L = \alpha \Delta T L \tag{4.2}$$

式中 ΔL——管道热伸长;
L——初始管长;
α——钢材热胀系数;
ΔT——温差。

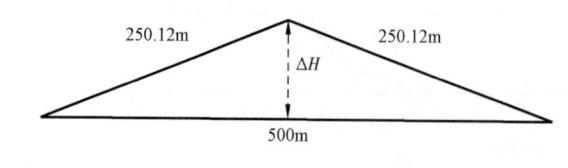

图 4.11 热胀问题示意图

管材的热膨胀系数(α)为 0.000012m/m℃。由式(4.2)可得,长 500m 的管段受到 40℃ 温差的热胀量为 0.24m。这个长度变化对于 500m 长的管段来说似乎并不大,但从图 4.11 所示的简单三角关系可以近似得到垂直位移:

$$\Delta H = \sqrt{250.12^2 - 250^2} = 7.75(\text{m})$$

可见相对较小的热膨胀量产生的上浮位移约为 7.75m(使用拱曲线表达式更准确的估计值为 6.71m)。这个例子说明了为什么管道上需要足够的约束来抵抗上浮(膨胀)力。这种约束通常是通过回填足够的矿物土和(或)安装地锚或采用其他机械方法来保持管道处于原来的位置。

4.5 水平弯头的热胀

管道应力分析最常见内容之一是分析水平弯头处管道的热载荷。对于原油热输管道来说，这个问题尤其严重。例如，在加拿大阿尔伯塔省北部存在许多影响管道应力分析的因素：高温热输管道、冬季施工、低强度(沼泽)土壤和高地下水位。管道热膨胀变形形状如图 4.12 所示。

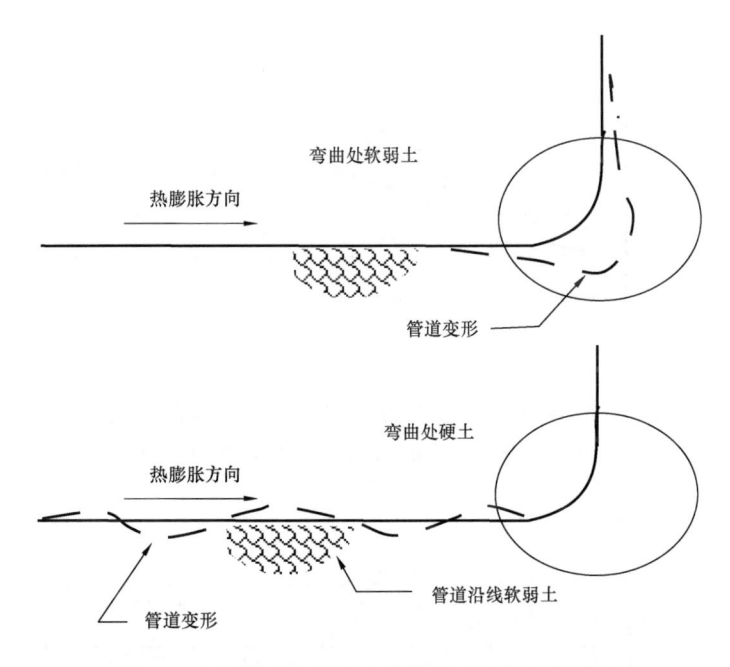

图 4.12 管道在水平弯头处热胀变形形状示意图

正确选择土壤力学性能是管道应力分析和管道设计成功的关键，特别是在软弱土地区。采用过小的土壤强度值建模可能会将变形值(位移)算大了。在某些情况下，采用过大的土壤强度值建模可能会高估了管道应力。第 8 章将讨论土壤参数的选择。

4.6 冻胀和融沉

永冻土给管道带来了温带地区所没有的许多挑战。冻胀和融沉是永冻土区管道面临的两个特殊问题。当运行温度低于冰点的管道穿过未冻结的地面时也可能发生冻胀。在不连续永冻土区，甚至在较大河流和其他水体下的连续永冻土区，都可能存在间隔不等的非冻结地段。在未冻结的地面下的冷管道周围会形成一个冻结泡；冻结锋吸收地下水继续冻结沿管道轴向形成冰棱柱,导致地面和管道抬升。

相反,冻土中埋地热输管道周围会形成融化圈,土壤和冰融化导致地面和管道沉降。沉降量取决于土壤的含冰量、融化圈的大小。融化圈会随着时间变大,与管道温度、地表条件和土壤结构有关。图 2.14 为富冰永冻土的照片。如图 2.14 左图所示的水平冰晶体可引起冻胀,厚度可随时间增加至数厘米,或在融化过程中导致土壤沉降。

管道应力问题通常在稳定地段与冻胀融沉地段之间的交界面最为严重。然而,即使在冻胀和融沉段,土壤性质也会存在差异,冻胀和融沉也不均匀。这也会导致管道的位移。图 4.13 为阿拉斯加州费尔班克斯附近一个全尺度冻胀试验场的管道变形随时间变化的数据。图 4.14 为对应图 4.13 中全尺寸试验数据的弯曲应力(实测和计算)。最大弯曲应力出现在稳定土和冻胀土两个界面附近。

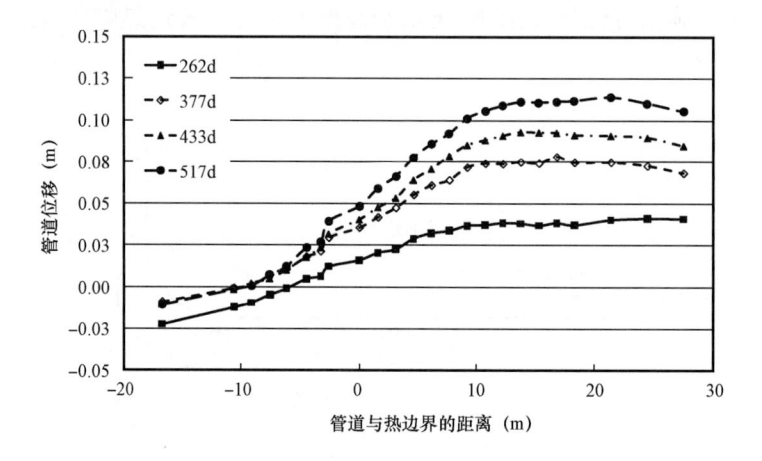

图 4.13　阿拉斯加州费尔班克斯附近全尺度冻胀试验数据
(北海道大学工学院 Shunji Kanie 教授,1999—2001)

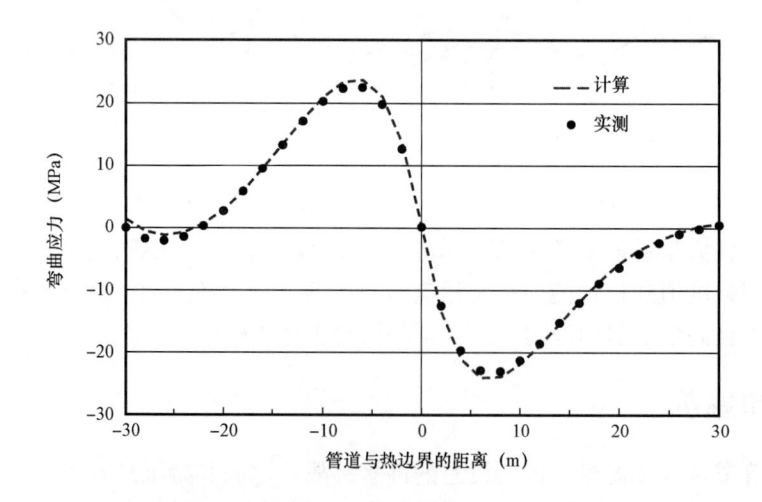

图 4.14　阿拉斯加州费尔班克斯附近全尺度冻胀试验场管道冻胀 517 天后弯曲应力计算值
(北海道大学工学院 Shunji Kanie 教授,1999—2001)

通过对融沉或冻胀引起的管土相互作用的模拟计算发现,沿管道存在一个临界融沉或冻胀跨距,此时管道的拉应变和压应变最大。跨度长度小于或大于这个临界跨度时管道应变会降低。临界跨距主要是管道性能的函数,如管径、壁厚、钢级和内压,以及相对的土壤刚度。冻胀时的临界跨距通常比融沉短,这是由于冻结后土壤一般比融沉时更硬。

图 4.15 为退化冻土区管廊带和输油管道的融沉数据。该场地位于 Enbridge(NW)管道有限公司靠近西北地区阿尔伯塔边界的诺曼韦尔斯管线上。该图显示了整个管廊带以及管道本身在大约 20 年时间里的融沉过程。管道随时间的沉降情况如图 4.16 所示。

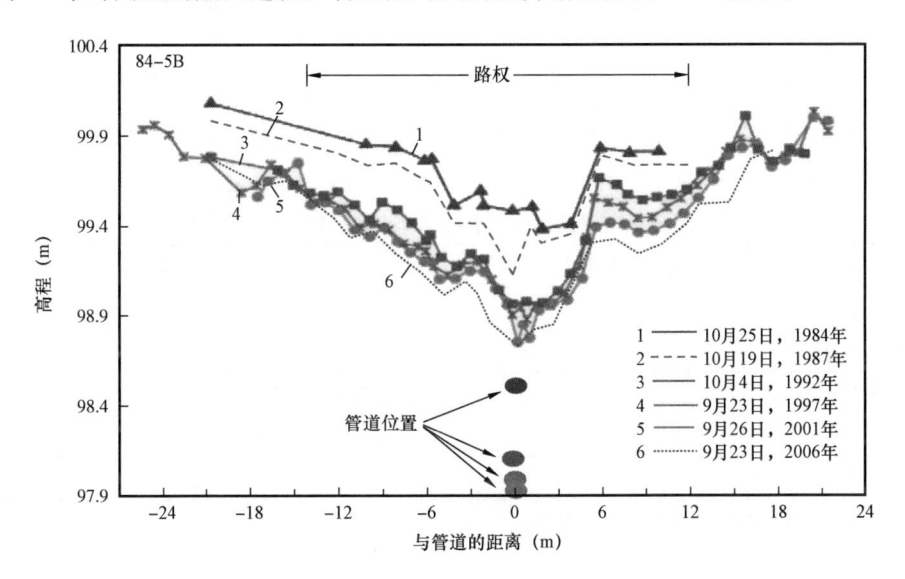

图 4.15 Enbridge(NW)管道有限公司诺曼韦尔斯管线上某点地表和管道融沉测量数据
(Burgess,Oswell 和 Smith,2010)

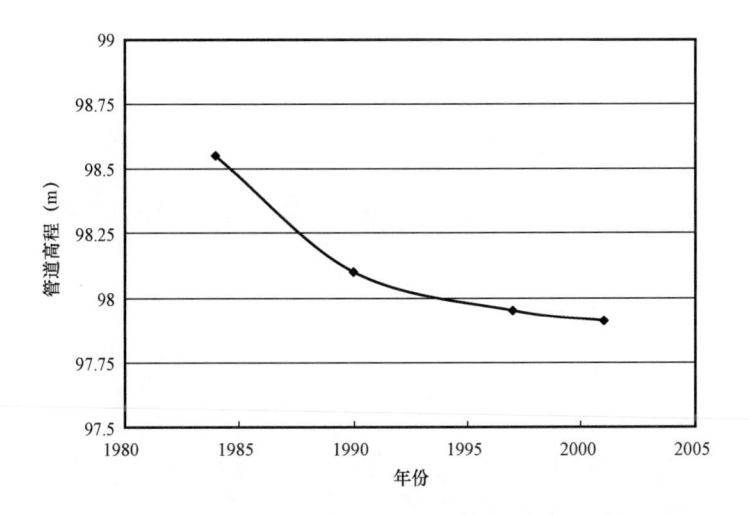

图 4.16 Enbridge(NW)管道有限公司诺曼韦尔斯输油管道融沉随时间的变化
(Burgess,Oswell 和 Smith,2010)

4.7 管道应变对失效的影响

在现代管道设计方法中，Honegger，Wijewickreme 和 Youd(2014)给出了管道轴向弯曲应变与失效概率(管道破裂)之间的相关性。他们指出,这种相关性是"基于过去的经验、专业判断以及管道环焊缝强度超过管道屈服强度的高可能性"。表4.5为拉伸应变和压缩应变的相关关系。这种相关性很可能是来源于"基于线性应力的管道设计方法"，因为在北美使用极限状态方法(基于应变设计方法)设计的管道相对较少。对于基于应变的设计,管道的失效应变临界值可能更高。

Honegger，Wijewickreme 和 Youd(2014)指出，管道的压缩破坏准则是基于 PRCI 管道抗震设计导则(PRCI，2004)，该导则推荐管道压应变上限为 1.76 t/D。假设管道在应变大于 1.76 t/D 的 3 倍(5.28 t/D)时破裂。

表4.5 纵向弯曲应变与管道失效(破裂)概率的相关性

拉伸应变(%)	PoF(%)(拉伸应变引起)	压缩应变(%)	PoF(%)(压缩应变引起)
<0.5	0	<0.5	0
0.5~1.5	10	0.5~1.76t/D	10
1.5~3.5	25	(1~2.5)×1.76t/D	50
3.5~5.5	50	>2.5×1.76t/D	100
>5.5	100		

注：PoF 为失效概率(破裂)，t/D 为壁厚与管径比。

5 管道设计和应力分析所需的土壤信息

5.1 重要原则

第1章引言中表示本书旨在搭建岩土工程师与管道工程师之间的沟通桥梁。他们之间的沟通障碍部分来源于项目特定的土壤信息的缺失,这些信息可供岩土工程师和管道工程师估算土壤强度和刚度值。

对于大多数土木工程项目而言,深入地开展岩土条件勘察是正常和标准的设计过程的一部分。但在过去的几十年中,管道项目并没有这么做。除非遇到不稳定斜坡、非开挖施工等特殊工程,以及如融沉、冻胀等一些特殊的土壤地质问题,一般情况几乎不会开展深入的勘察工作来量化管道路由沿线的土壤特性。虽然也可以用地形图对管道沿线土壤和地形进行大致了解,但是在这种情况下,地形图通常被用来获得环境许可,而不是专门用于管道路由的岩土特性表征。

第4章介绍了不利的管土相互作用引起的各种管道问题。虽然设计或施工前的土壤勘察并不能避免第4章中描述的所有特定问题的发生,但从必要的土壤勘察和测试中所获得的信息无疑会有助于认识一些问题,同时为设计提供合适的参数并制定适当的消减措施,以便在设计、施工或运营中实施。

近几十年来,管土相互作用研究在本构关系、连续介质理论和基于应变的设计及相关问题等方面取得了相当大的进步。然而,在获得土壤参数方面,管道工程师通常愿意信赖岩土工程师从老旧资料中翻出来的一般土壤特性,或者同样糟糕地使用许多管道应力分析商业软件中默认的土壤特性。正如下文讨论的那样,这种由岩土工程师估计的,或是无明确数据而由商业软件随意选定的土壤物性参数,既可能是偏于保守的,也可能是偏于危险的,这需要根据具体的管土相互作用情况而定。因此,在没有对所面临的管土相互作用问题的充分认识的情况下,管道工程师无法知道判断所采用的土壤物性参数是否是比较恰当的保守取值。

由于缺乏合适的土壤物性和数据,需要了解土壤抗力及刚度值的管道设计人员(尤其是应力分析人员)在实际工程中通常是很失望的。考虑到在第4章中强调的管土相互作用问题的多样性和复杂性,所以除了对于非常初步的数量级的估算之外,其他任何分析,用假设的、默认的或者教科书上的土壤参数取值来进行应力分析都是不合适的。

在一般岩土工程和土力学问题之外,管道的回填和浅埋也是管土相互作用的两个问题。与天然的未受扰动的土壤相比,管道的顶部和侧面通常被充分扰动后的矿物土包围。与原土相比,该矿物土密度小,强度低,易渗透,部分饱和且更具可压缩性。此外,所有这些土壤性质都会随时间而变化。因此,需要仔细考虑回填土的性质和特性。

大多数管道的浅埋导致涉及的经典土壤力学理论变复杂了。土壤强度与深度有关,随深度的增加而增加,因此随着约束应力增加而增加。因为低约束应力意味着较低的土壤强度,管道埋深特别浅,因此土壤刚度也可能较低。由于地下水位波动、冻融循环、化学变化等原因,浅层土壤可能比深层土壤更容易风化,同时也使浅层土壤的特性与深处的相同土壤不同。

管道设计阶段的岩土工程勘察在过去的几十年中已经发生了变化。在20世纪80年代和90年代,岩土工程勘察的范围和目的往往是有限的。在20世纪90年代后期及2000年后,管道设计阶段的岩土勘察增加了很多内容,包括路由选择,特别是地质灾害识别,识别地表土壤和浅基岩的地形测绘;基于地球物理方法的探测以评估沼泽深度,用于控制作用在管道上的浮力和管道热胀稳定性;水平定向钻孔位置的岩土工程可行性评估;以及管土相互作用相关的勘察。

岩土工程勘察的主要作用在于降低管道沿线地面条件的不确定性。这有利于降低施工成本,避免不良地形,从而提高管道系统的运营完整性。

研究管土相互作用一方面需要岩土工程勘察,另一方面需要进行数值模拟。为了提高分析精度,应获得管道沿线较精确的土壤特性。应特别关注沿线的重要物理特征(斜坡、地质灾害),特殊土壤的地区以及受二次土壤运动影响的地区的土壤特性(例如,易融沉、易冻胀、可液化)。地质勘查应包括以下核心任务:

(1)管线路由的地形测绘,确定地表地质和地貌特征,识别地质灾害、坡度、有机土、浅基岩和其他特殊特征;

(2)地形测绘实地踏勘;

(3)厚有机土地形和(或)浅基岩深度的地球物理勘查和探测;

(4)陡峭或其他不稳定地形现场评估;

(5)通过岩土工程师与管道工程师之间的协作,确定需要进行特殊土壤勘察地段的土壤特性,以便为管道应力分析提供精确的勘察结果;

(6)通过室内试验获得确定土壤强度所需的准确的岩土工程特性,试验应分别针对扰动土和原土样品进行测试,以提供回填土和原土的特征参数;

(7)基于沿线特定的土壤条件,并对所面临的管土相互作用问题有了深入的理解,确定合适的土壤强度值;

(8)在考虑缓解一些管段管道设计应变可能会超过管道应变能力的问题时,向管道设计团队建议校对估算的管道应变及土壤特性。

管土相互作用的参数敏感性研究应在设计阶段前进行,以评估管道应力和应变对土壤参数的敏感性。这可以使得设计团队能确定哪些管道性能分析需要更详细的土壤特性和行为的信息。整个过程中与岩土工程师的交流沟通是十分重要的。

总之,确定管道应力分析要求的土壤参数时应该认识到,应力分析本质上研究的是一种极限状态。也就是说,管土相互作用时土壤可能屈服,特别是在第4章讨论的一些大型地面土壤位移的情况下。因此岩土工程师应明白,在极限状态下土壤将达到极限强度和阻力。正如本书后面将讨论的,土壤性质的下限值或平均值不可能与土壤实际物理性质一致。在屈服前,土壤将试图呈现出最大的强度和阻力。土壤发生大位移时,随着土壤的屈服,由于应变软化可能导致强度损失。岩土工程师认识到以下问题非常重要,即管道工程中管土相互作用涉及的极限状态的概念与传统的地基设计是不同的。在传统的地基设计中,往往采用折算的土壤抗力,或者采用安全系数将极限强度变成一个许可值。

5.2 管土相互作用相关的重要信息

请岩土工程师参加管土相互作用研究的目的,是为了就某个特定的管土相互作用问题获得与之最相关和最合适的土壤参数。为此,管道设计人员有必要与岩土工程师分享预期的管道设计、施工和运行的相关信息和细节。这就不仅仅是土壤、地表地质、地形图和其他可以得到的相关数据了。表5.1列出有助于岩土工程师在提供土壤参数时应考虑的项目资料和管道具体参数(主要作为问题提出)。虽然并非所有的这些信息都直接与土壤参数相关,但它们有助于了解工程的规模和重要程度。

表5.1 为管土相互作用研究提供土壤参数的岩土工程师应了解的项目信息和细节

项目细节	基本原理
管道特性: (1)直径; (2)最大允许工作压力; (3)管道材料及涂层; (4)输送介质; (5)预计管道埋深	(1)提供项目规模和重要程度; (2)涂层材料影响管道轴向约束
研究管土相互作用的具体目的是什么?例如,它是否用于投产、服役条件的变更或地质灾害评估(如边坡稳定性)的设计验证	土壤强度和土弹簧参数的保守性取决于具体问题。正如后面将要讨论的,土壤强度取下限值对某个管土相互作用问题可能是保守的,但是对于另一个问题可能是非保守的
对于新管道,建成到投产之间的时长	相比"老"的回填土,管沟施工后的新回填土强度低,刚度小。了解管道完工到投产之间的时间将有助于岩土工程师评估回填体的时效程度
对于在役管道,已经运行的时长(特别指回填)	如上所述,老回填土比新回填土强度更高,刚度更大
管道是否存在会导致管道周围结冰的汤焦(Joules-Thomson)冷却效应	当气体从一个压气站流到另一个压气站时,减压冷却会引起地面冻结,这将影响土壤强度
投产时预期的 ΔT 值是多少,多长时间完成这种温度变化,例如, ΔT 是几天还是几个月内发生的	ΔT 的施加有一定的速率效应。土壤强度是与时间和速率相关的。正如后面将讨论的,管道热状态的快速变化将导致土壤在来不及"排水"的情况下响应,而缓慢的管土相互作用将导致土壤在"排水"的情况下响应
在管道运行过程中是否可能出现较大的 ΔT,这是否由于意外造成的	如上所述,土的强度和刚度是与速率和时间相关的。同样发生温升时,投产时的土壤参数响应与许多年以后有所不同
对于新管道,回填的季节	冬季回填的土最初会很坚硬(在冻结时),但在春季和夏季解冻后,回填土强度和刚度会比夏季回填的相同土壤更低
对于新管道,投产的季节	对于冬季投产的管道,危险期可能不是冬季(此时冻土提供了足够的土壤约束),而是回填土融化后的第一个夏季,此时土壤强度比冬季要低
有没有水平定向钻(HDD)的管段?如果有,完工到投产之间时间间隔	非常短的时间内钻井液强度基本为零。但是随着时间的推移,钻井液逐渐具有强度。了解HDD完工到投产之间时间间隔有助于岩土工程师评估钻井液强度的时间效应

6 土壤强度的测试与解释

本章将讨论土壤强度,土壤强度是如何确定的,以及与管道载荷的关系。第 4 章多次提到土壤加载速率和土壤变形,这些因素是理解土壤强度的关键。管道应力分析必须用到的土壤强度参数取决于土壤与管道相互作用的速率。由此我们可以推断,土壤强度不是一个固定值。根据用于描述载荷和土壤强度条件的方法不同,可以将土壤强度分两种类型。本章将解释这些不同的土壤强度。

土壤是细小颗粒状材料,通常具有三种组分:矿物颗粒、含有空气的孔隙和(或)含有水分的孔隙。有机物和部分腐烂的植物也可能存在。

土壤中孔隙的存在意味着土壤的体积会随着承受的有效应力变化而变化。

土壤通常具有摩擦特性。土壤抵抗剪切的能力,即抗剪强度,随有效约束应力的增加而增大。这一概念对于"缓慢"的管土相互作用尤为重要。

管土相互作用另一方面的问题是,在许多管道工程中,埋设管道的土壤是非饱和的。如第 3 章所述,饱和意味着土壤孔隙中充满水。当所有的孔隙都被水充填时,土壤称为饱和;当一些孔隙没有被水填满而含有空气时,土壤称为非饱和。非饱和土的性质对土壤强度有重要影响。在其他条件相同的情况下,非饱和土比饱和土强度高。为了简单起见,本章关于土壤强度的讨论基于饱和土力学原理进行。非饱和土对管土相互作用的影响将在第 8 章进行讨论。

6.1 有效应力原理

有效应力原理是土力学中的基本的,也许是最重要的一个概念,这个原理是 Karl Terzaghi 在 1923 年提出的。他认为,对土壤体积变化和剪切强度有影响的是饱和土壤中所谓的"有效应力",而不是总应力。

因为水实质上是不可压缩的,施加在饱和土壤上的载荷首先仅由孔隙空间中的水承担,产生等于所施加载荷的超孔隙水压力。因为水没有剪切强度,因此,它会倾向于从受载区域排出或迁移,将施加的载荷转移到土壤颗粒上。随着时间的推移,当超孔隙水压力消失时,整个施加的载荷就会转移到土壤颗粒上,土壤孔隙内的水压恢复到正常值。在斜坡和满足自流条件的土壤中,地下水很少是静止的。

图 6.1 给出了一个概念性的加载顺序,以说明加载过程中水与土(特别是细粒土)的相互作用特性。图 6.2 说明了在外加载荷作用下两种饱和土的孔隙水和土壤颗粒相互作用特性。在任何时刻,土的有效应力表示为:

$$\sigma' = \sigma_T - u \tag{6.1}$$

式中 σ'——有效应力;
σ_T——总应力;
u——孔隙水压力。

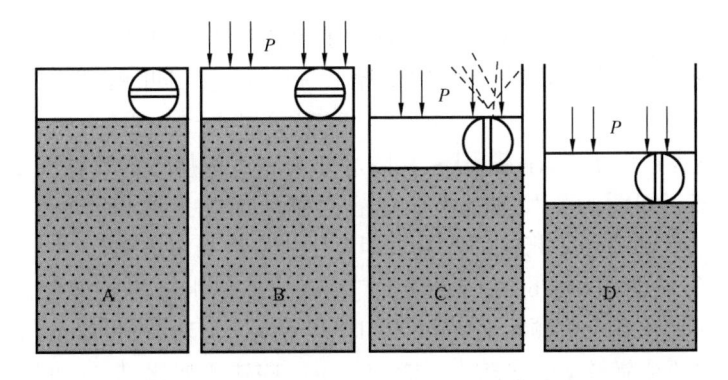

图6.1 外载荷作用下饱和细粒低渗透土中有效应力的概念

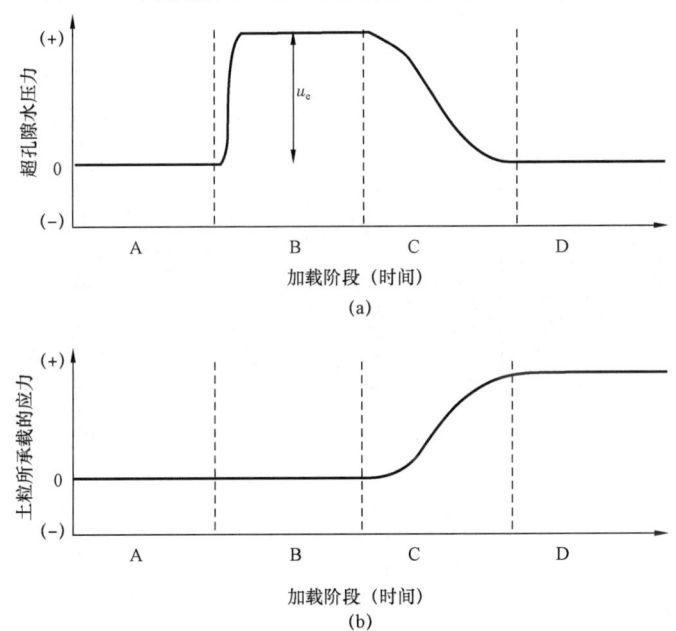

图6.2 图6.1所示的细粒低渗透土壤受载条件下的土壤孔隙水压力和颗粒所承载的压力（u_e是超孔隙水压力）

首先，考虑低渗透土如黏土的情况。在图6.1的A阶段中，土壤颗粒与其周围的水处于平衡状态。无论土样顶部的阀门是开启还是关闭的，没有超孔隙水压力，土粒上也没有额外的载荷[图6.2(a)和(b)，A阶段]。当阀门关闭，载荷迅速作用于土壤时（图6.1，B阶段），水不能立即从受载区排出，其中关闭的阀相当于细粒土的低渗透率。在初始阶段，施加的载荷将完全由孔隙水承受。水承受的载荷导致孔隙水压力增加到与施加的载荷相等[图6.2(a)，B阶段]，这种压力的增加称为"超孔隙水压力"。

于土壤颗粒间的水承担着外加载荷，土壤颗粒不承担附加载荷。因此，土壤颗粒的压力保持为零[图6.2(b)，B阶段]。当阀门打开时（图6.1，C阶段），水可以从土壤中流出。随着时间的推移和排水的进行，部分孔隙水从承载区域流出，超孔隙水压力消失[图6.2(a)，C阶段]。随着孔隙水的消失，外加载荷转移到土壤颗粒上[图6.2(b)，C阶段]，最终孔隙水压力恢复到平衡状态[图6.2(a)，D阶段]，此时整个外加载荷由土壤颗粒承受[图6.2(b)，D阶段]。即使阀门仍然开着(图6.1,D阶段),但由于超孔隙水压力已经恢复到零,因此无水排出。土壤发生了一定的体积变化,体积变化量等于受载区域排出的孔隙水体积和土壤颗粒重新排列导致的体积变化之和。

在粗粒土或高渗透率土中,承载顺序、孔隙水压力和土粒压力的特性与上述过程一样,但时间响应要快得多。如图6.3和图6.4所示。当载荷加到土壤上时(图6.1,B阶段),与图6.2 B阶段相似,孔隙水压力将立即上升。但鉴于土壤有高渗透率,产生的瞬态超孔隙水压力可能较小,且会很快消散(图6.3,C阶段)。随着超孔隙水压力的消散[图6.4(a),C阶段],施加载荷迅速转移到土壤颗粒上[图6.4(b),C阶段]。之后,粗粒土几乎立即处于孔隙水压力与土壤增加的载荷平衡的状态。可能会发生一些体积变化,但这通常比细粒土壤中可能发生的体积变化要小,如图6.3 D阶段中小体积变化所示。

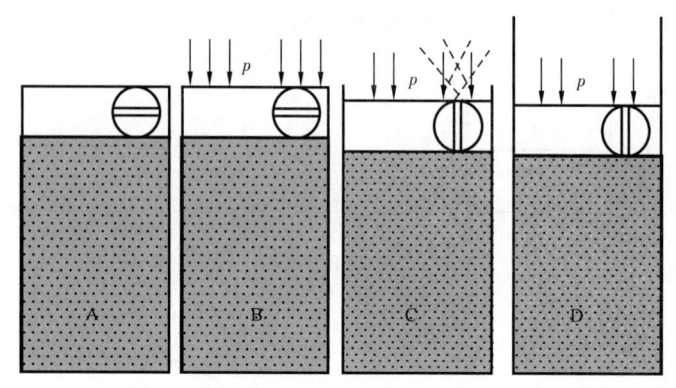

图6.3 外加载荷下饱和、粗粒、高渗透土有效应力的概念

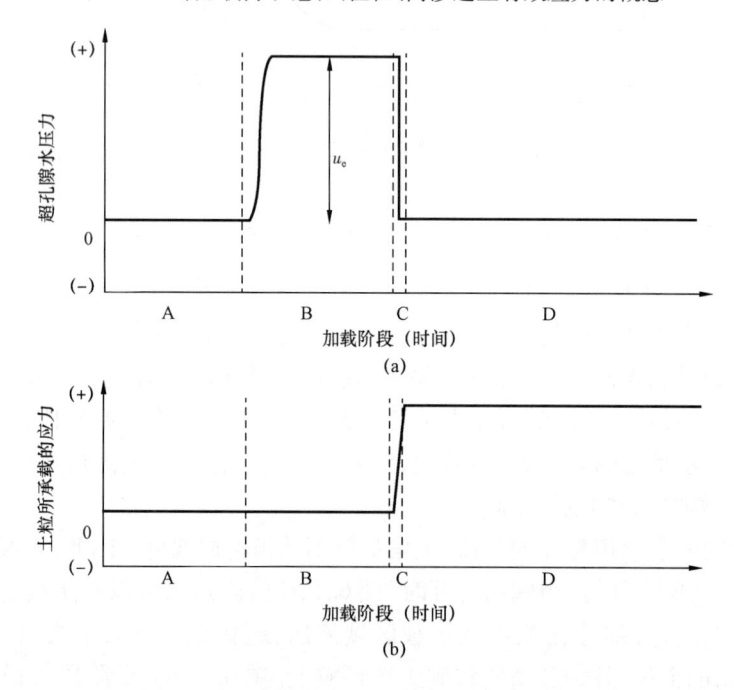

(a)

(b)

图6.4 图6.3所示土壤载荷作用下粗粒高渗土的孔隙水压力和土粒所承载的应力(u_e为超孔隙水压力)

对于图 6.1 和图 6.2 中所示的四个加载阶段,有效应力的计算方法如表 6.1 所示。可以看出为什么阶段 A 中的有效应力与阶段 B 相同,尽管阶段 B 中的总应力高于阶段 A。阶段 C 是超孔隙水压力消散的过渡阶段。在阶段 D,有效应力高于阶段 B,高出的部分等于作用的载荷,孔隙水压力已恢复到与阶段 A 相同的水平。阶段 D 中由于有效应力增加,土壤的强度也高于阶段 A。细粒或低渗透率土壤在过渡阶段 C 比较复杂,该阶段有效应力和超孔隙水压力均随时间变化,大多数岩土工程师通常仅考虑阶段 A、B 或 D。

表 6.1 图 6.1 和图 6.2 所示四个阶段的有效应力计算

阶段 A(起始)	阶段 B(中期)
$\sigma_T = $ 图 6.1(a)试样中点垂直总应力	$\sigma_B = \sigma_T + p$
$u_o = 0$(由图 6.2 可知)	$u_B = u_o + u_e$
	$u_e = p$ 且 $u_o = 0$
$\sigma'_o = \sigma_T - u_o$(或 $\sigma_T = \sigma'_o + u_o$)[由公式(6.1)可知]	$\sigma'_B = \sigma_B - u_B$
	$\sigma'_B = (\sigma_T + p) - (u_o + u_e)$
	$\sigma'_B = (\sigma'_o + u_o + p) - (u_o + p)$
$\sigma'_A = \sigma'_o$	$\sigma'_B = \sigma'_o + 0 + p - 0 - p$
	$\sigma'_B = \sigma'_o$

阶段 C(中期)	阶段 D(结束)
$\sigma_C = \sigma_T + p$	$\sigma_D = \sigma_T + p$
$u_C = u_o + \frac{1}{2}u_e$(中期)	$u_D = u_o + u_e$
$u_C = \frac{p}{2}$ 且 $u_o = 0$	$u_e = 0$ 且 $u_o = 0$
$\sigma'_C = \sigma_C - u_C$	$\sigma'_D = \sigma_D - u_B$
$\sigma'_C = (\sigma_T + p) - (u_o + u_C)$	$\sigma'_D = (\sigma_T + p) - (u_o + u_e)$
$\sigma'_C = (\sigma'_o + u_o + p) - \left(u_o + \frac{p}{2}\right)$	$\sigma'_D = (\sigma'_o + u_o + p) - (u_o + u_e)$
$\sigma'_C = \sigma'_o + 0 + p - 0 - \frac{p}{2}$	$\sigma'_D = \sigma'_o + 0 + p - 0 - 0$
$\sigma'_C = \sigma'_o + \frac{p}{2}$	$\sigma'_D = \sigma'_o + p$

注:σ'_o 是阶段 A 的初始有效应力,p 是图 6.1B 阶段所施加的载荷(应力)。

当孔隙水排水受到阻碍时,例如在低渗透性土壤中,土壤强度将对应于"不排水"的载荷。相反,如果孔隙水排水不受阻碍,并且在施加载荷时进行得非常迅速,例如在粗砂和具有高渗透性的砂砾中,土壤强度将对应于"排水"载荷。

对于成分确定的土壤,有效剪切强度主要取决于孔隙率(土壤颗粒的充填程度或密度,见图 3.9)和有效围压。土壤密度越大,土壤有效剪切强度越大。土壤是摩擦材料,因此有效围压越大,有效剪切强度越高。因此,在其他条件相同的情况下,土壤强度将随着深度而增加。由于管道埋深较浅,回填土和近地表土壤的剪切强度通常不高。

排水和不排水的土壤强度由不同的参数定义,两种强度不应一起使用,并且在第 7 章计算土壤抗力和刚度时也不应混淆。

表6.2列出了每种加载条件下的土壤强度参数。对于有效应力或排水条件,有两个强度参数;对于总应力或不排水条件,只有一个强度参数。在总应力或不排水的条件下,土壤摩擦角总是为零,如下所述。

表6.2 土壤强度参数和 SI 单位

排水负荷条件	不排水负荷条件
有效摩擦角 $\phi'(°)$	不排水强度 c_u 或 S_u(kPa)
有效内聚力 c'(kPa)	

从前面的讨论中清楚地认识到颗粒土一个重要的行为特征:具有高渗透率的颗粒状土壤将始终具有在外载作用下使得孔隙水迁移出去的能力,即使在快速施加外载时也是如此。因此,除了一些非常特殊的情况,粗粒土壤不会表现出不排水的行为,几乎总是表现出与排水加载相应的特性。因此,对不含粉土和黏土颗粒的砂土和砾石采用不排水强度(c_u)是没有意义的。

表6.3比较了排水和不排水的加载条件。在评估管土相互作用时必须考虑这两个条件。土壤抗力和刚度是土壤强度的函数,这些土壤强度取决于加载条件。对加载条件的错误理解,最终会导致在应力分析中使用错误的土壤抗力和土弹簧值。

表6.3 土壤加载条件及属性

排水加载条件	不排水加载条件
有效压力控制	总压力控制
适用所有土壤(粗粒度和细粒度均可)	仅适用与含有很细粒度成分的土壤
加载速度足够慢,因此孔隙水压力立即消失	快速加载,使孔隙水不能排出,施加的载荷初始由孔隙水承担
全部超孔隙水压力消失后的长期加载条件	瞬态加载条件,孔隙水压力消失后改变
土壤载荷伴随着土壤体积变化(随着孔隙水因外载迁移出去)	直到孔隙水开始从承载区域排出才会有体积变化

6.2 土壤强度试验

岩土工程里采用多种测试方法来评价土壤强度。现场试验可以直接测量不排水土壤强度或者推断出土壤的排水强度。而在室内试验中,通常采用三轴压缩试验(Triaxial Compression Test)和直剪试验(Direct Shear Test)来测量土壤强度参数。此外,在过去的几十年里已经建立了土壤强度及常规指标与土壤特性试验之间的相关性。图6.5显示了各种室内剪切试验的原理图。图6.6和图6.7分别展示了三轴压缩试验和无围限压缩强度试验的试验装置。

在三轴压缩试验中,将试验样品用乳胶膜包裹后放到有机玻璃容器里,用水压施加围压,排水管线连接容器底座和/或顶部基座,使得在试验过程中水可以被排出或被样品吸收。该试验中,轴向载荷和围压可以独立分别施加,监测试样内部孔隙水压力。通过在试样上不断增加剪切应力最终产生剪切破坏。为了更好地确定土壤强度参数,需在不同围压下进行一系列试验。相对来说,三轴压缩试验比其他强度测试方法更加通用,而且可以测量排水和不排水条件下的相关参数。

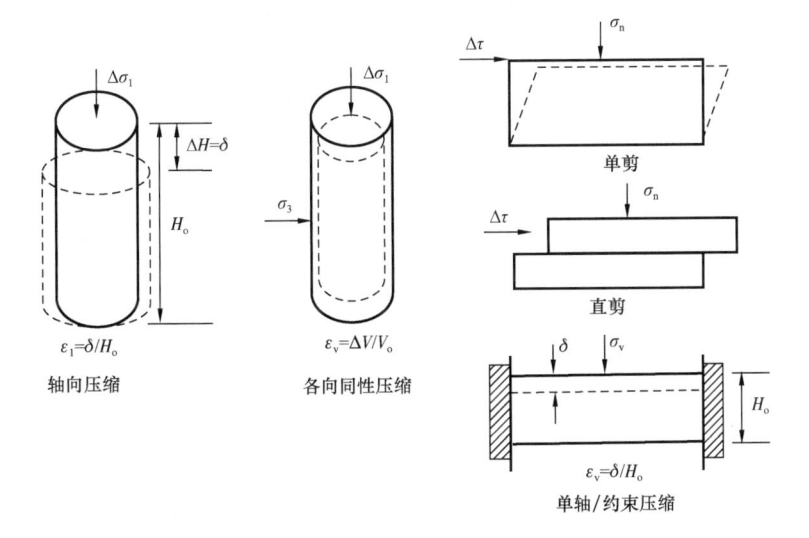

图 6.5　测量土壤强度室内试验原理图

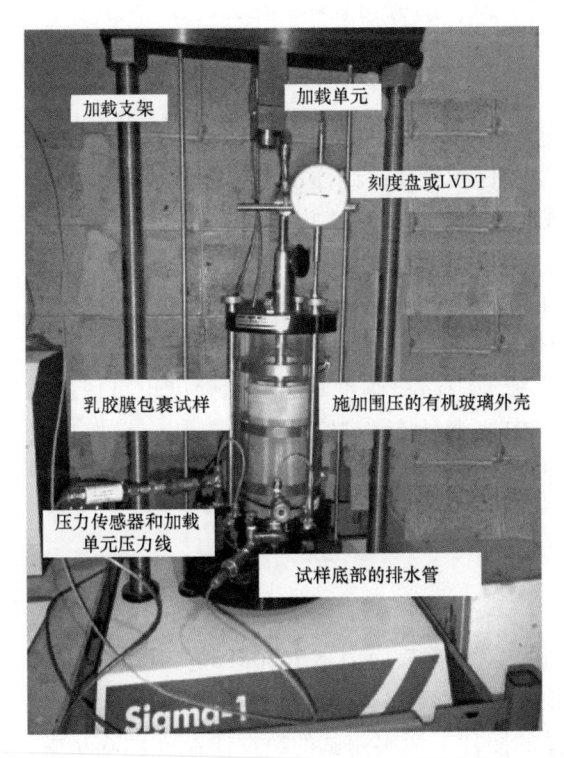

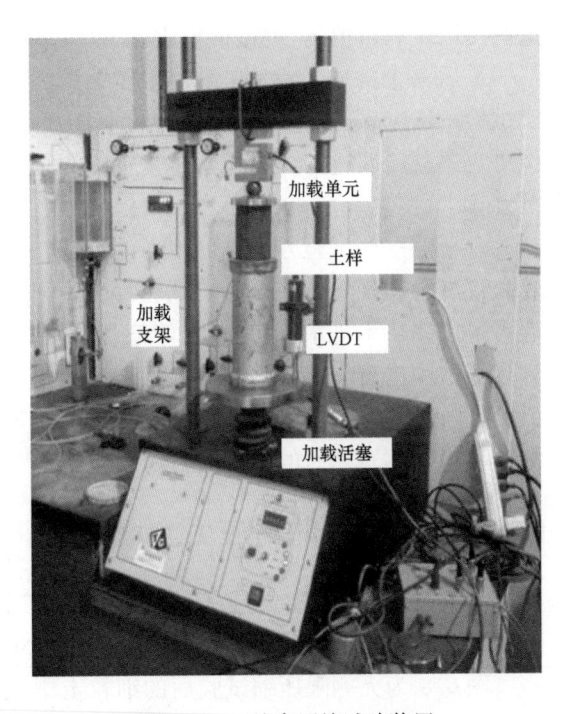

图 6.6　三轴压缩试验装置　　　　图 6.7　无约束压缩试验装置

在三轴压缩试验中,施加围压的过程是很重要的。例如,一个从深度为 10m 处选取的土壤试样,则该试样所受垂直应力约为 200kPa(10m × 20kN/m³,假设土壤综合容重是 20kN/m³)。如果地下水位在地面,那么试样原场有效垂向应力约为 100kPa[10m ×(20~9.8kN/m³)],其中 9.8kN/m³ 是水的容重。土壤的有效强度是埋深处约束情况的函数,因此,在三轴试验装置中对试验样品施加剪切载荷确定其强度之前,先对试样施加原场有效垂直应力使其重新压实对测量是有帮助的。这 100kPa 的围压可通过向装有试样的有机玻璃容器充水加压实现。

虽然三轴压缩试验(图 6.6)和无围压轴向压缩试验(图 6.7)实验装置相似,但在操作程序和试验结果上两者是截然不同的。在无围压试验中,只对试验样品施加轴向载荷,不施加围压或侧向应力。此外,试验样品在剪切过程中不能排出或吸收水分,因此该试验一直是不排水的。另外,由于没有侧向约束,只有黏性土才能进行无围压压缩试验。

我们有必要讨论一下图 6.5 所示的其他测试方法。除了轴向压缩试验外的常用强度试验方法是直剪试验。直剪试验中,试验样品被水平剪切。通过在试验中改变不同的垂直正应力,得到一系列剪切强度和正应力数据来计算土壤摩擦角。可以测量试样的垂直变形来确定在剪切过程中试样是收缩还是膨胀。试验过程中不控制孔隙水的排出。测试的应变速率应该足够小,以防止孔隙水压力加大(如图 6.1 和图 6.2 所示的低渗透土的阶段 B),如图 6.5 所示,剪切会发生在一个预先确定的水平面上,不一定是土壤试样强度最弱的位置。

为了克服直接剪切试验的一些局限性,又出现了简单剪切试验方法。在试验中,使土壤试样整个高度上发生剪切变形,由强度最弱的平面主导试样的剪切破坏。在试样中产生纯剪切条件。与直剪试验一样,可以通过改变不同的正应力来得到一系列剪切强度和正应力数据。这些测试是有价值的,但做得较少。

最后一个常见试验是单轴侧限压缩试验(Uniaxial Confined Compression Test),常称之为压实试验。这个试验需要排水,试样的垂直方向会发生体积变化。试样不会达到剪切破坏条件,但可观察其压实行为。体积变化是施加的垂直载荷的函数。这种试验的结果通常用于土壤升沉计算。

现场的一些试验方法也可用来评价细粒土的不排水强度。最常见的两种测试试验是微型贯入仪试验和现场十字板剪切试验,前者可以近似测量土壤无侧限压缩强度(见第 6.3 节),后者可以测量不排水剪切强度(峰值和残余值)。排水(有效)强度和不排水强度也可通过下列现场试验进行间接测量:包括标准贯入试验(SPT)、静力触探试验(CPT)、动力触探试验(DPT)以及其他不常用的试验方法。这些试验结果和室内试验(如 Atterberg 极限试验)结果的关系将在本章之后的部分进行讨论。

6.3　管道埋深的高应力土壤强度

本节讨论在大多数岩土工程问题中通常遇到的,有效垂直应力高于 50kPa 或 100kPa 时的土壤强度。这个应力代表土壤深度 2.5m 至 5m 以上,与地下水位的深度有关。

图 6.8 为无侧限压缩试验后的细粒土壤试样的照片。两次测试的数据绘制在图 6.9 中,用施加的轴向应力与应变的关系表示。由图可见,试样 1 的峰值轴向应力约为 580kPa,试样 2 为 72kPa。

图 6.10 为密砂和松砂典型的三轴试验数据图。图 6.9 和图 6.10 是轴向应力与轴向应变的关系图。这些图提供了试样的峰值应力,但没有定义土壤的一般强度参数。此外,在无侧限压缩试验或三轴试验中,我们只知道该试验的围压(σ_3)和应力偏量($\Delta\sigma = \sigma_1 - \sigma_3$),如

图 6.11 所示。但是土壤的应力状态一般是用剪应力和正应力表达的,它与测试参数 σ_3 和 $\Delta\sigma = \sigma_1 - \sigma_3$ 直接相关。

图 6.8 无侧限压缩试验后的黏土试样
(试样 1,应变约为 17%,有多个剪切面)

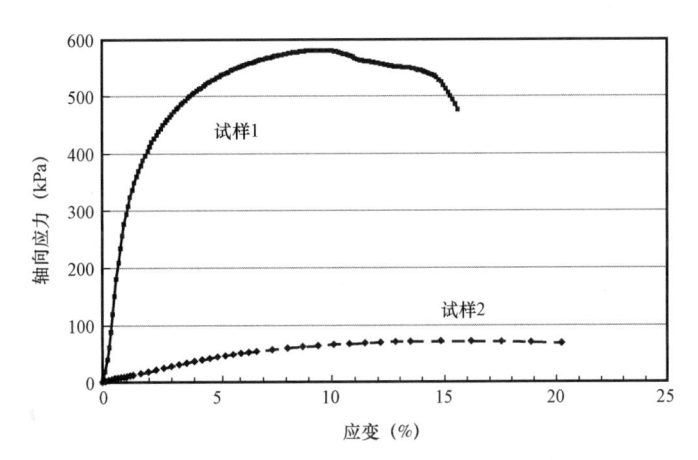

图 6.9 两种不同黏土试样的无侧限压缩试验应力—应变曲线

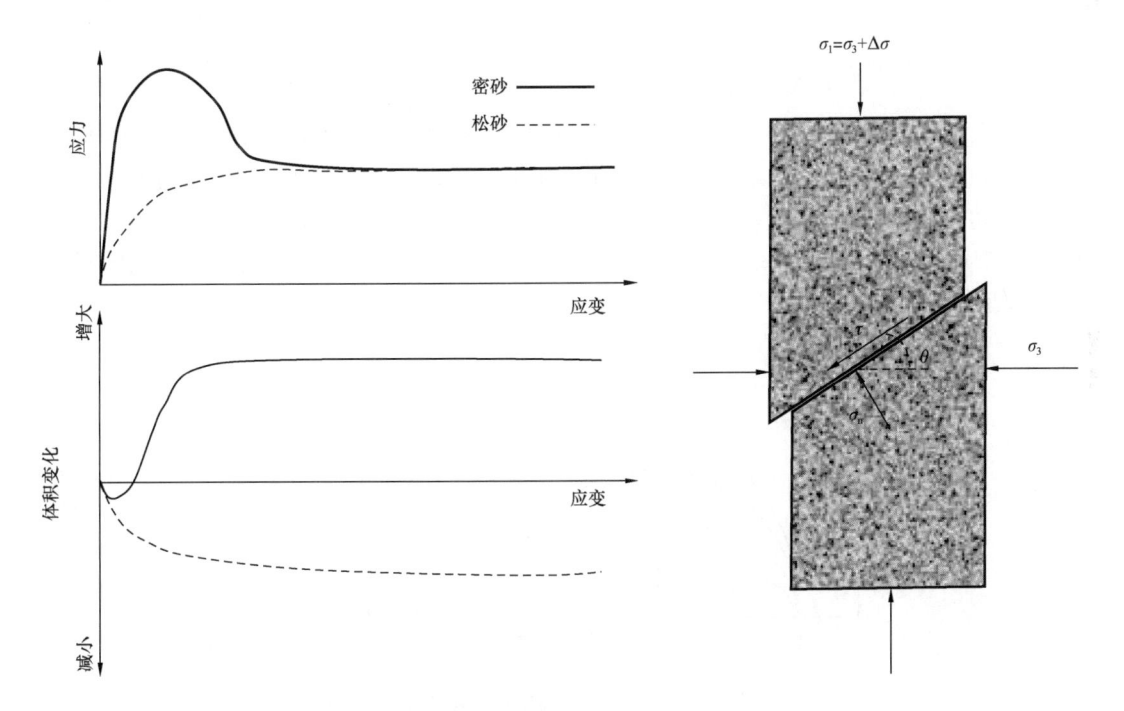

图 6.10 两种密度砂土典型的三轴试验数据

图 6.11 土壤剪切过程中的应力不变量

土壤强度最常由摩尔—库仑破坏准则(Mohr Circle Space)表示,并用莫尔圆表达。从理论上讲,摩尔—库仑破坏准则是最大有效应力比条件[即$(\sigma_1'/\sigma_3')_{\max}$]。摩尔—库仑破坏准则是由土壤包括正应力和剪应力的应力状态决定的。采用图 6.9 中试样 2 的数据画出的莫尔圆见图 6.12。失效时施加的轴向应力($\Delta\sigma$)为 72kPa,围压应力(σ_3)为 0,这两个应力确定了莫尔圆的直径。在图 6.12 中,莫尔圆的顶部为 36kPa,这代表在破坏时试样中的最大剪应力。因

此,无侧限压缩试验测得的土壤不排水抗剪强度是无侧限抗压强度的一半:

$$c_u = S_u = \frac{(\sigma_1 - \sigma_3)}{2} \tag{6.2}$$

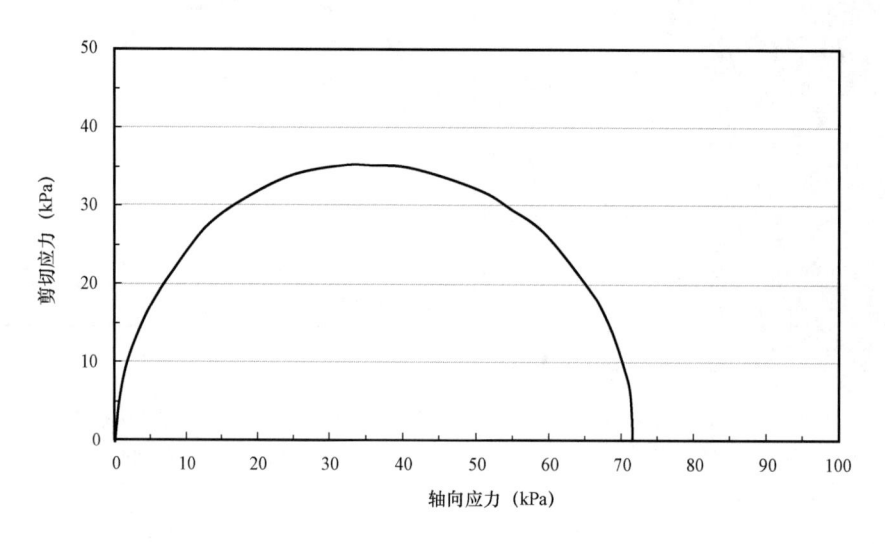

图 6.12 图 6.9 中试样 2 的无侧限压缩试验的莫尔圆

根据图 6.9 中试样 1 的数据,无侧限抗压强度为 580kPa,因此不排水剪切强度为 290kPa。

在三轴试验中,当在不排水条件下对土样施加围压(σ_3)时,莫尔圆根据 σ_3 的大小沿着轴线向右移动。在测试中,保持 σ_3 恒定,逐渐增加 σ_1 直到试样失效。如图 6.13 所示,在莫尔圆图上,轴向应力偏量 $\Delta\sigma$ 是一系列不断增大的圆,直至失效。在图 6.13 中,加粗黑色圆圈代表试样失效。

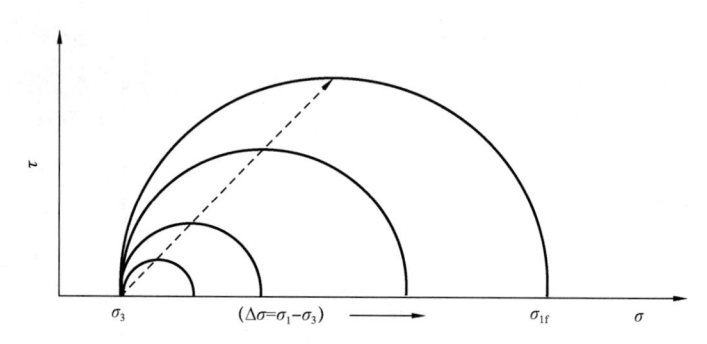

图 6.13 在压缩测试过程中不断增大的莫尔圆
(应力状态开始于 σ_3 点,并扩大直至粗线表示的失效)

图 6.14 给出了试样失效时莫尔圆空间中的几何关系。图 6.11 中试样受压缩时的剪切角 θ 同样也出现在图 6.14 中的莫尔圆中。压缩试验中的剪切角与土壤摩擦角之间的关系为:

$$\theta = 45° + \frac{\phi'}{2} \tag{6.3}$$

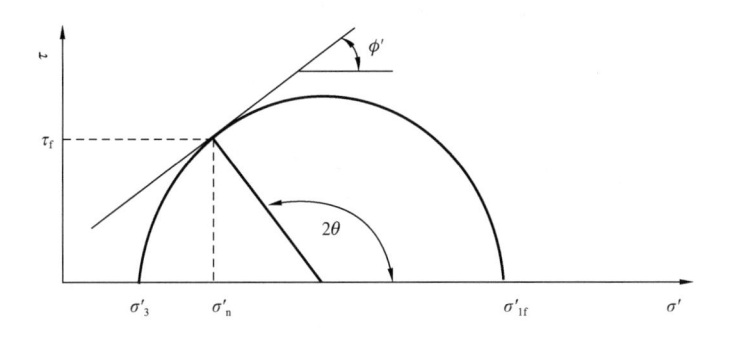

图 6.14 排水压缩试样失效时莫尔圆的几何关系

对土壤在不同总围压(非有效围压)下进行多次不排水试验,得到的莫尔圆如图 6.15 所示。

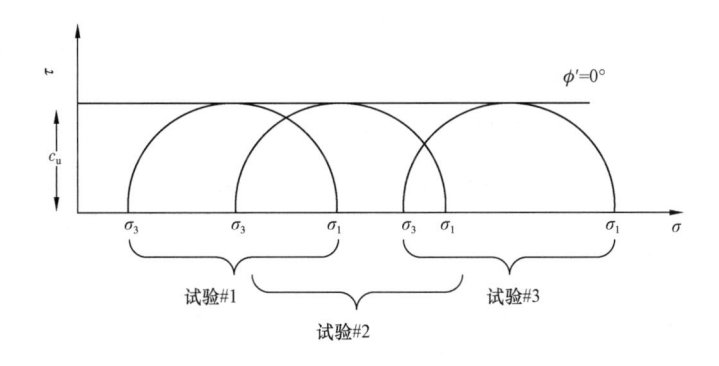

图 6.15 对同一土壤施加三种不同的总围压(σ_3)进行不排水压缩试验得出的莫尔圆

图 6.16 给出了对同一土壤进行一系列独立三轴排水压缩试验的莫尔圆。失效应力应以有效应力的形式绘制为:$\sigma'_3 = \sigma_3 - u$ 和 $\sigma'_1 = \sigma_1 - u$,其中 u 为孔隙水压力。可见,在排水剪切过程中,土壤强度是有效围压的函数;而在不排水剪切过程中,土壤强度与总围压无关。

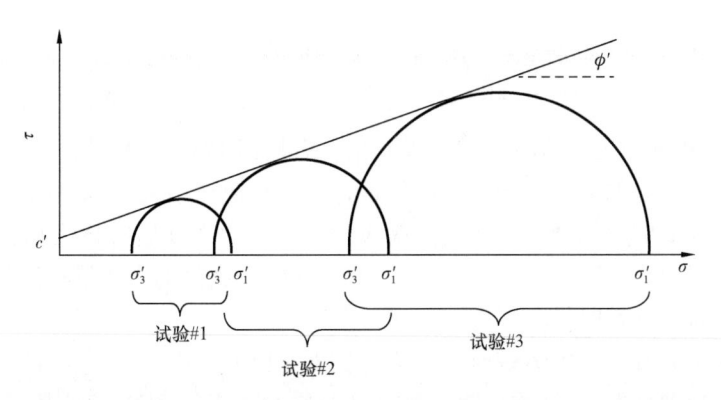

图 6.16 同一土壤不同围压下有效应力(排水)三轴压缩试验莫尔圆

根据土壤一般破坏的准则,剪应力—正应力空间中的莫尔圆给出了稳定、破坏和不可达到的区域。图 6.17 画出了稳定区和失效区。根据莫尔—库伦准则,失效准则的数学表达式为:

$$|\tau_f| \geq c' + \sigma'_n \tan\phi' \quad (6.4)$$

式中 τ_f——失效时的有效剪切应力；
c'——有效（排水）内聚力；
σ'_n——失效时的有效（排水）正应力；
ϕ'——有效（排水）摩擦角。

对于细粒（黏性）土壤，有效剪切行为取决于超压实程度[见式(3.10)和图3.10]。正常压实的黏土没有有效的内聚力，而超压实土表现出一定的小到中等的有效内聚力。图6.18展示了这种有效剪切强度的特性。

在图6.18中，剩余强度表示高应变下的土壤强度。对于细粒土壤，片状黏土将调整其自身方向到最有利于剪切的方向，使其抵抗剪切的能力最小，这种情况即第2章所述（图2.12）的滑动面。

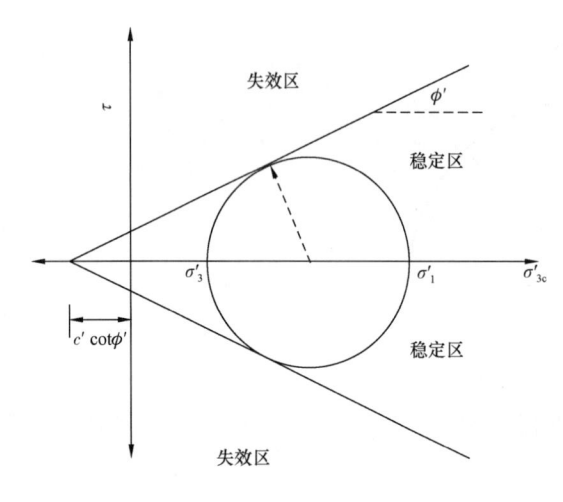

图 6.17　莫尔圆中的失效区和稳定区

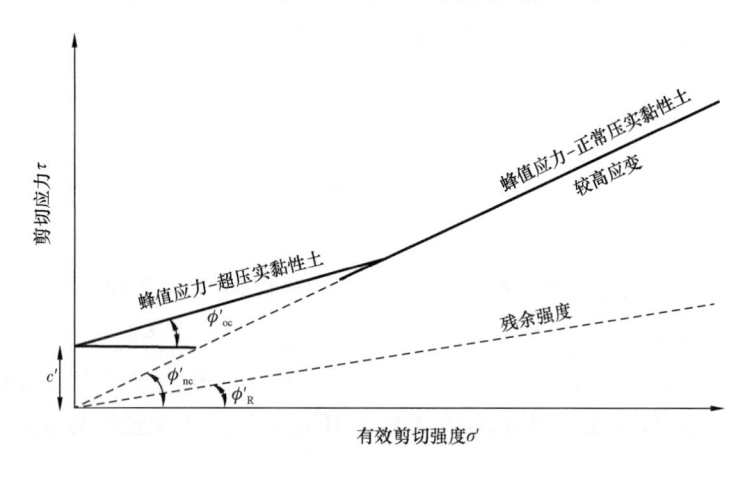

图 6.18　正常压实和超压实黏性土的残余有效剪切强度特性示意图（非等比例）
（下标"oc"表示超压实；"nc"表示正常压实；"R"表示残余）

参考图6.10中的应力—应变曲线可以看出，密砂在达到峰值应力后，在高应变条件下软化到较低的应力水平。如果在不同的围压下进行一系列测试，那么可以画出代表应力峰值和高应变条件下的强度的莫尔圆及其切线。高应变条件下的强度通常称为临界或稳态强度，其中摩擦角称为临界或稳态摩擦角。图6.10中的松散砂土试验也能获得峰值强度，也是临界状态的强度。临界状态剪切时体积不变。

超压实细粒土表现出的应力—应变行为与图6.10中致密砂土大体相似。在三轴试验中特别施加较高应变的情况下，测出其最小强度和对应的摩擦角，该摩擦角甚至低于大应变临界状态的摩擦角。这个最小摩擦角被称为剩余强度。对于回填土等受扰动的土壤，应采用峰后或临界状态摩擦角值。对于如滑坡中的长剪切面等已经发生过土壤运动（预剪切）的土壤，应采用剩余摩擦角值。

总之,与有效(排水)和不排水(总)土壤强度相关的要点有:
(1)在不排水载荷下,不排水抗剪强度(c_u 或 S_u)是唯一的强度参数;
(2)不排水压缩试验中,不排水强度与总围压的变化无关,剪切发生时体积不变;
(3)所有土壤不排水载荷的摩擦角为零($\phi_u = 0°$);
(4)三轴试验中的有效强度与围压有关;
(5)有效强度参数包括有效的(排水)内聚力(c')和有效的摩擦角(ϕ');
(6)不排水强度(c_u)不等于排水或有效内聚力(c')($c_u \neq c'$)。

6.4 管道浅埋深有效土壤强度

前一节介绍了传统的土壤强度理论。通过这种理论解释,有效强度参数包括有效摩擦角(ϕ')和有效的内聚力(c'),然而,式(6.4)和图 6.16 所示的莫尔—库仑破坏准则是实际排水剪切土壤特性的简化。虽然该准则在高应力下具有相当的代表性,但在低应力下很可能是不准确的。这种差异对于管道来说特别重要,因为其埋深和土壤垂直应力较低。管道埋深仅 1~2m 时,地下水位较深,有效垂向土应力约为 20~50kPa 的量级(如果地下水位接近地表,该应力就小得多)。在该土壤应力范围中,传统的莫尔—库仑准则中可能不再适用。

现行的土力学理论认为,在低有效应力的情况下,失效包络线不是直线而是曲线。这意味着在低有效应力下的摩擦角实际上大于高有效应力强度试验值,且有效内聚力(c')为零。图 6.19 给出了来自 Baracos,Graham 和 Domaschuk(1980) 对温尼伯(Winnipeg)黏土所做的试验数据,展示了在大范围有效围压的失效包络曲线。表 6.4 给出了三个应力范围的有效应力参数的总结。低应力的摩擦角远大于中高应力的摩擦角。这种与传统莫尔—库仑破坏准则的差异对基于有效应力的土壤抗力和刚度参数有显著影响,在细粒土和粗粒土中都发现这种特性。图 6.20 为几种土壤围压对摩擦角的影响。虽然对所有的土壤该特性并不完全一致,但总的趋势是相似的。这个问题将在 8.2 节中更详细的讨论。

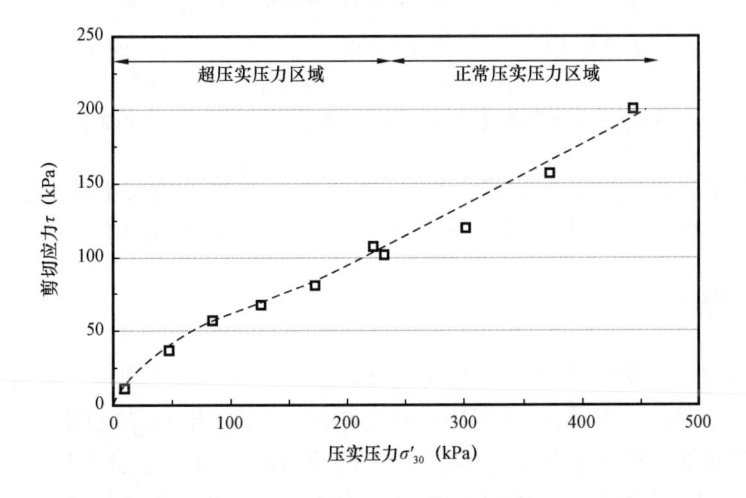

图 6.19 Winnipeg 黏土在大范围压实压力内的三段不同的失效包络线
[Baracos,Graham,Domaschuk(1980) 和 Graham(2003)]

表 6.4　Winnipeg 黏土在不同应力条件下的有效强度参数（Baracos, Graham, Domaschuk, 1980）

深度（m）	压力范围 σ_1'（kPa）	c'（kPa）	ϕ'（°）
6.3	低，<60	6	32
	中，60~240	34	14.5
	高，>240	1	23
9.6	低，<60	8	30.5
	中，60~180	36	10.5
	高，>180	0	24

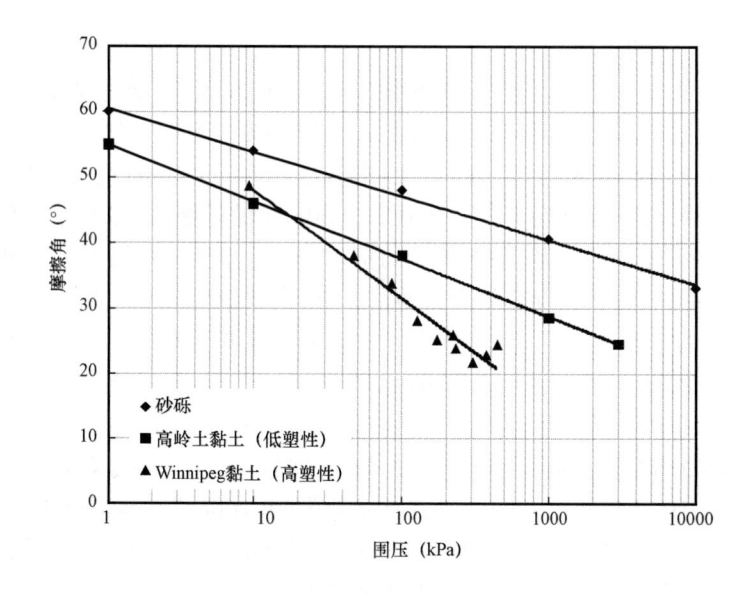

图 6.20　三轴或直剪试验中摩擦角（割线角）和围压的函数关系
［砂砾数据代表了大约 18 种不同颗粒材料的平均值，源于 Fannin, Eliadorani 和 Wilkinson（2005）；
高岭土黏土数据源于 Pedersen, Olson 和 Rauch（2003）；
Winnipeg 黏土数据源于 Baracos, Graham 和 Domaschuk（1980）］

在土壤力学中一般都假定"固有"有效内聚力为零。这对于浅层土壤来说尤其正确，因为浅层土壤易因为干燥、风化和其他可能方式破坏或改变土壤颗粒间的化学键。

6.5　排水剪胀性

图 6.10 显示了两个砂样在剪切过程中的特性。在剪切时密砂的强度先达到峰值，然后应变软化到较低的稳态值。相反，松砂则持续应变硬化，与密砂相似，最后也达到稳定值。这种性质对于粗颗粒和细颗粒土壤都是一样的。非常坚硬的过压实黏土会表现出与密砂相似的剪切性能，而正常压实或松软一点的黏土的表现则像松砂。剪切过程初始，密砂和硬黏土强度增加的原因是由于剪切时剪切面土壤颗粒相互"攀越"的需要。如图 6.21 所示，为从概念上理解这一点，可以将土壤剪切面想象成两个相互锁定的锯片。当剪切开始时，土壤颗粒需要分离

并越过相邻的颗粒。土壤的这种行为导致体积的初始增加,孔隙水压力的下降(因为抽吸作用)和强度的增加。在剪切应变较高时,土壤颗粒越过一个又一个的土壤颗粒,伴随着一些颗粒破碎或方向改变。初始土壤强度的增加与土壤密度和应变速率有关。初始强度的增加称为剪胀性(Dilatancy)。

图6.21　土壤颗粒相互剪切错动时产生剪胀性和产生峰值强度示意图

土壤在稳定状态下的强度称为临界强度(Critical Strength)。临界状态摩擦角通常被表示为 ϕ'_{cv}。本书中的大多数摩擦角一般指临界摩擦角。密砂和坚硬细粒土的更大的摩擦角(大于 ϕ'_{cv})被称为峰值摩擦角 ϕ'_p。正是这种较高的有效强度在抵抗管道位移,直到土壤位移足够大以使土壤强度降低到临界状态值。峰值摩擦角与临界摩擦角的关系如式(6.5)所示:

$$\tan\phi'_p = \tan(\phi'_{cv} + \psi) \quad \text{或} \quad \phi'_p = \phi'_{cv} + C\psi_{max} \tag{6.5}$$

式中　ϕ'_p——峰值摩擦角;

ϕ'_{cv}——临界摩擦角;

ψ——剪胀角;

C——剪胀常数,对于平面应变条件通常假定为0.8(Bolton,1986)。

最初由波顿(1986)提出的剪胀常数被设定为0.8。然而,在管道设计对应的低土壤应力水平下,有证据表明剪胀常数可能大于1(Lehane 和 Liu,2013)。这将导致峰值摩擦角比式(6.5)给出的更大。剪胀角随密度的增加和围压的减小而增大。剪胀性在管道埋深中是很重要的。峰值摩擦角和临界摩擦角的差值($\phi'_p - \phi'_{cv}$)可能从几度到高达25°,这与土壤密度、结构和其他因素有关。

土壤剪胀性和低应力环境(6.4节)对管土相互作用很重要,以至于岩土工程师给出的土壤摩擦角可能保守多达10°或更多。管道工程师与岩土工程师的讨论与沟通将为管道应力分析提供更好、更合适的土壤有效应力值。

6.6　典型的土壤强度

本节将给出各种土壤典型的强度参数。这些参数可作为岩土工程报告中参数的校核,或者在没有进行岩土工程勘察和土壤强度评估的情况下用于初步的管道应力分析。表6.5提供了各种等级和通过土壤物理表现主观判断的不排水剪切强度(c_u)的范围。这个表格可用于现场评估细粒土的不排水强度。如6.1节所述,不排水强度仅适用于细粒土。在大多数情况下,砂土和砂砾不会表现出不排水加载响应。表6.6提供了一系列土壤和基岩的典型不排水强度值(c_u)。

表6.5　细粒土典型不排水强度范围（Sowers,1979）

强度	不排水抗剪强度（kPa）	现场试验方法
非常柔软	0～12.5	手指间挤压
柔软	12.5～25	手指易捏成型
坚固的	25～50	手指用力可成型
坚硬的	50～75	手指用力压会凹陷
很坚硬的	75～100	用手指压只产生轻微凹陷
特别坚硬的	>100	用铅笔尖压只产生轻微凹陷

表6.6　不同土壤和岩石的典型不排水强度值

土壤	不排水强度（kPa）	说明
砂	0	粗粒土通常不具有不排水强度
粉土	0	纯、无黏性粉土不具有不排水强度
黏土	10～200	峰值强度
黏土	5～20	重新成型/回填土
泥岩	1000～10000	峰值强度
花岗岩	25000～250000	峰值强度

表6.7列出了各种矿物土典型的有效排水强度值。这些值是纯单一类型土壤的参数，且测试时所施加的轴向压应力通常高于发生管土相互作用深度的应力。当土壤为多种成分的混合物如粉土、砂质黏土，意味着这时土壤含有大量的粉土和砂粒，但有足够的黏土主导其工程特性，其有效强度值可能处于纯砂土和纯黏土的中间值。图6.22给出了不同成分土壤的正应力与剪应力关系图，图中标出了不同成分土壤相应的摩擦角。

表6.7　高应力条件下不同矿物土壤典型的有效强度值

土壤质地	有效摩擦角 ϕ'（°）	有效的内聚力 c'（kPa）	说明
砂砾	35～50	0	级配良好的砂砾具有非常高的原场摩擦角
砂土	30～45	0	现场原状土
砂土	25～40	0	新扰动土
粉土	25～35	0	原状土
粉土	20～30	0	新扰动重新成型土
黏土	20～35	0～50①	原状土，峰值强度
黏土	10～30	0	新扰动土，峰值强度
黏土	8～16	0	高应变条件下残余强度

① c'应谨慎使用非零值，特别是高的非零值（当前土壤力学一般假设 $c'=0$）。

如果没有混合任何黏土，纯粗粒土（粉土、砂土和砂砾）是没有有效内聚力的。原状黏性土的有效内聚力通常采用高应力压缩试验和莫尔—库仑准则来获得。许多时候，岩土工程师假定有效内聚力为零。对于某些岩土工程问题，这是一个合理而保守的假设。从第7章研究管土相互作用时可以看出，采用即使很小的有效内聚力，也可以极大地提高土壤抗力和刚度。

然而,正如前面所讨论的,在管道设计关心的低土壤有效应力下,莫尔库仑破坏包络线可能是弯曲的,导致最小的有效内聚力和比高土壤应力下更高的有效摩擦角。

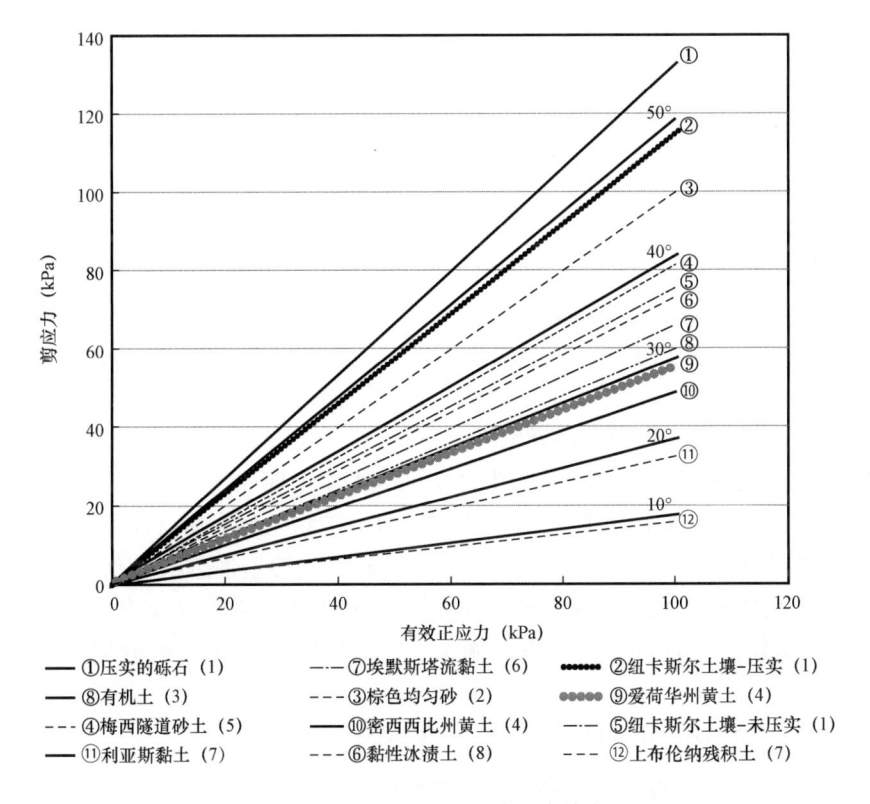

图 6.22 不同成分土壤的摩擦角

注:(1)Mokwa(1999);(2)Reddy(2002);(3)Edil 和 Benson(2009);(4)Parsons 等(2009);(5)Olson 和 Stark(2003);(6)Karlsrud 和 Hernandez - Martinez(2013);(7)Mesri 和 Huvaj - Sarihan(2012);(8)Sorensen 和 Okkels(2013)

在试验装置中或在现场的管道周围的土壤沿轴向受到约束的情况称为平面应变条件(Plane Strain)。管土相互作用问题就是平面应变问题,因为文克尔(Winkler)地基模型中使用的许多土壤参数都服从平面应变条件。

比较三轴试验和直剪试验得出的摩擦角可以发现,真平面应变摩擦角通常高于两种试验测得的摩擦角。将三轴试验结果转换为平面应变条件结果的近似关系式为:

$$\phi'_{ps} = 1.1\phi'_{tc} \tag{6.6}$$

式中 ϕ'_{ps}——平面应变摩擦角;

ϕ'_{tc}——三轴压缩实验摩擦角。

Kulhawy 和 Mayne(1990)发现,对于恒体积(临界剪切状态)条件下摩擦角的典型值,平面应变摩擦角比直剪摩擦角高 4% ~ 19%。根据这个取值范围,在没有恒体积摩擦角具体信息的情况下,可以近似换算为平面应变摩擦角[❶],即:

---

❶ 译者注,原文为三轴压缩摩擦角。

$$\phi'_{ps} = 1.1\phi'_{ds} \tag{6.7}$$

式中 ϕ'_{ds}——直剪试验的摩擦角。

对于平面应变条件下摩擦角的修正有一点需要特别注意。鉴于实验室试验测得的摩擦角能精确到10%~15%,通过相关参数折算或现场测试结果来间接估计的误差会更大。因此,希望采用平面应变修正来获得更高的摩擦角进行管道应力分析可能是轻率的。

6.6.1 泥炭土和沼泽土

当管土相互作用的土壤为泥炭土和沼泽土时,最重要的问题是要认识到高含有机成分的土壤对管土相互作用是不利的。泥炭土和沼泽土工程特性差异较大,这是因为其在成分、纤维和木屑含量等方面差异较大,这些因素都会影响其摩擦特性。有些泥炭土和沼泽土在快速加载时会表现出不排水的特征,其他沉积土的表现可能与颗粒土壤相似。对大多数泥炭土和沼泽土而言,有效应力的增大将产生高的压缩性。人们一般认为,泥炭土和沼泽土是摩擦材料,并遵循有效应力原理。然而,Hobbs(1986)指出:泥炭土和沼泽土的强度高度依赖材料的压缩率,并且这种关系与时间有关。沼泽土特性的时间相关性表现如下:由于其初始渗透率高,未受扰动的沼泽土行为像排水土壤,施加的载荷会立即由矿物土和有机纤维承担。随着有效应力的增加,其材料将被压实和压缩。这种压实会导致材料的渗透性急剧下降,并且可能降低几个数量级。目前认为,随着孔隙率和渗透率的降低,超孔隙水压力难以释放。这意味着土壤受载后呈现为不排水特征。时间一长,当超孔隙水压力释放后,土壤对加载的响应又会恢复为排水状态。

表 6.8 为 Mesri 和 Ajlouni(2007)发布的沼泽土不排水强度数据。

表6.8 各种泥炭土/沼泽土的不排水强度比

数据来源[①]	泥炭土/沼泽土地点	含水量(%)	c_u/σ'_{vo} [②]
Moran 等	Antioch, Algiers	230~1000	0.48~0.60
Lea 和 Brawner	B. C 省 Burnaby	400~1200	0.47~0.58
Adams	Moose 河	330~600	0.68
Forrest & MacFarlane	Ont 省 Ottawa	900~1200	0.50
Yasuhura & Takenaka	Omono	—	0.54
Tsushima 等	—	—	0.52~0.54
Edil 和 Dhowain	Middleton	500~600	0.55~0.75
Edil 和 Wang	Portage	600	0.70
Yamaguchi 等	Ohmiya	960~1190	0.55
	Urawa	980~1260	0.52
Den Haan	—	—	0.54~0.78
Ajlouni	Middleton	510~850	0.53
近似平均值		770	0.58

① 参考资料来源于 Mesri 和 Ajlouni(2007)。
② σ'_{vo} 为原位有效上覆压力。

对于有效容重为 2.5kN/m³、不排水强度比为 0.58、管道中心点埋深为 2m 处的沼泽土层而言,其对应的土壤不排水抗剪强度 c_u 约为 3kPa(2m × 2.5kN/m³ × 0.58)。来自 O'Mahony,Ueberschaer,Owende 和 Ward(2000)的数据(未包括在表 6.8 中)表明,含水量在 625%～340%之间的沼泽土层的剪切强度在 7～40kPa 之间。Rahman、Yahya、Ahmad、Zodaidie、Ishak、和 Kheiralla(2004)报告了热带(马来西亚)浅层泥炭土的不排水抗剪强度:不超过 0.4m 深的土壤的抗剪强度为 10～15kPa,该报告未说明含水量。表 6.8 中所涉及的泥炭土和沼泽土含水量通常很高。通过对不排水抗剪强度与含水率数据的对比分析可预测不排水强度与含水率之间的关系。Boylan 和 Long(2013)使用 Amaryan、Sorokina 和 Ostoumova(1973)的数据发现了这种关系的上、下界趋势。O'Kelly 和 Sivakumar(2014)还建立了通过干燥温度的对比确定含水量的关系式。图 6.23 为 Boylan 和 Long 的上、下界趋势,以及 O'Kelly 和 Sivakumar 的平均值趋势。对 Boylan 和 Long 的曲线进行幂回归得到如下式:

$$\begin{cases} 上界: c_u = \dfrac{3510}{w^{0.978}} \\ 下界: c_u = \dfrac{14999}{w^{1.027}} \end{cases} \quad (6.8)$$

式中　c_u——不排水强度,kPa;
　　　w——含水量,%。

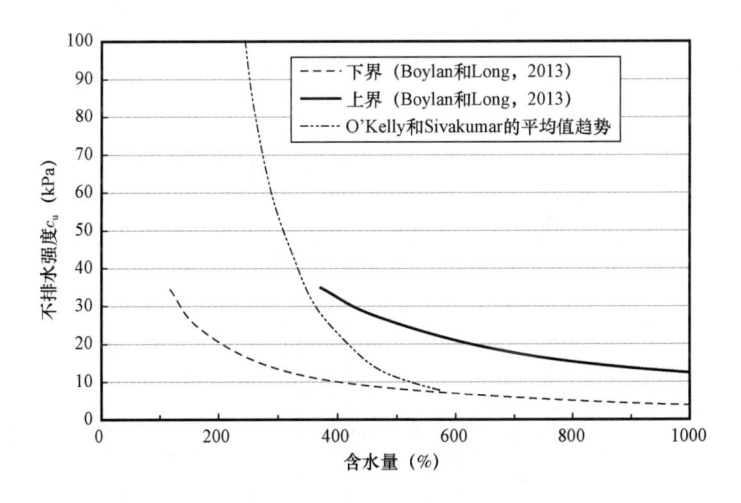

图 6.23　沼泽土不排水强度与含水量的关系
[Boylan,Long(2013) 和 O'Kelly,Sivakumar(2014)]

表 6.9 列出了 Mesri 和 Ajlouni(2007)给出的各种泥炭土的排水强度参数。泥炭土具有高度的各向异性,即垂直方向与水平方向的强度特性有很大差异。Rowe,MacLean 和 Soderman(1984)论述了由三轴试验(如表 6.9 中大部分数据所示)、直接或简单剪切试验所得到的摩擦角数据之间的差异,并且暗示:相对于直接或简单剪切试验,有机纤维在三轴试验中的强化作用更为明显。泥炭土具有高度的各向异性,这意味着其竖直方向与水平方向的强度特性有很大的差异。如果木质纤维主要分布在水平方向,那么三轴试验须通过纤维剪切,而直接剪切试

验的剪切方向则与水平纤维平行并在水平纤维之间进行剪切,如图 6.24 所示。通过这一比较,我们可以得出结论:建立矿质土中的平面应力条件与三轴和直接剪切试验之间联系的式(6.5)和式(6.6)很可能并不适用于沼泽土。

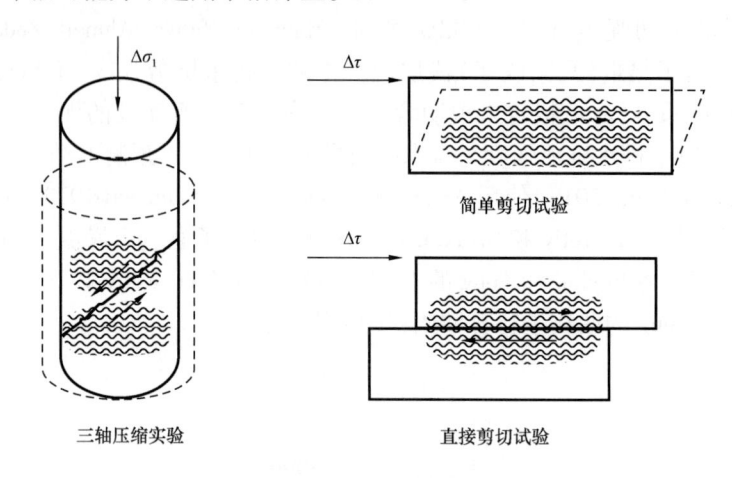

图 6.24 不同强度试验中水平木质纤维对剪切的影响

表 6.9 泥炭土和沼泽土的排水强度(三轴压缩)参数比较

来源[①]	泥炭土取土地点	含水量(%)	摩擦角(°)	有效内聚力(kPa)
Adams	Muskeg	375~430	50~60	0
Adams	Moose 河	330~600	48	0
Ozden 等	Muskeg	800	46	0
Tsushima 等	Muck	—	52~60	0
Yasuhura 和 Takenaka	Omono	—	50~60	0
Tsushima 等	Muck	—	51	0
Edil 和 Dhowain	Middleton	500~600	57	0
Edil 和 Wang	Portage	600	54	0
Landva 和 LaRochele	Escuminac	1240~1380	40~50	0
Marachi 等	San Joaquin	200~500	44	0
Yamaguchi 等	Ohmiya	960~1190	51~55	0
Yamaguchi 等	Urawa	980~1260	53	0
Ajlouni	Middleton	510~850	60	0
Rowe MacLean 和 Soderman (1984)[②]	Ont 省 Aurora	220~1040	26~27	1~3
			54	0
Wong, Radforth 等 (1982)	Petawawa Ont		48.5	5.8
			54.9	2.3
近似平均值		725	52	

① 标明年份的除外,其他参考资料来源于 Mesri 和 Ajlouni(2007)。
② 直接剪切试验和简单剪切试验的泥炭土。

另一个与沼泽土壤特性有关的问题是:在管道铺设过程中和管道安装完成后,管道管沟对管道的约束情况。虽然矿质土的排水强度(即有效摩擦角)对高应力状态下的土壤约束程度不太敏感,但对于沼泽土而言,情况可能就不一样了。这些材料含水率高,加之管沟中没有约束,它们受载时的强度值低于侧向受约束的实验室或现场试验得出的预期强度。

于泥炭土和沼泽土,需要注意扰动或重塑对回填土性能的影响。当沼泽土被挖出来并回填时,主要的水平层理可能被改变,纤维排列可能更加随机。Azhar, Norhaliza, Ismail, Abdullah和Zakaria(2016)考虑了扰动对沼泽土的影响,他们在三轴压缩中对未扰动和重塑的马来西亚泥炭土进行了测试。他们的测试表明,由于重塑,摩擦角有所增加,尽管摩擦角的增加中的一部分可能是由于样品制备和测试过程造成的。然而,在直接剪切或简单剪切试验中,受扰动的沼泽土或泥炭土可能会由于有机纤维的重新定向而导致排水(有效)强度增加。扰动所引起的三轴强度的变化可能很小,随着时间的推移更是如此。

最后要考虑的是,沼泽土和泥炭土是高度不均匀的,从完全无颗粒感(腐烂成相当均匀的结构)到粗糙的纤维状(木质),还含有离散的木质颗粒。因此,它们的特征和行为会有很大的差异。无颗粒感泥炭土通常容重最高,含水量、抗剪强度和渗透率最低。粗纤维沼泽土通常渗透性和抗剪强度最高,压缩性最低。

表6.10给出了未扰动和扰动泥炭土/沼泽土的强度参数,可用于管土相互作用研究参考。

表6.10 解冻的泥炭土与沼泽土的强度特性建议值

载荷条件:原土	原土强度参数	载荷条件:受扰动土	受扰动土强度参数
不排水的	$\phi=0°;c_u=10\sim25\text{kPa}$	不排水的	$\phi=0°;c_u=5\sim15\text{kPa}$
排水、有效的(三轴试验)	$\phi'=40°\sim50°;c'=0\sim4\text{kPa}$	排水、有效的(三轴试验)	$\phi'=35°\sim40°;c'=0\text{kPa}$
排水、有效的(直剪试验)	$\phi'=20°\sim25°;c'=0\sim4\text{kPa}$	排水、有效的(直剪试验)	$\phi'=30°\sim35°;c'=0\text{kPa}$

6.6.2 冻土

在其他条件相同的情况下,冻土强度通常比非冻土高。然而,土壤孔隙中的冰是影响土壤强度的另一个非常复杂的因素。冰是一种黏塑性材料,这就意味着它的强度会随着时间的变化而变化,并且会在应力未达到破坏条件时蠕变。在高应变率下测试的冻土抗压强度比低应变率下要高得多。图6.25为三个温度低于冰点时所测试的细粒土应力—应变曲线;图6.26为应变率对冻结砂土强度的影响。在图6.26中,当应变率增加时,土壤会从韧性变形转变为脆性变形。图6.27进一步说明了试验温度和应变率对土壤的影响,其中也包括相同土壤融化后强度的估计值。融化后强度只是冻结时强度的一小部分。图6.27的测试温度远低于埋地管道周围的温度。

对于有效强度参数,Roggensack(1977)指出,剪切摩擦角对冻结的影响不太敏感,但其有效内聚力却有较大幅度的增加。温带地区的地面温度通常会比约1.5m深处的地下温度(−5℃)要高。图6.28提供了永冻土区细粒土壤的强度数据。

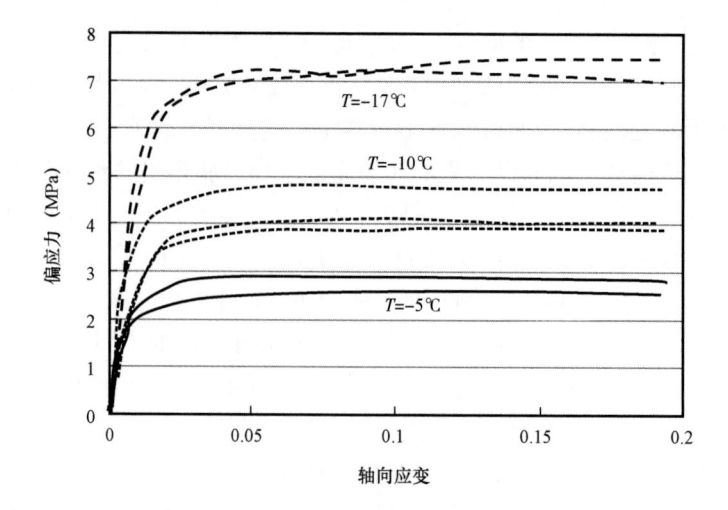

图 6.25 温度对冻土应力应变特性的影响(Wijeweera 和 Joshi,1990)

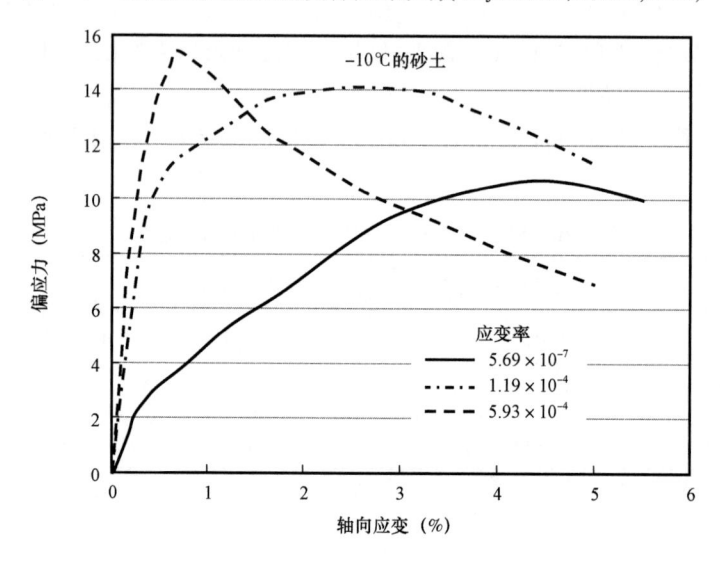

图 6.26 应变率对砂土冻结强度的影响(Bragg 和 Andersland,1981)

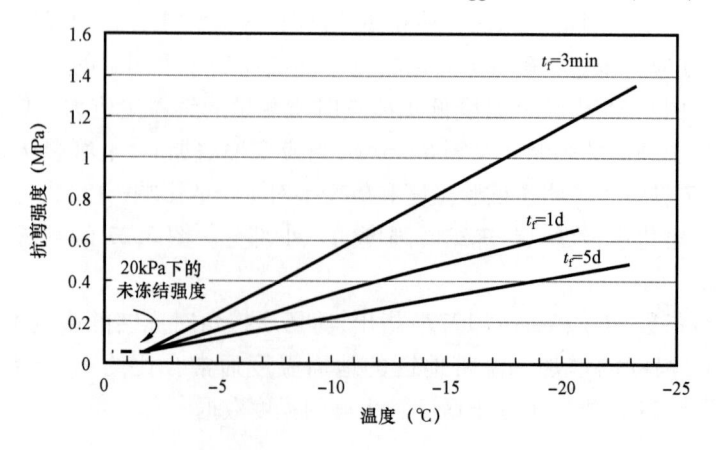

图 6.27 时间对冻结盐土失效强度的影响(Nixon 和 Lem,1984)

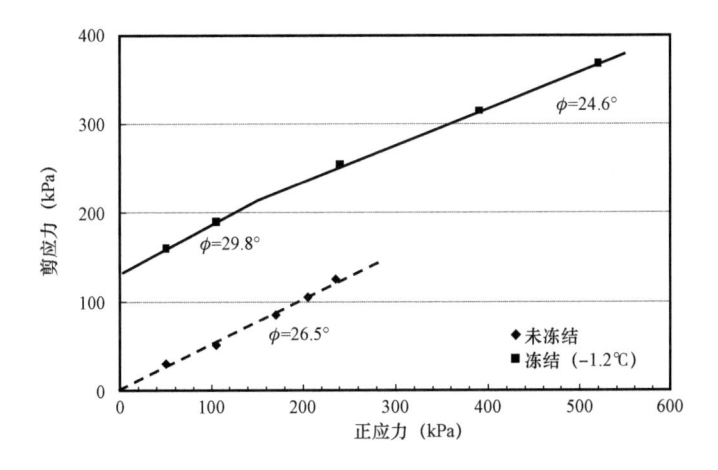

图 6.28　冰冻对 Fort Simpson, NT. 附近细粒土有效强度的影响（Roggensack,1977）

6.7　应变率对强度的影响

有充分的证据表明:许多材料(土壤、钢、冰、塑料等)受剪切的速度会影响该材料的峰值强度。对于土壤而言,其适用的强度值是侧向无约束时的抗压强度,也是不排水强度。图 6.26 和图 6.27 显示的是冻土的应变率效应。这种效应对融化土也适用。图 6.29 显示的是应变率对两种融化土不排水强度的影响。两种土的强度随应变率的增加而增加,但两种土壤的增加情况有所不同,并且两种土壤的不排水强度与应变率的对数之间存在线性关系。这种线性趋势可能是普遍存在的,但融化很快的高度敏感天气除外。O'Reilly,Brown 和 Overy (1989)指出,应变率每增加一个对数量级,土壤强度增加 0.125 倍。Graham 等(1983)则认为强度将增加 10%～15%。

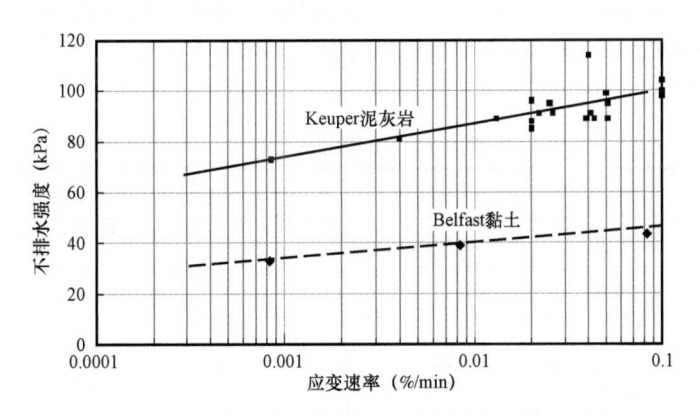

图 6.29　应变速率对不排水强度的影响
(Graham,Crooks 和 Bell,1983;O'Reilly,Brown 和 Overy,1989)

砂土的有效摩擦角也表现出相似的变化趋势。Yoshizakiy 和 Sakanoue(2004)提供的两种不同应变率(0.1%/min 和 5%/min)下的砂土数据表明,较高的应变率将导致土壤在一定的干容重范围内的摩擦角略高。图 6.30 显示了应变率对摩擦角的影响是颗粒土壤干容重的函数关系。同样,O'Rourke(2005)指出,当使用干燥和潮湿的砂土进行三轴压缩实验时,应变率由 0.1%/min 变为 5.0%/min,摩擦角增加了 3°。

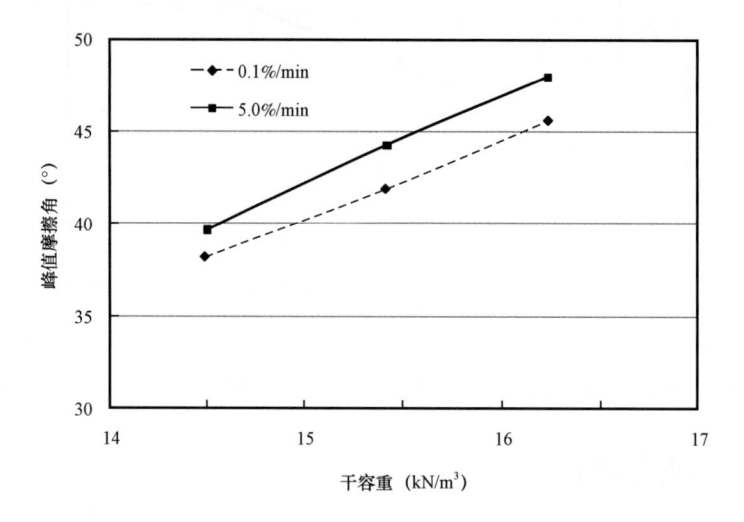

图 6.30 应变速率和干容重对颗粒土摩擦角的影响
(Yoshizaki 和 Sakanoue,2004)

第 8.2 和 8.22 节将进一步讨论应变率对管道应力分析中土壤抗力的影响。

6.8 土质敏感性

表 6.6 和表 6.7 多次提到峰值强度或未扰动强度,以及重塑或扰动强度。有些细粒土在受到扰动和重塑时,其强度明显下降。敏感度(Sensitivity)的定义是峰值强度与重塑强度的比值。表 6.11 列出了土壤敏感度等级。冰川海洋黏土是一种敏感值较高的土壤。图 6.31 是对冰川海洋黏土土样状态的比较,一个是取样时受到少量扰动后的状态,另一个是土样在输运过程中被重塑后的状态。

表 6.11 土质敏感度等级

类型	敏感度
不敏感	≈1
轻微敏感	1~2
中度敏感	2~4
非常敏感	4~8
轻微快	8~16
中等快	16~32
很快	32~64
特别快	>64

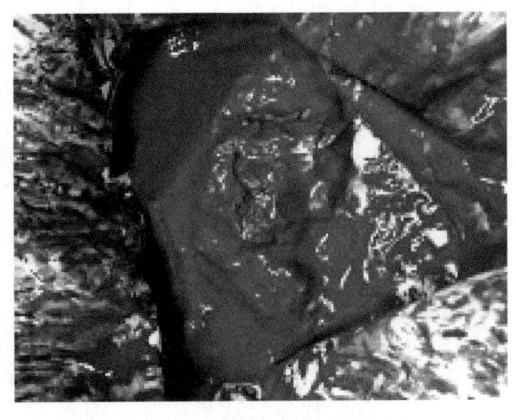

(a) 小扰动　　　　　　　　　　　(b) 在运输过程中被扰动后

图 6.31　BC 省西北部 Kitimat 山谷采集的冰川海洋黏土样本（来自 Rod Read）

6.9　土壤强度差异性

前几节讨论了确定土壤强度的方法，并提供了一些典型土壤的强度值。然而，由于土壤沉积方式的不同以及它们只是在当地取样所得，导致土壤没有唯一的"强度"。也就是说，无论是不排水还是有效强度都不是确定的。强度值是随机的，可以得到其平均值和相关的概率分布。在大多数情况下，岩土工程师报告的土壤强度可能只是对其平均值的最佳估计，实验室或现场的数据会有所不同。这种差异并不是测试方法造成的。即使进行了很好的测试，数据的分散也反映了所有土壤沉积物中自然存在的区域差异性。

表 6.12 列出了几种土壤的不排水强度和有效摩擦角。包括平均值、变化范围和差异性系数。表 6.12 中列出的不排水强度的范围很宽，差异高达两个数量级。相反，有效摩擦角的范围要小得多，差异性系数值较小。差异性系数越小，标准差越小，材料特性差异也较小。

表 6.12　各种土壤不排水强度以及有效摩擦角的平均值和变化范围（Phoon 和 Kul-hawv，1999 年）

特性参数	土壤类型	平均值	范围	变异系数平均值(%)
不排水强度 c_u(kPa)	细粒	100	6~412	33
	黏土，粉土	276	15~363	22
	黏土	405	130~713	32
	黏土	112	8~638	32
有效摩擦角 ϕ'(°)	砂土	37.6	35~41	9
	黏土，粉土	15.3	9~33	21
	黏土，粉土	33.3	17~41	9
	黏土，粉土	27	13~35	20
	砂土	36.6	33~43	9

Lacasse 和 Nadim(1996)认为,不排水强度的变化规律可能呈正态或对数正态分布。有效摩擦角的变化规律可以用正态概率分布来表示。

处理管土相互作用的问题时,管道工程师应向岩土工程师咨询,弄清楚他们所提供的土壤强度值是指平均值、下限值还是上限值。正如后面 8.2 节所讨论的,根据所考虑的具体管土相互作用问题,选择高、低土壤强度可能是保守的,也可能是非保守的。第 8.3 节将进一步讨论土壤参数差异产生的影响。

6.10 土壤强度的参数相关性

对未受扰动的土壤进行三轴或直剪试验昂贵且耗时。并且如果测试步骤不妥、质量控制和监督不力或存在其他对结果不利的因素,都会导致测试结果失去可信度。在过去数十年中,研究人员发现了土壤强度与某些参数之间的相关性。这些参数包括晶粒尺寸、密度、Atterberg 极限(或派生的指数)、含水量等等。本节将介绍一些常见的相关性参数,目的在于帮助管道工程师在获得土壤基本特性的情况下可以推导出土壤的平均强度。

根据相关估算土壤强度在实验室强度测试结果的交叉检查和验证方面最有用。估算的强度的精度对于管土相互作用初步分析时估算土壤强度和土弹簧参数是足够的,但可能不适用于某些管道受力分析,因为此时应力、应变对输入参数非常敏感,同样也不适用于详细的设计计算。例如,在计算由滑坡产生的管道应变时,使用滑坡体的实际土壤强度数据非常重要。对于上述情况,土壤特性参数应该来源于项目和现场具体的信息和数据。作为综合、深入岩土工程勘察的一项工作,通过实验室测试获得土壤强度参数是明智的,也是值得推荐的。

6.10.1 与摩擦角的相关性

研究细粒土的塑性和有效摩擦角之间的关联是有意义的。Wood(1990)提出的一种相关关系式:

$$\sin\phi' \cong 0.35 - 0.1\ln I_p \qquad (6.9)$$

式中 I_p——塑性指数。

式(6.8)是根据不敏感的、未胶结的普通压实黏土以及发生重塑或受到扰动的超压实土壤所获得数据推导而来。式(6.9)计算得出的未受扰动的超压实土的最大摩擦角可能偏小。而 Mayne(2012)坚持认为摩擦角与土壤塑性之间不具备直接相关性。因此,应谨慎应用两者之间的相关关系,并根据表 6.7 所给出的大致范围进行检验。

对于粒状土,影响摩擦角的主要因素为土壤颗粒的密度、级配和粗糙度。根据颗粒密度和级配,图 6.32 给出了摩擦角(来自三轴压缩试验)和代表密度的干容重之间的一般关系。从土壤的级配来可以看出,粒径范围较大、级配良好的土壤与级配不良的土壤相比(参见图 3.9)。(例如 GW 与 GP 和 SW 与 SP)具有较高的干容重。将细粒图添加到土壤中(例如 SM 和 ML),干容重和摩擦角都变小。有关相对密度的讨论,请参阅第 2 章。

对于细粒土,可用于管道设计的有效摩擦角的数据有限,但可以得到不排水强度数据。因此,就需要研究有效摩擦角和排水强度之间的关系。

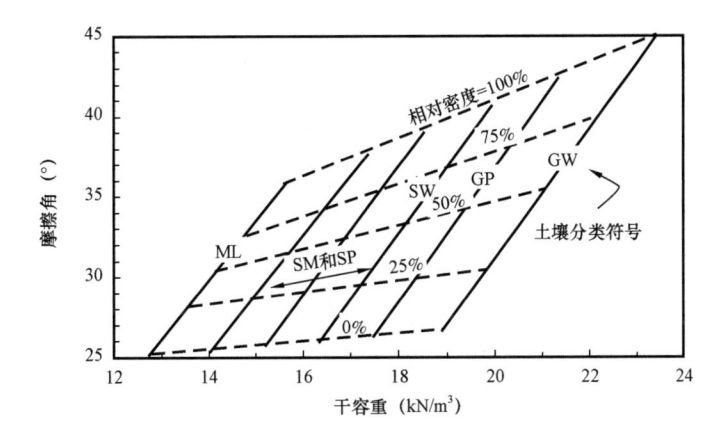

图6.32 粒状土壤的三轴试验摩擦角与干容重之间的关系(美国海军部,1982)

Kulhawy 和 Mayne(1990)提出了各向同性和各向异性三轴压缩试验结果的关系。各向同性压缩试验结果的关系式为:

$$\frac{c_u}{\sigma'_{vo}} = 0.012\phi' \tag{6.10}$$

式中 σ'_{vo}——有效上覆压力;

ϕ'——由(高应力)压缩三轴试验确定的摩擦角,(°)。

另外,Mayne,Coop,Springman,Huang 和 Zornberg(2009)提出了一个包含了超压实比影响的更通用的计算式,无量纲化后的不排水强度与简单剪切试验摩擦角(高应力条件下)的关系为:

$$\left(\frac{c_u}{\sigma'_{vo}}\right)_{OC} = \frac{1}{2}\sin\phi'_{DSS}OCR^\Lambda \tag{6.11}$$

对于多数不敏感的细粒土,变量 Λ 通常取 0.8。如前所述,三轴压缩试验获得的摩擦角与直接剪切和简单剪切试验获得的摩擦角不同。然而,对于管土相互作用需要取近似值和估计值。误差在 10%~15%(与摩擦角变化范围大致相同)范围内的取值应该都是合适的。

图 6.33 给出了分别适用于深度为 2m 和 5m 时的式(6.10)和式(6.11)。图 6.33 表明,不排水强度对摩擦角的敏感度随着深度的增加而增加。

对于超压实黏土的有效聚力,Sorensen 和 Okkels(2013)引用了丹麦标准 DS415,该标准建议采用下列不排水强度与有效聚力之间的关系式:

$$c'_{oc} = 0.1c_u \tag{6.12}$$

还有许多相关性可以考虑,Mayne(1988)提出了不排水强度和垂直有效应力与摩擦角正弦值之间的关系。

尽管存在如式(6.8)和式(6.9)所示的关系,但对于埋深较浅的管道进行应力分析时可能并没有可靠的关系式。因此,对从不排水强度推断有效强度参数时应谨慎。

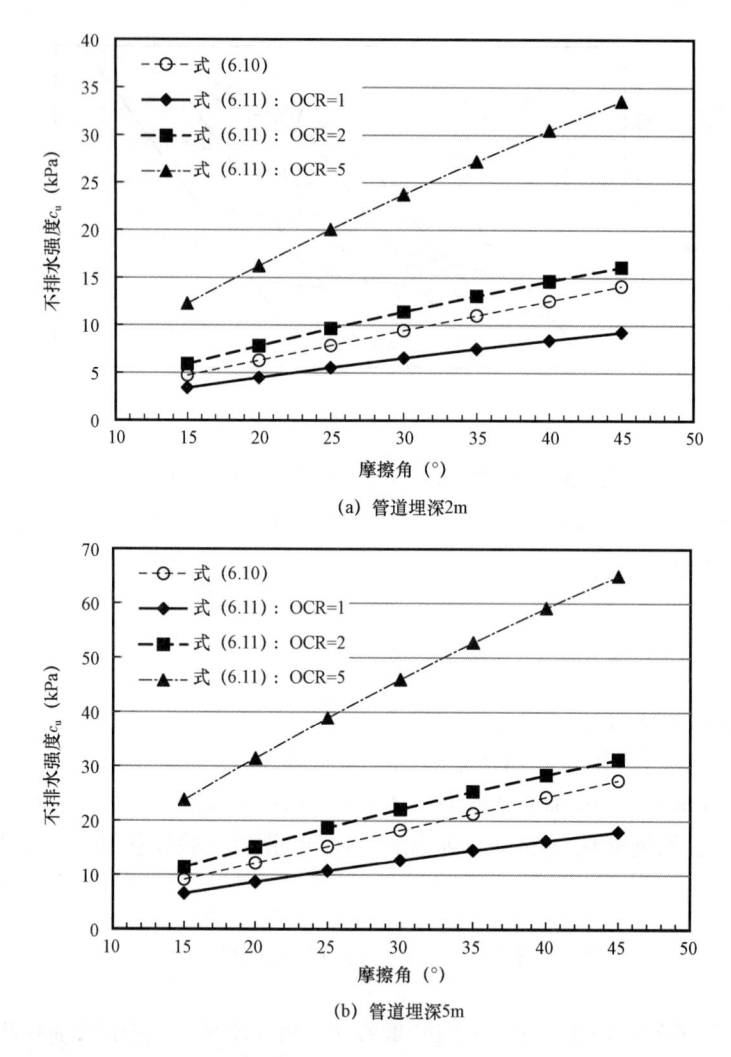

图 6.33　式(6.0)和式(6.11)在两种管道埋深(2m 和 5m)的不排水强度与摩擦角之间
函数关系的估算($Y_b = 18kN/m^3$,地下水位 1m)

6.10.2　超压实比的相关性

式(3.10)给出了超压实比(Overconsolidation Ratio,OCR)的数学定义,即土壤单元先期最大垂直应力与当前垂直应力的比值。对于一般压实土壤,通常 OCR 等于 1,即土壤当前的垂直应力是土壤所承受过的最高应力。冰川地区的 OCR 可能超过 10,季节性冻胀、地下水波动和土壤风化过程也可能产生较小的 OCR。

岩土工程中所用的许多相关性关系,通常会假定土壤为压实状态。但在加拿大、俄罗斯、美国北部和欧洲大部分地区的埋地管道项目中,土壤为超压实并且通常为高度超压实。因此,抗剪强度参数与 OCR 之间的相关性更为重要。

Wood(1990)根据其他学者的研究成果提出了一个关于 OCR 的表达式,OCR 为不排水强度和垂直有效压力的函数:

$$\frac{(c_u/\sigma'_{vo})_{oc}}{(c_u/\sigma'_{vo})_{nc}} = \mathrm{OCR}^\mu \tag{6.13}$$

式中 σ'_{vo}——有效上覆压力；

下标 oc——超压实；

下标 nc——正常压实；

μ——在 0.85~0.75 之间的指数，随着 OCR 的增加而减少。

或者，可以使用以下由 Jamiolkowski, Ladd, Germaine 和 Lancellotta(1985) 提出的计算式：

$$\frac{c_u}{\sigma'_{vo}} = (0.23 \pm 0.04)\mathrm{OCR}^{0.8} \tag{6.14}$$

Kulhawy 和 Mayne(1990) 对不敏感土壤用流动性指数(I_L)来定义 OCR：

$$\mathrm{OCR} = \frac{p_a}{\sigma'_{vo}} 10^{(1.11-1.62I_L)} \tag{6.15}$$

和

$$\mathrm{OCR} = 10^{\left[1-2.5I_L-1.25\lg\left(\frac{\sigma'_{vo}}{p_a}\right)\right]} \tag{6.16}$$

式中 σ'_{vo}——有效上覆压力；

p_a——大气压力(100kPa)。

式(6.16)是基于 Wood 的研究成果(1983)得到的，适用于处于临界状态的不敏感土壤，但也可以用于对未胶结的细粒土壤做近似估计。

通常难以评估无内聚力沉积土壤的 OCR。但鉴于许多颗粒状沉积土壤是在冰期后沉积于近期形成的河流环境中的，这些土壤的 OCR 值可能相对较低。在估计 OCR 的数值时应该慎重，对选定的值要判断是否合理。OCR 值通常不会超过 15 或 20。

6.10.3 强度与现场测试的关联度

如果岩土工程报告中包括了现场测试数据的钻孔测量记录，则可以根据这些数据推断出土壤强度。最常见的现场测试是标准贯入试验(Standard Penetration Test)，试验过程在 ASTM D1586 中有相关描述。测试利用具有标准重量和落差的机械或手动落锤，将直径 50mm 的中空采样器砸入土壤，连续贯入三个 150mm，所谓的 N 值或锤击数是贯入地层最后两个 150mm 时锤击次数的总和。在该测试广泛使用的 70 年间，N 值与各种指数和强度性能被进行了无数次的比较。表 6.13 列出了两种较为常见的粒状土壤 N 值和摩擦角之间的关系，这种关系可能只适用于某些区域土壤。理论上，N 值应该根据现场的上覆压力进行校正，即实际深处的现场测试受上覆土层约束压力的影响。对于管道应力分析需关注的埋深较浅区域，由于缺乏约束压力，这种修正更为重要。对于埋深较浅处的粗粒土，修正系数 C_n 的范围为 1.5~2.0，因此：

$$N_1 = C_n N \tag{6.17}$$

式中 N_1——折算为一个大气压后的标准贯入试验锤击数(100kPa)；

C_n——上覆土压修正系数;

N——未经修正的标准贯入试验锤击数。

表 6.13 标准贯入试验 N 值与摩擦角之间的关系

N_1 值[①]	相对密度	摩擦角[②]	摩擦角[③]
0~4	非常松散	<28°	<30°
4~10	松散	28°~30°	30°~35°
10~30	中密	30°~36°	35°~40°
30~50	密集	36°~41°	40°~45°
>50	非常密集	>41°	>45°

① 基于每 300mm 的贯入。
② 关联数据源于 Peck,Hanson 和 Thornburn(1974)。
③ 关联数据源于 Meyerhof(1956)。

与粒状土相同,关于 N 值与粒度均匀的细粒黏性土的密度之间相关性研究也很多。对于细粒土而言,并没有被人们广泛接受的上覆压力对 N 值的修正关系,这使得考虑埋深较浅土壤的强度时的 N 值不太可信。这种相关性研究将锤击数与不排水强度相关联,表 6.14 提供了一组相关数值。相关性的数学表达式是:

$$c_u = 6N(\text{kPa}) \tag{6.18}$$

式中 N——未经修正的标准贯入试验锤击数。

表 6.14 标准贯入试验 N 值与不排水强度之间的相关性

N 值[①]	坚实度	不排水强度(kPa)[②]
0~2	非常软	<12
2~4	软	12~25
4~8	中等坚固	25~50
8~15	硬	50~100
15~30	非常硬	100~200
>30	坚硬	>200

① 基于每贯入 300mm 的冲击力。
② 数据源于 Terzaghi 和 Peck(1967)。

现场十字板试验可以直接测量不排水强度。它是将四个刀片插入细粒土中测量轴旋转时的峰值扭矩。通过快速旋转叶片多次后来测量剩余强度。ASTM D2573 详细地描述了测试过程。由于应变速率的影响,现场测量的抗剪强度需要校正,校正系数(μ)是塑性指数的函数。不排水强度的设计值是:

$$c_{u(\text{Design})} = \mu c_{u(\text{Vane})} \tag{6.19}$$

表 6.15 列出了校正因子(μ)。

表 6.15 十字板试验数据的校正系数(μ)

塑性指数(%)	原位十字板试验校正系数 μ	塑性指数(%)	原位十字板试验校正系数 μ
10	1.08	70	0.70
20	1.0	80	0.68
30	0.92	90	0.65
40	0.85	100	0.62
50	0.78	110	0.61
60	0.74		

6.11 侧向土压系数

第 3.5 节和式(3.9)给出了侧向土压的定义。对于普通压实细粒土和粗粒土,静止时的侧向土压系数(K_0)可以根据下式估算(Jaky,1948):

$$K_0 = 1 - \sin\phi'_{tc} \tag{6.20}$$

对于超压实土,静止时的侧向土压为(Kulhawy 和 Mayne,1990):

$$K_0 = (1 - \sin\phi'_{tc})\text{OCR}^{\sin\phi'_{tc}} \tag{6.21}$$

式中 ϕ'_{tc}——三轴压缩试验的摩擦角。

对大多数土壤来说,通常假定摩擦角为 30°。如果将此值代入到式(6.18)中,则式简化为:

$$K_0 = 0.5\text{OCR}^{0.5} \tag{6.22}$$

6.12 重塑/扰动后强度

研究人员发现,在土壤化学键的破坏以及纤维或组织的破坏(包括植物根系的损伤)等一系列因素的作用下,土壤扰动后的强度降低,重塑强度也降低。在测量 Atterberg 极限时会发生土壤重塑,因此很自然将重塑后的强度与这些指数特性联系起来。Wood(1990)根据临界状态土壤力学的概念提出了重塑强度与塑性流动指数(I_L)之间的关系,如下:

$$c_u = 2 \times 100^{(1-I_L)} \text{ (kPa)} \tag{6.23}$$

式(6.23)的含义是:当土壤含水量达到液限时,塑性流动指数为 1,不排水强度约为 2kPa;当含水量等于塑性极限时,塑性流动指数为 0,不排水强度约为 200kPa。这种关系也应该适用于在开挖、堆积和回填过程中受到严重扰动的饱和细粒黏性管沟回填土。

7 土壤抗力、屈服位移和管土相互作用

管土相互作用有两种方式,土壤可以通过地表运动对管道施加载荷,如滑坡和地震导致的断层滑移。同样,管道也可以对土壤施加载荷,如管道在水平弯头处的热膨胀。无论上述哪种情况,管道相对于土壤的运动都会导致土壤产生形变,并对管道运动产生一定的抗力。是土壤"推"管道还是管道"推"土壤并不重要。建立管土相互作用模型的目的是评估这种相互作用在管道上产生的应力和应变。管道的安全设计就是要使管道中应力和应变小于设计规范中的许用值。

管道和土壤之间的相互作用通常用 Winkler 梁模型来表示。该模型将土壤看作四组彼此独立的土弹簧,都可以提供与土壤位移成正比的线弹性抗力。当土壤位移达到一定极限时,土壤的弹性性能终止,变形表现为完全塑性的形式,即所谓的理想弹塑性土壤模型。如图 7.1 所示,这四组土弹簧分别在轴向、侧向、垂直向下(挤压)和垂直向上(抬升)方向。在使用向上土弹簧和向下土弹簧这两个术语时通常存在一定混淆。许多管道工程师认为"向上"的弹簧位于管道下方,而"向下"的弹簧处于管道上方。之所以这么考虑是他们认为管道上方的土弹簧才能代表向下推管道的土壤,而管道下面的土弹簧才能代表向上推管道的土壤。为避免混淆,本书考虑土壤相对于管道的运动,向上移动的管道(抬升时)将受到向上土弹簧的抗力,向下移动的管道将受到向下或"挤压"弹簧的抗力。术语"挤压"取自岩土工程,指对地基的"挤压"作用。在本书中将会尽可能不使用"向下"弹簧而用"挤压"弹簧进行表述,这和美国生命线联盟(2001)的命名法类似。

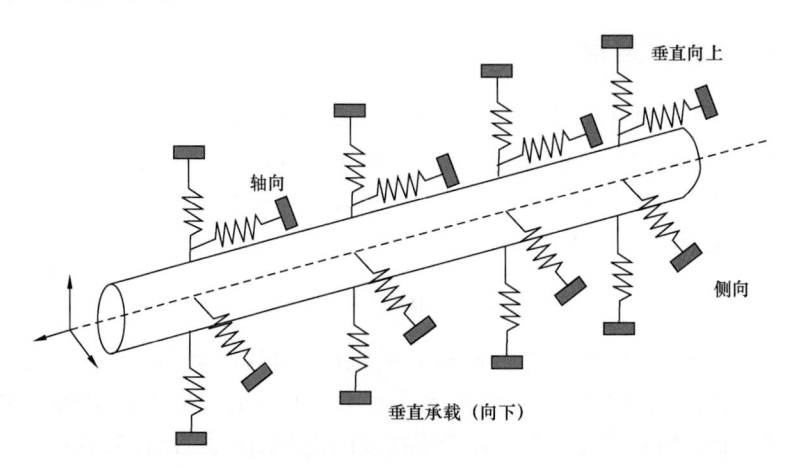

图 7.1 四个独立承载方向土弹簧的 Winkler 弹性地基梁管道模型

在 Winkler 模型中,每个土弹簧都有两个参数表征:土壤极限抗力和土壤屈服位移。这些概念将在下一节中进行介绍。

最通用的管土相互作用关系,即土壤弹簧参数,是美国生命线联盟(American Lifelines Alliance, ALA, 2005)发布的。ALA 文件提供了 Winkler 弹性地基梁模型中土壤弹簧参数的基本计算式。本章提供了 ALA(2005)文件一些内容的出处,特别是如何从土壤力学和基础工程的角度来推导土壤抗力(最大土壤载荷)。

尽管这里给出的土壤抗力计算式来自岩土工程,但它们仍然是近似的。岩土工程并不是一门精确的学科。影响土壤强度和土壤抗力的因素很多,所以影响管土相互作用模型中的土弹簧刚度的因素也很多。如第 6 章所表述的一样,土壤强度是随机值。影响土壤行为的因素包括(但并不限于)地下水位波动、加载速率、风化对土壤强度的影响、干燥和时效、冻融条件以及饱和度等。因此,在管道模型中仔细考虑土壤特性参数是必要的。

7.1 土壤极限抗力和土壤刚度

在土壤力学中,土壤刚度一般用杨氏模量表达,它代表应力—应变曲线中低应变直线段的斜率。这是一个弹性特性,这意味着杨氏模量仅适用于应力—应变曲线的可逆部分。大多数土壤并不是完全弹性的,但对于单向加载且应变相对较小时,非线性程度很小。图 7.2 是土壤典型的应力—应变曲线,展示了初始加载—卸载—再加载的循环。

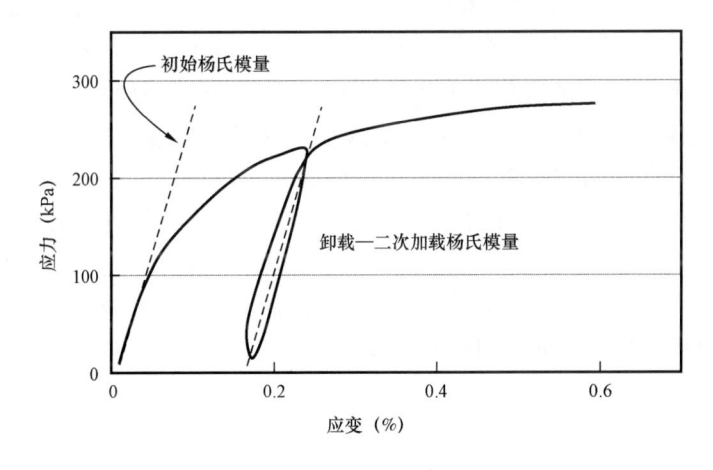

图 7.2 砂土三轴试验中的土壤强度和刚度

图 7.2 曲线代表的是可用于管道应力分析的土壤实际数据,但该应力应变曲线通常被简化为双曲线,其函数形式为:

$$p = \frac{y}{A + By} \tag{7.1}$$

式中 p——载荷或土壤抗力;
y——对应的位移;
A 和 B——常数,是土壤极限载荷(或抗力)和对应的位移的函数。

在实验室进行管土相互作用的试验时,常见到与图 7.2 类似的曲线。图 7.3 展示了 Karimian 等(2006 年)进行管道水平位移试验的数据,还给出了式(7.1)的双曲线,其中:

$$A = 0.15 \frac{y_u}{p_u} \quad B = 0.85 \frac{1}{p_u}$$

式中　y_u——对应载荷p_u的土壤极限位移；
　　　p_u——土壤极限（最大）抗力。

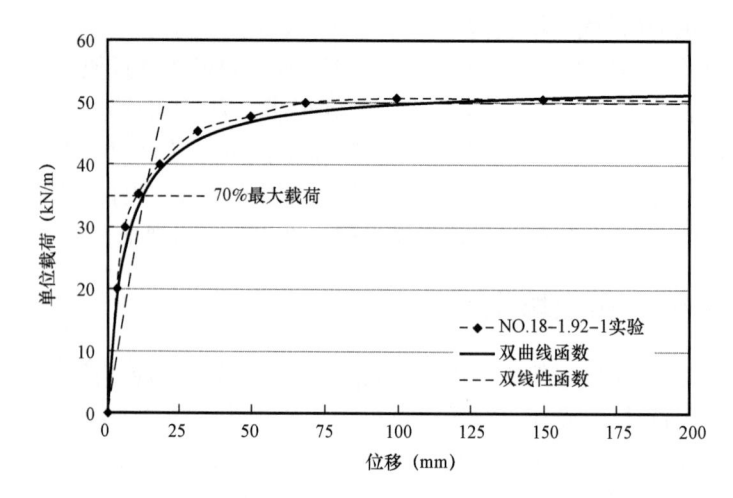

图 7.3　Karimian 等（2006）进行侧向位移试验（NO.18-1.92-1）所测得的土壤抗力和根据测试数据拟合的双曲线函数以及理想双线性抗力—位移函数

选择合适的p_u和y_u值需要进行一些迭代计算。载荷—位移曲线可以进一步简化为另一个非常普遍的双线性形式，如图 7.3 所示。双线性包含两段直线。Thomas（1978）建议，双线性的斜直线应该与双曲线函数中 70% 的最大载荷或抗力点相交。图 7.4 所示的双线性曲线给出了土壤刚度和极限抗力（屈服状态）的定义。双线性函数的斜直线表示理想线性弹性阶段，在这阶段土壤抗力是土壤位移的线性函数。土壤极限抗力用p_{max}表示。在土壤屈服位移y_{max}处，土壤从线性弹性转变为完全塑性，这意味着土壤继续变形时载荷不再增加。土壤刚度K是土壤载荷—位移曲线线性部分的斜率，定义为：

$$K = \frac{p_{max}}{y_{max}} \tag{7.2}$$

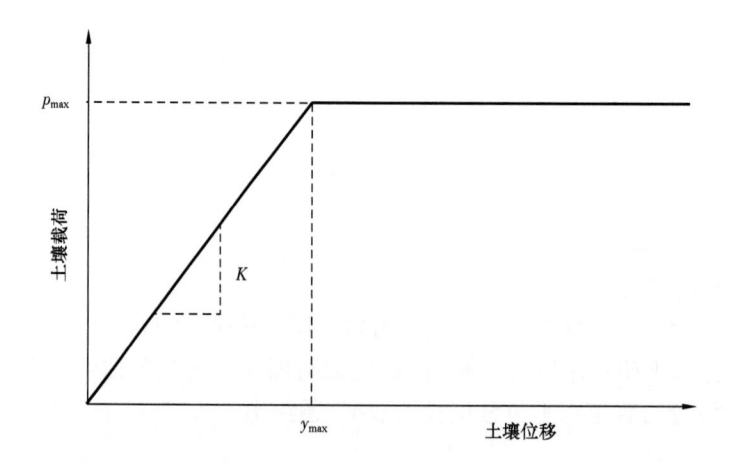

图 7.4　用于管土相互作用分析的土壤载荷—位移简化曲线

使用 Winkler 模型进行管道应力分析时,在四个独立的土壤运动方向上,都需要知道各自的土壤刚度值和相应的屈服时土壤位移,这些参数统称为弹簧常数。表 7.1 列出了本文中使用的弹簧常数及其符号。这些参数在下一节中讨论。

表 7.1 土弹簧常数和符号

方向	弹簧刚度①	土壤抗力②	屈服位移③
轴向	K_{axial}	T_{max}	Y_{Tmax}
水平方向	$K_{horizontal}$	p_{max}	Y_{Pmax}
挤压方向	$K_{bearing}$	Q_{Dmax}	Y_{Dmax}
抬升方向	K_{upward}	Q_{Umax}	Y_{Umax}

① 土壤刚度常用单位是 kN/m。
② 土壤抗力常用单位是 kN。
③ 土壤屈服位移常用单位是 mm 或 m。

第 8 章将进一步讨论代表土壤抗力—位移关系的双曲线函数。

7.2 轴向土弹簧

作用于管道的最大轴向土壤载荷来源于基础工程,如作用在钢桩上的极限摩擦承载力。图 7.5 给出了影响钢桩摩擦承载力的因素。承载力的主要影响因素是土壤与钢桩之间的内聚力和/或作用在桩壁上的侧向土压力。如果想象将钢桩从垂直位置旋转到水平位置,钢桩就变成管道,也会受到相同的载荷作用。

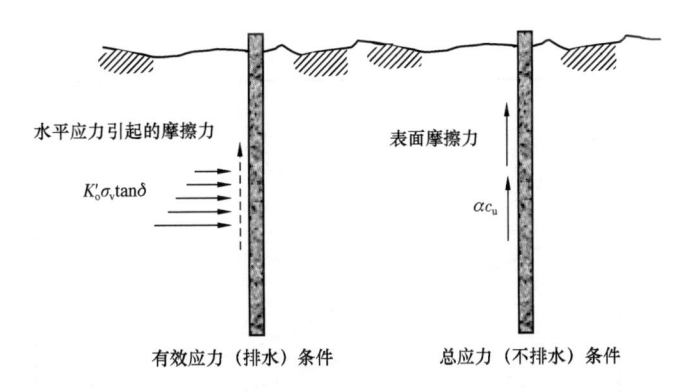

图 7.5 土壤在排水和不排水条件下作用在桩基上的摩擦承载力示意图

土壤作用在单位长度水平管道上最大轴向载荷(T_{max})取决于不排水还是排水的加载条件。

$$T_{max} = \begin{cases} \pi D \alpha c_u & (\text{不排水加载}) \\ \pi D H \gamma' \left(\dfrac{1+K_s}{2} \right) \tan\delta & (\text{排水加载}) \end{cases} \quad (7.3)$$

式中 D——管道直径;
α——土壤内聚力系数,它是不排水剪切强度的函数;
c_u——不排水剪切强度;

H——管道平均埋深;

K_s——管道埋深处的侧向土压力系数;

γ'——土壤有效相对密度;

$\tan\delta$——土壤和管道之间的摩擦系数,即:$\delta = f \cdot \phi'$。其中,ϕ'是回填土的有效摩擦角。

下面讨论参数 α、K_s 和 $\tan\delta$:

ALA(2005)和 PRCI(2009)将式(7.3)的两个公式加在一起。这些文件表明,内聚力项代表不排水条件下的不排水强度(c_u)或排水条件下的有效内聚力(c')。这种表达与基础工程不一致,同样在大多数情况下也不适用于管土相互作用研究。桩基设计有两种方法。对于不排水条件,即快速或短期施加载荷,适用所谓的阿尔法(α)方法,单独用式(7.3)不排水加载公式估算桩承载力。对于排水的长期载荷条件则采用侧向土压力方法或所谓的贝塔方法,桩承载力简化为土壤垂直有效应力乘以 $\beta \left[\beta = \left(\dfrac{1 + K_s}{2} \right) \tan\delta \right]$,如式(7.3)排水加载公式所示(Craig,2004)。

式(7.3)不排水加载公式中含有多个依赖于土壤性质的计算项。首先,土壤内聚力系数(α)是不排水强度的函数,可以从几个途径进行估算。ALA(2005)在图7.6中给出了几位研究人员描述的土壤内聚力与不排水强度(c_u)的函数关系。在该图早期的版本中,大部分内聚力数据与桩基相关。ALA(2005)推荐图7.6所示的曲线的表达式为:

$$\alpha = 0.608 - 0.123 c_u - \frac{0.274}{c_u^2 + 1} + \frac{0.695}{c_u^3 + 1} \leq 1 \tag{7.4}$$

式中 c_u——土壤内聚力/不排水强度(kPa/50)❶。

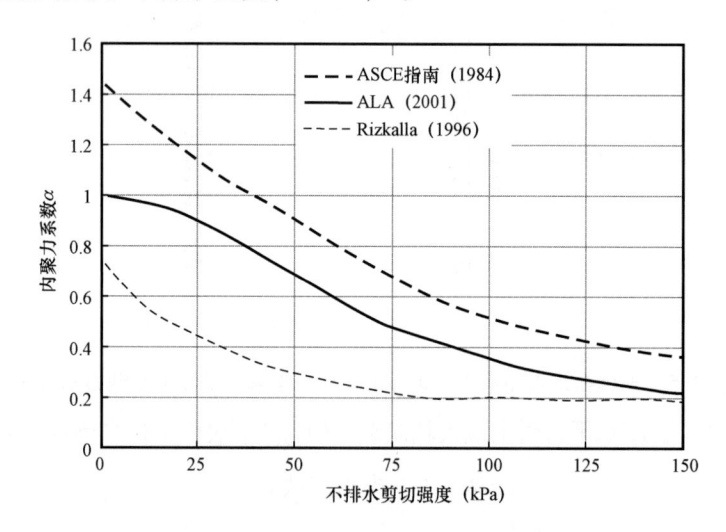

图 7.6 土壤内聚力系数(α)与不排水强度的函数关系(ALA,2005)

---

❶ ALA(2001)B.1 节包含印刷错误,在关于式(7.3)的文本描述中,c_u 为 kPa/100。式(7.3)中土壤内聚力最初的单位是 ksf,单位换算为 1ksf≈1kPa/50,而不是 kPa/100。

ALA(2005)曲线仅限于内聚力系数小于1.0的情况,因为当该值大于1.0时,在管道周围的土壤中将发生轴向剪切,而不仅仅是沿着管土界面。ASCE指南(1984)通过打桩试验获得了更高的内聚力系数值,因为打桩引起土壤进一步压实并且加大了不排水强度,管道施工中不会出现这种现象。

式(7.4)只适用于土壤内聚力小于150kPa的情况。对于内聚力大于150kPa的情况,建议$\alpha=0.1$。PRCI(2009)提出了式(7.4)的替代式,在上限与下限处α分别为:

$$\alpha = \begin{cases} 0.7\left(\dfrac{12}{c_u}\right)^{0.8} \leqslant 1 & \text{下限} \\ 0.5\left(\dfrac{55}{c_u}\right)^{0.8} \leqslant 1 & \text{上限} \end{cases} \tag{7.5}$$

图7.7为式(7.4)和式(7.5)的对比。PRCI(2003)认为:在25~150kPa典型的不排水强度区间内,式(7.4)会过分高估内聚力值。这导致式(7.3)不排水加载公式中"αc_u"变大。作为通用的指南,式(7.5)更加适用。在研究管土相互作用问题时,应选择使用上限或下限版本的式(7.5)。

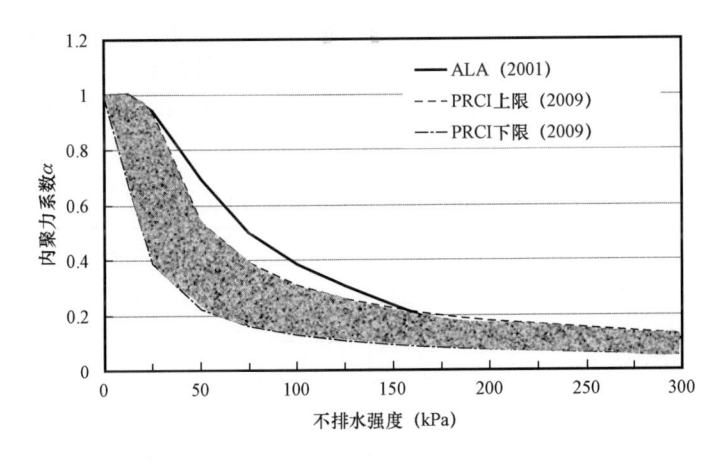

图7.7 ALA(2005)和PRCI(2009)上限和下限的内聚力系数(α)对比

例如,对于管道向土壤施加推力的问题,下限将提供保守的内聚力系数。对于管道受轴向滑坡作用时,上限将提供保守的内聚力系数。

从第6.7节我们知道土壤强度是应变速率的函数,因此内聚力系数也取决于应变率。如果管道受到非常缓慢的类似蠕变的位移,内聚力系数可能会大大低于图7.6和式(7.4)和式(7.5)所给的值。图7.6中Rizkalla,Triggs和Simmonds(1996)的内聚曲线是基于新回填土和回填长时间后的土壤中实际管道的拉拔试验获得的,其轴向位移速率约为1mm/min,这种位移速率在中快速滑坡中非常典型。

Scarpelli,Sakellariadi和Furlani(2003)认为α方法完全不适合管道。虽然α方法对于桩的不排水加载是正确的,但他们认为,由于管道埋深较浅(有效应力低),土壤总是处于排水状态,应该使用β方法。此外,可以观察到在轴向载荷作用下管道周围土壤剪切区域非常薄,有效应力条件(即孔隙压力消失)在管道的轴向运动时基本得到保持,即使在细粒土壤的情况下也是如此(Cappelletto 等,1998；Wijewickreme, Karimian 和 Honegger,2009)。后面的研究支持了 Scarpelli 等(2003)的观点,应该仅从排水角度考虑管道轴向土壤抗力。最后,Sladen(1992)表明,桩和管道的内聚力系数是桩(或管)周围有效应力条件的函数,内聚力系数适用于排水条件。因此,可以下结论,在典型的管道埋深处所有轴向加载都是排水行为,并且土壤内聚力系数(α)实际上是建立土壤排水剪切强度与不排水土壤强度关系的经验的排水参数。也就是说,$\tau_{drained} = \alpha_{drained} c_u$(Martin,2018)。

在式(7.3)排水加载公式中,侧向土压力项是作用于管道法向的平均土压力。从 $\sigma_H = K_s \sigma_v$ 可知,管道上的平均法向土压力(σ_n)为:

$$\sigma_{nAverage} = \frac{\sigma_v + \sigma_H}{2} = \sigma_V \left(\frac{1 + K_s}{2} \right) = H\gamma' \left(\frac{1 + K_s}{2} \right) \tag{7.6}$$

Wijewickreme, Karimian, Honegger(2009)发现,对于砂土中的轴向拉拔试验,作用于管道的土壤压力大于静止状态(K_0)的土壤压力。土壤压力系数(K_s)范围为在松砂条件下的约 0.5 到密砂条件下的 2.5。在管道回填土没有很好地压实的条件下,土壤压力系数的范围约为 0.5~1.0,平均值为 0.75。

式(7.3)排水加载公式中的第二项是 $\tan\delta$,它是土壤和管道外涂层之间的界面摩擦角。估计 δ 最常用的方法是在土壤摩擦角(ϕ')上加一个因子,即 $\delta = f \cdot \phi'$。表 7.2 列出了 ALA(2005)给出的管道涂层系数(f)。Najjar, Gilbert, Liedtke, McCarron 和 Young(2007)对黏土和环氧涂料进行了界面测试,并确认涂层系数为 0.6。

表 7.2　各种管道涂层的涂层系数(ALA,2005)

管道涂层	涂层系数 f
混凝土	1.0
煤焦油	0.9
粗糙钢材	0.8
光滑钢材	0.7
环氧树脂	0.6
聚乙烯	0.6

Schaminée 等(1990)考虑管道重量对土壤轴向抗力的影响,提出了式(7.3)排水加载公式的修改版本。根据图 7.8 给出的管道周围土压力分布,修改后的计算式为:

$$T_{max} = \left[\pi D H \gamma' \left(\frac{1 + K_s}{2} \right) + \frac{\pi W'}{4} \right] \tan\delta \tag{7.7}$$

式中　W'——浸水后管道重量(考虑到地下水的浮力)。

在考虑管道自重估算土壤轴向抗力时,一般比不考虑管道重量时增加大约 4%~4.5%,与管道直径和壁厚有关。

式(7.3)排水加载公式与全尺寸管道土壤拉拔试验的比较发现,现场记录的土壤极限抗力明显大于计算值(例如,Capalletto 等,1998；Colton 等,1980；Honegger,1999)。造成这种明显差异的原因不是土力学理论和式(7.3)排水加载公式的问题,而在于所选择的输入参数。在许多情况下,岩土工程师或管道工程师对于例如摩擦角和/或土压力系数,一般取较低的过于保守的值,并且未能考虑一系列重要的影响因素,如土壤膨胀(第6.5节)和非饱和土壤效应(第8.7节)。

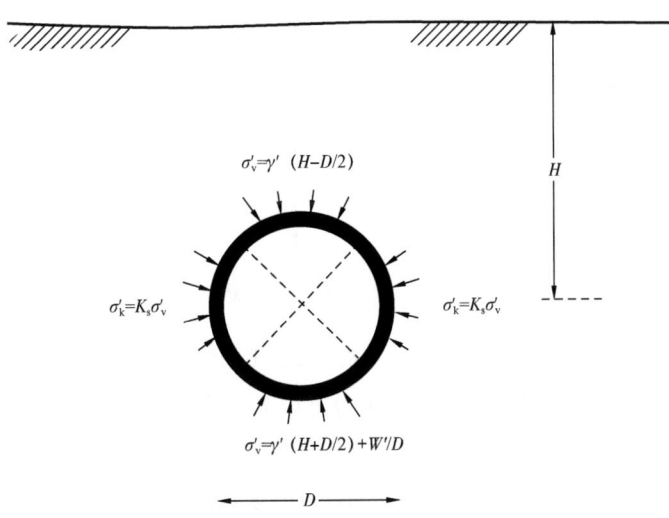

图 7.8　Schaminée 等(1990)推导式(7.7)时假设的管道周围土压力

桩或管道可承载的最大(或屈服)土壤载荷与土壤产生极限抗力所需的位移有关。这是通过管道拉拔试验确定的。表7.3列出了ALA(2005)给出的不同矿质土壤的屈服位移。屈服位移仅取决于土壤质地和密度/均匀性。Kruk(2011)在比较小尺寸和全尺寸拉拔试验结果时注意到,可能还存在影响屈服位移的其他因素,包括粗粒土(砂与砾石)的棱角角度、粒度以及管道尺寸。首先,砾石的屈服位移可能小于砂土的屈服位移。其次,较大管径的土壤屈服位移可能高于较小直径的。

表 7.3　管道轴向加载时的土壤屈服位移 Y_{Tamx}

土壤类型	屈服位移(mm)
密砂	3
松砂	5
硬黏土	8
软黏土	10

沼泽土和泥炭土材料的极限抗力是用式(7.3)和适当的内聚力系数来确定的。但是,表7.3中没有列出沼泽土和泥炭土的屈服位移。文献中土壤—沼泽材料相互作用的数据有限。沼泽土特性将在第7.7节中讨论。

7.3　水平土弹簧

由于管道侧向位移而施加在土壤上的力类似于挡土墙、水平承载桩或水平地锚以及其他相关的侧向土压力等岩土工程问题。此时土壤通过形成"被动压力"来抵抗物体的侧向侵入。不同于土壤静土压力(K_0),这种被动压力是由于结构中的迎土面抵抗倚靠其上的土壤而产生的。图 7.9 给出了挡土墙、横向承载桩和水平地锚的类比图,图中展示了作用在挡土墙上的土压力。

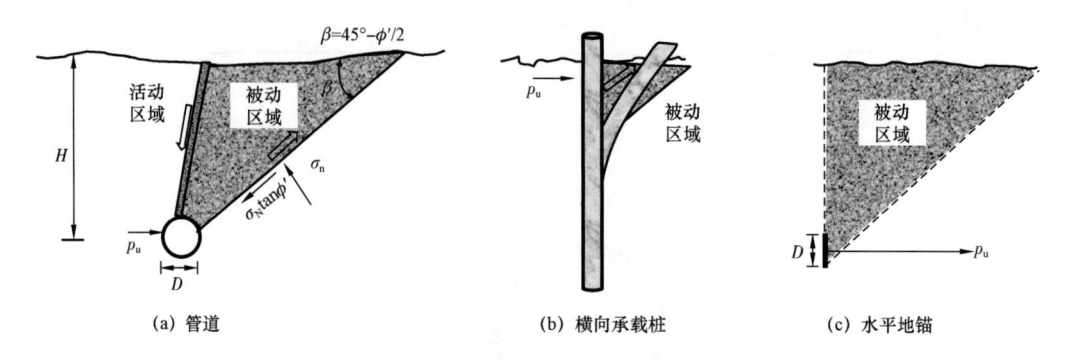

(a) 管道　　　　　　　(b) 横向承载桩　　　　　　(c) 水平地锚

图 7.9　与侧向受载挤压土壤的管道类似的两个结构的示意图

考虑图 7.9 中的迎土面的类比关系,土压力可以简化为包含两个主要因素的线性表达式,沿着被动楔形体边界的土壤内聚力和被动楔形体的质量。土壤极限抗力式为

$$p_{\max} = N_{ch}cD + N_{qh}\gamma'HD \tag{7.8}$$

式中　$p_{\max}$——管径为 D 的管道受到的土壤最大水平抗力;
　　　N_{ch},N_{qh}——水平载荷系数;
　　　c——土壤内聚力系数,或者是不排水强度(c_u)或有效内聚力(c'),视土壤强度而定;
　　　H——管道中心线埋深;
　　　γ'——土壤有效相对密度。

Luscher,Thomas 和 Maples(1979)在为 Trans Alaska 管道管土相互作用分析建模时,类比水平地锚,建议:

$$p_{u\max} = \begin{cases} 0.5\gamma'H^2A_0\left[\tan^2\left(45+\dfrac{\phi'}{2}\right)\right] & \text{粗颗粒土壤(排水的摩擦土壤)} \\ cN_{ch}D & \text{黏性土壤(不排水)} \end{cases} \tag{7.9}$$

式(7.9)中,A_0 是一个考虑管道浅埋深和管道连续性(与不连续的地锚相比)的系数(Ovesen 和 Strømann,1972)。Ovesen 和 Strømann(1972)建议用下式估算中等密度砂土的 A_0 值。

$$A_0 = \frac{X}{0.07 + 0.91X}$$
$$X = \frac{H}{D} + 0.5 \tag{7.10}$$

浅埋系数 A_0 对于($H/D+0.5$)小于 1 时是正确的,对于更高的($H/D+0.5$)值,A_0 取 1.0。

式(7.9)对于黏性土壤(不排水)的公式是 Luscher 等(1979)根据 Mackenzie(1955)所做的水平锚固墩试验推导的,该试验中 $H+\dfrac{D}{2}$ 小于 20m。该式与 ALA(2005)给出的相同。

系数 N_{ch} 和 N_{qh} 最初由 Hansen(1961)和 Mackenzie(1955)在岩土工程中用于刚性桩和锚

固板的土反力,后来 Trautmann 和 O'Rourke (1983)将其用于管道工程。Hansen 方法最早在 1984 年被建议写进 ALA (2005)的早期版本用于侧向受载管道的分析。这两个系数是以下参数的函数:

（1）埋深;
（2）管径;
（3）土壤类型和强度。

水平载荷能力系数 N_{ch} 可以用几种方法估算,ALA (2005)采用由 Hansen 在桩侧向变形分析中提出的传统的系数,形式如下:

$$N_{ch} = 6.752 + 0.065 \frac{H}{D} - \frac{11.063}{\left(\frac{H}{D} + 1\right)^2} + \frac{7.119}{\left(\frac{H}{D} + 1\right)^2} \leqslant 9 \quad (7.11)$$

PRCI(2003)类比埋在黏土中的锚固板,提出:

$$N_{ch} = N_{ch}^* + 0.85 \frac{\gamma H}{c} \leqslant 12$$

$$N_{ch}^* = 2.15 + 1.72 \frac{H}{D} \leqslant 7.25 \quad (7.12)$$

式(7.11)和式(7.12)都是根据测量数据回归的经验式。

式(7.11)仅是 H/D 的函数,与土壤黏性无关。式(7.12)是土壤黏性、H/D 和垂向上覆土压力(γH)的函数。图 7.10 为式(7.11)和式(7.12)对于不同土壤黏性和管径时的计算结果。作为更多土壤和管道参数的函数,PRCI (2003)的式(7.12)可能更加合理。

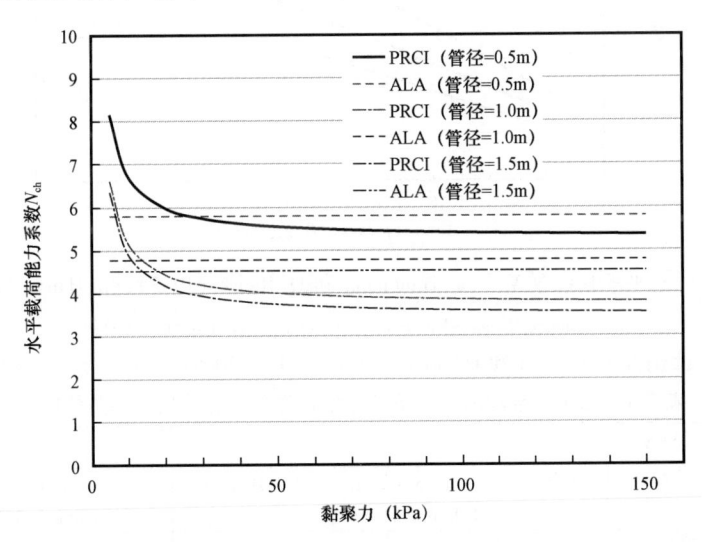

图 7.10 ALA (2005) 和 PRCI (2003)式中水平载荷能力系数 N_{ch} 与土壤黏性的关系比较

很多研究致力于定量计算摩擦土壤的水平载荷能力系数。图 7.11 比较了三种水平载荷能力系数 N_{qh},分别是 Trautmann 和 O'Rourke (1983)[图 7.11(a)],Hansen (1961)[图 7.11(b)]和 PRCI(2009)基于 Yimsiri,Soga,Yoshizaki,Dasari 和 O'Rourke (2004)[图 7.11(c)]的

结果获得的水平载荷能力系数。ALA（2005）和 PRCI（2003，2004）在半对数坐标系中给出 Hansen（1961）给出的系数。为了好比较，本书将 Hansen 系数重新在普通坐标系中画出。三条曲线的比较表明，对于任一个摩擦角，Hansen（1961）给出的水平承载能力系数总是大于 Trautmann 和 O'Rourke（1983）给出的值，Yimsiri 等（2004）的值则处于两者之间。表 7.4 列出了 Trautmann 和 O'Rourke（1983）以及 Hansen（1961）给出的不同管径和土壤摩擦角条件下的土壤水平强度系数。由表可见：

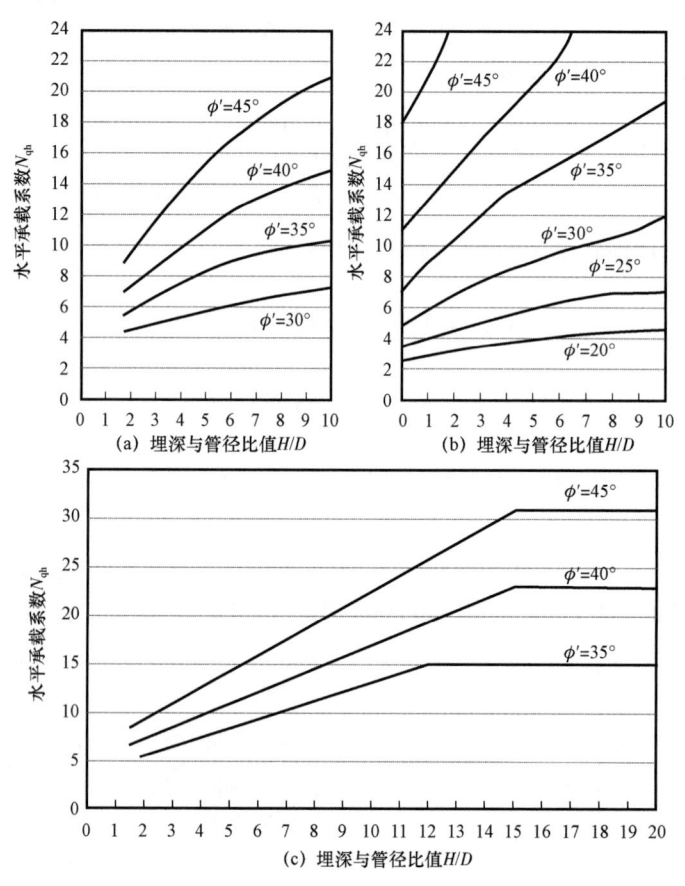

图 7.11　水平承载系数 N_{qh} [（a）Trautmann 和 O'Rourke(1983)；（b）Hansen(1961)；
（c）Yimsiri，Soga，Yoshizaki，Dasari 和 O'Rourke(2004)]
（改编自 Trautmann 和 O'Rourke，1983；ALA，2005；Yimsiri 等，2004）

表 7.4　三个管径和两个土壤摩擦角条件下的土壤抗力系数的比较

管径 D (m)	管道中心线埋深 H=(0.9+D/2) (m)	H/D	$\phi'=30°$ Trautmann 和 O'Rourke(1983)	Hanson (1961)	$\phi'=40°$ Trautmann 和 O'Rourke (1983)	Hanson (1961)
0.3	1.05	3.5	5.5	8.0	9.8	17.5
0.6	1.2	2	4.5	7.0	7	14.5
0.9	1.35	1.5	4.2	6.2	6.5	13.9
1.2	1.5	1.25	—	6.0	—	13

(1)摩擦角较小时,Hansen 给出的 N_{qh} 值与 Trautmann 和 O'Rourke 以及 Yimsiri 等的结果相似;

(2)摩擦角大于 30°时,差距比较明显,Hansen 给出的 N_{qh} 几乎是 Trautmann 和 O'Rourke 结果的两倍,Yimsiri 等的结果处于中间;

(3)N_{qh} 值越高,p_{max} 越大,意味着屈服位移相同时,土弹簧刚度越大。

由图 7.12 可以看出 Hansen 和 Trautmann 及 O'Rourke 结果的差异,这两个结果代表了估算土弹簧刚度的上下限。如果三个计算方法中土壤屈服位移(Y_{pmax})相同,土弹簧刚度($K_{horizontal} = p_{max}/Y_{pmax}$)将随着土壤极限抗力的增加而增加。这样,Hansen 给出的土弹簧刚度大于 Trautmann 和 O'Rourke 的结果。

在管土相互作用研究中要考虑的一个重要问题是,如采用 Hansen 的水平承载系数,水平土弹簧刚度越大,计算分析总是保守的吗?对一些情形,如边坡稳定性或土壤侧向滑移,大的土弹簧刚度将导致大的管道应变,结果是保守的。对于管道弯头受热膨胀的情形,管道推土壤,大的土弹簧刚度经常是不保守的。许多情形下,保守与否取决于环境和管道几何参数。如水平弹簧越软(如小的 K 值),导致管道位移和弯曲应力计算结果越大,结果是保守的。然而,一般认为,与 Hansen 的结果相比,Trautmann 和 O'Rourke(1983)以及 Yimsiri 等(2004)的水平承载系数计算的水平土壤抗力和土壤刚度更能反映真实的管道载荷条件。

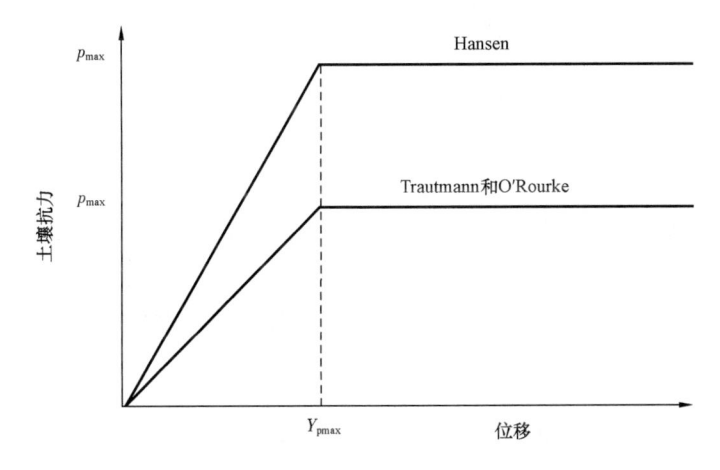

图 7.12 由 Hansen(1961)与 Trautmann 和 O'Rourke(1983)水平抗力系数得到的土壤抗力—位移曲线比较

图 7.11 曲线和 PRCI(2009)中的表格给出的 Yimsiri 等(2004)可以无量纲化表达成 H/D 和摩擦角的函数,其近似关系为:

$$N_{qh} = \left[1.575 + 0.5178\left(\frac{H}{D}\right) - 0.007\left(\frac{H}{D}\right)^2\right]\left[\frac{1}{(\cos\phi')^4}\right] \quad (7.13)$$

式(7.13)是一个回归关系式,没有特定的物理意义。当式中 H/D 小于 10 时,将 cos 项的方次 4 改为 3.8 会达到更好的结果。

正如 PRCI(2009)指出的,以及图 7.11(c)所示,式(7.13)在摩擦角小于 35°和 H/D 小于 12 是有效的,在摩擦角为 35°~45°时 H/D 小于 15 是有效的。对于更大的 H/D 值,水平载荷系数不再变化。

Audibert 和 Nyman(1977)建议对作用在管道上的水平载荷计算方法进行改进,即对水平加载情形,根据位移大小不同,采用不同的土壤刚度取值,如图 7.13 所示。刚度大的加载曲线(理想化的土壤刚度 K_1)用于代表土壤加载的初始阶段,第二刚度曲线(理想化的土壤刚度 K_2)用于代表塑性变形前加载曲线的后半部分。例如,El Hmadi 和 O'Rourke(1989)建议适合地震波传播的土壤初始刚度可以用式(7.14)估算。

$$K_1 = 6.67 \frac{p_{max}}{Y_{pl}} \tag{7.14}$$

土壤产生塑性变形前的屈服位移(Y_{pmax})可以用不同方法估算。PRCI(2004),PRCI(2009)和 ALA(2005)建议:

$$Y_{pmax} = 0.04\left(H + \frac{D}{2}\right) \leq (0.10 \sim 0.15)D \tag{7.15}$$

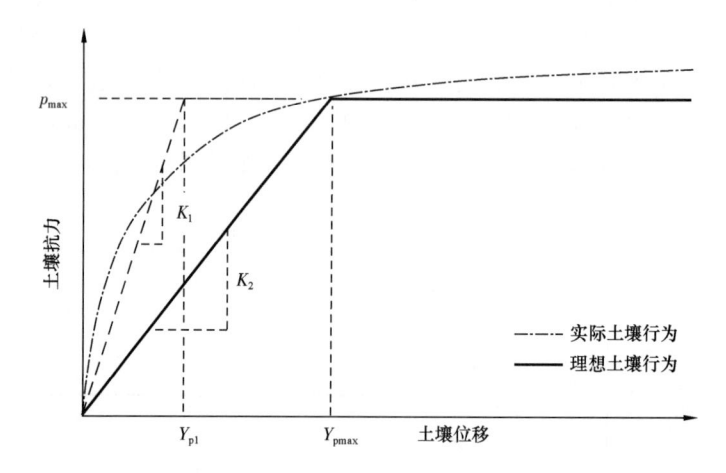

图 7.13 更精确模拟土壤实际水平加载行为的双刚度方法

O'Rourke 和 Liu(1999)发表了土壤屈服位移估算式,该式首先建议于 ASCE(1984)

$$Y_{pmax} = \begin{cases} (0.07 \sim 0.10)\left(H + \frac{D}{2}\right) & 松砂 \\ (0.03 \sim 0.05)\left(H + \frac{D}{2}\right) & 中密度砂和黏土 \\ (0.02 \sim 0.03)\left(H + \frac{D}{2}\right) & 密砂 \end{cases} \tag{7.16}$$

Kouretzis,Sheng 和 Sloan(2013)基于数值模拟认为屈服位移在浅层对深度不敏感,他们给出了以下的屈服位移

$$Y_{pmax} = \begin{cases} 0.2D & 松砂 \\ 0.08D & 中密度砂 \end{cases} \tag{7.17}$$

比较式(7.15)和式(7.16)可见,ALA(2005)和 PRCI(2004,2009)提出的普遍适用的屈

服位移式(7.15),是由 O'Rourke 和 Liu(1999)提出的式(7.16)对于中密度砂土和黏土的平均值。对于松砂,O'Rourke 和 Liu (1999)估算的屈服位移大,导致土壤刚度小于 ALA(2005)。对于密砂,估算的屈服位移小,导致土壤刚度大于 ALA(2005)的值。

式(7.16)和式(7.17)表明,对于松砂,Kouretzis,Sheng 和 Sloan(2013)计算的屈服位移比 O'Rourke 和 Liu(1999)对在 0.3~1.2m 之间的所有管径和常见管道埋深的所有估算值小很多。对于中密度砂,Kouretzis 等(2013)的屈服位移结果与 O'Rourke 和 Liu(1999)结果的中上值相当。

在缺乏令人信服的数据以获得更精确的屈服位移时,建议选用 ALA(2005)提出的式(7.15)。

管道与沼泽土和泥炭土在水平方向的相互作用特性将在 7.7 节讨论。

7.4 挤压(垂直向下)土弹簧

管道下方土壤抗力的分析与岩土工程中条形基座下方的土壤承载能力分析相同。后者在土力学领域是人所共知的。1921 年 L. Prandt 基于塑性理论推导了无限长条形基座承压能力计算式,该问题非常类似于管道。后来 Karl Terzaghi 考虑了土壤摩擦和内聚特性改进了该方法,并有助于计算上覆土壤重量。后人在此基础上改进和丰富了该方法。

管道地基失去承载能力是很罕见的,但不是完全没有。比萨斜塔就是一个经典地基问题,但不是承载能力失效,而是差异性沉降,塔南侧土壤比北侧的软,更容易压缩。一个真实的承压能力失效的案例是 1913 年 Winnipeg 附近的 Transcona 装有升降机的谷仓地基失效,图 7.14 为该结构倾斜的照片。

图 7.14 典型的土壤承压能力失效的案例(Manitoba Free Press)

由 Terzaghi 和其他人解决的承压能力问题如图 7.15 所示。图中土壤有三个区域:
(1)基座(或管道)下方的主动滑移体Ⅰ;
(2)从Ⅰ区向Ⅲ区传递载荷的塑性土壤滑移体Ⅱ;
(3)抵抗主动滑移体移动的被动滑移体Ⅲ。

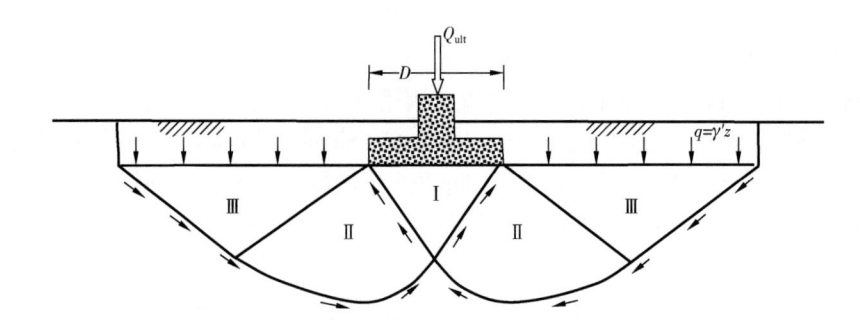

图7.15 经典条形基座承压能力图(Ⅰ区为基座下方的主动土壤滑移体,Ⅱ区为塑性区,Ⅲ区为抵抗基座向下位移的被动滑移体。基座上面的土壤区域是土壤附加载荷)

有两个理论描述Ⅰ区行为,土压力理论将其假设为一个主动的滑移体。假定基座(或管道涂层)是光滑的,并且土壤与基座之间不存在摩擦,这对于环氧涂层的管道是适用的。或者,如果假定基座(或管道涂层)是粗糙的,例如混凝土涂层,则基座和土壤之间的摩擦力较大,则区域Ⅰ实质上是基座的延伸。在后一种情况下,Ⅱ区和Ⅲ区作为被动滑移体,抵抗基座和Ⅰ区土壤向下运动。在岩土工程中使用的大多数承载力计算式都假定为后者,因为混凝土基座和土壤之间的摩擦通常很高。Terzaghi推导的并应用于管道向下挤压的条形基座极限承载力为:

$$q_{ult} = cN_c + \gamma'zN_q + 0.5\gamma^* DN_\gamma \tag{7.18}$$

式中 N_c, N_q 和 N_γ——承载力系数;
  c——内聚项,视情况为不排水强度(c_u)或为有效内聚力(c');
  z——基座(或管道)埋深($z = H + D/2$);
  γ'——土壤有效相对密度;
  γ^*——容重或有效相对密度,取决于地下水位(后面进一步讨论)。

式(7.18)表示土壤的承载能力,单位为压力(kPa)。进行管道应力分析时,我们感兴趣的是单位管道长度上的土壤极限抗力 $Q_{Dmax} = q_{ult}D$,所以该式变为:

$$Q_{Dmax} = cN_cD + \gamma'HN_qD + 0.5\gamma^* DN_\gamma \tag{7.19}$$

该式也是ALA(2005)的式(B-4)。

该式前两项形式上与式(7.8)相似。在式(7.18)和式(7.19)中第一项代表沿着图7.15中剪切区的内聚力;第二项是作用于基座或管道上方的附加载荷,该载荷有助于防止Ⅰ区土壤产生位移;第三项为基座或管道下方剪切区土壤的重量。

向下挤压系数来自浅埋条状基座承载能力理论,它们分别是:

$$\begin{aligned} N_q &= e^{\pi\tan\phi'}\tan^2(45 + \phi'/2) \\ N_c &= (N_q - 1)\cot\phi' \geqslant 5.14 \\ N_\gamma &= e^{(0.18\phi' - 2.5)} \text{ 或 } N_\gamma = (N_q - 1)\tan(1.4\phi') \end{aligned} \tag{7.20}$$

在 ALA(2005)和 PRCI(2009)中,在 N_c 式中的摩擦角(ϕ')被修改为($\phi' + 0.001$)。这个对经典地基理论的修改可以确保在 $\phi' = 0$ 的条件下,N_c 的最小计算值为 5.14。对于 N_γ,式 7.20 中的第二种形式的值略低于第一种形式(相差小于10%)。

关于式(7.19)中的相对密度,有四个条件需要考虑(Craig,2004):

(1)对于有效/排水强度,如果地下水位很深,远低于管道底部,则在第二和第三项中均应用容重。

(2)对于有效/排水强度,如果地下水位在管道的底部,则在第二项中应用容重,因为如前所述,它代表附加负荷。在第三项中应用有效相对密度,因为这代表管道底部以下的土壤。

(3)对于有效/排水强度,如果地下水位在地表上,则在第二和第三项中均采用有效相对密度。

(4)对于不排水的强度,在第二项中使用容重或总相对密度,并忽略地下水位的深度。同样,对于不排水的强度,$N_\gamma = 0$,因此第三项为零。

如果地下水位处于地表和管道底部之间,则在第二项中应用加权平均相对密度以得出有效强度。

ALA(2005)中提供的式(B-4)建议,无论地下水位深度如何,第二项应始终使用有效相对密度,而第三项应始终使用总相对密度。这方法并不正确,但是此方法的误差在大多数情况下小于15%。

在式(7.19)中,使用以下输入作为土壤参数:

(1)对于摩擦土壤和有效强度:$c = c'$ 且 $\phi' > 0°$。

(2)对于无摩擦土壤和不排水强度:$c = c_u$ 且 $\phi' = 0°$(6.3 节中曾说明对于所有土壤,$\phi_u = 0°$)。

如第 6.4 节所述,当前在土壤力学中倾向于假设 $c' = 0$。这对于浅层土壤尤其重要,因为浅层土壤的任何"固有"内聚力都可能因干燥、风化或类似过程而改变或破坏。

Kouretzis 等(2014)注意到式(7.19)可能仅对浅埋管道有效。随着埋深的增加,土壤破坏模式将变为"深层"土壤破坏的模式,土壤类似于侧向负载桩而发生侧向屈服。对于不排水的加载条件,当 H/D 大于 2 时,挤压极限抗力为:

$$Q_{\text{Dmax}} = \begin{cases} 9.14 c_u D + \gamma \pi (D/2)^2 & \text{光滑管道表面} \\ 11.94 c_u D + \gamma \pi (D/2)^2 & \text{粗糙管道表面} \end{cases} \tag{7.21}$$

图 7.16 给出了不排水加载时的式(7.19)与式(7.21)的比较。对于不排水加载,光滑和粗糙的管道表面,不同的不排水强度,传统的挤压抗力估算方法低估了分别约 1.8 倍和 2.3 倍。

图 7.16 为在光滑和粗糙的管道表面以及两个管道直径(0.4 m 和 0.9 m)的情况下,式(7.19)和式(7.21)结果的比较。输入参数为:$\gamma' = 16 \text{ kN/m}^3$,$\phi' = 0°$。

砂土和砾石总是具有内摩擦特性的,$c' = 0$,它们总是以排水的方式对载荷做出响应。细颗粒土壤受载时的响应可能以排水的方式(因此属于摩擦材料)也可能以不排水的方式(纯内聚无摩擦材料)。

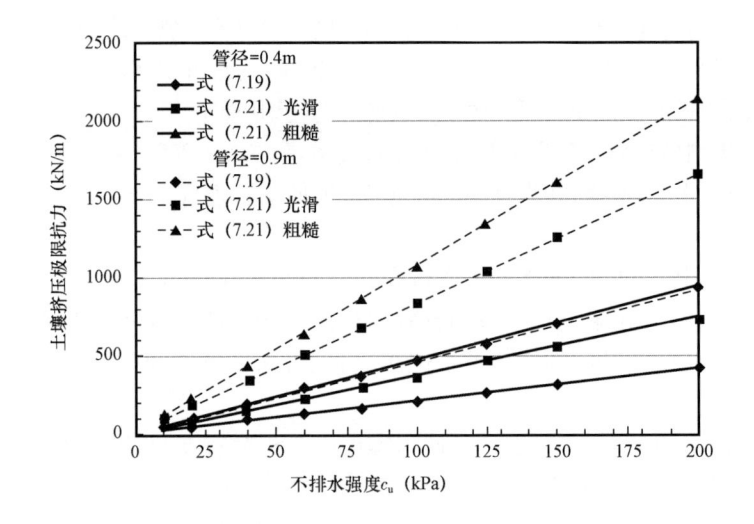

图 7.16 式(7.19)和式(7.21)结果的比较

(光滑和粗糙的管道表面,0.4m 和 0.9m 两个管径,输入参数为 $\gamma' = 16\text{kN/m}^3, \phi' = 0°$)

基于连续模型,Jung,O'Rourke 和 Argyrou(2016)指出,方程(7.19)是非保守的,实际的峰值土壤抗力只有式(7.19)计算结果的三分之一至十分之一。他们指出,当管道穿透支撑土壤时,粒状土壤的颗粒会在管道周围流动并进入上方的空隙,这是传统的条形基座向下移动时所没有的现象。Kouretzis 等(2014)还认为,对于排水纯粒状土壤,如式(7.19)这样传统的确定土壤挤压抗力的方法通常会高估地基传递给管道的最大载荷。土壤密度较大且管线埋深较浅时该误差最高可达 70%。基于数值模拟,当 H/D 小于 2 时,他们提出了一个新的方法计算土壤极限抗力:

$$Q_{\text{Dmax}} = \gamma HD\left[2.745\tan\phi'_{\text{peak}} - 0.968\left(\frac{H}{D}\right) + 1.621e^{4.237\tan\phi'_{\text{peak}}}\right] \quad (7.22)$$

式中 γ——土壤总相对密度(容重);

ϕ'_{peak}——土壤峰值摩擦角。

按照剪切时体积膨胀的机理,ϕ'_{peak} 明显大于 ϕ'。对于松砂,ϕ'_{peak} 可能比 ϕ' 高 5°;而对于密砂,ϕ'_{peak} 可能比 ϕ' 高 10°或更高。差值的大小随土壤应力水平而变化很大,因此随埋深变化很大。参见第 6.5 节有关土壤剪胀性的讨论。

与式(7.19)一样,式(7.22)也是曲线拟合的结果,并不基于物理模型。图 7.17 给出了三个摩擦角条件下式(7.19)和式(7.22)的比较。为简化分析过程,假设地下水位较深,土壤参数是常量,而 Kouretzis 等(2014)提出的式(7.22)给出的向下(挤压)土壤抗力较低,但该值不像那些作者或 Jung 等(2016)建议的那样低,除非土壤摩擦角很高。

而 Kouretzis 等(2014)建议,如使用 ϕ'_{peak},可能取一些小于 ϕ'_{peak} 的值更合适。其理由是在承载能力失效过程中,部分剪切平面的摩擦角可能已经越过 ϕ'_{peak} 至 ϕ',ϕ' 通常用作临界状态下的摩擦角(ϕ'_{cs})且小于 ϕ'_{peak}。使用 ϕ' 是保守的也与式(7.19)一致。

管道向下运动时的土壤屈服位移为(ALA,2005):

$$Y_{Dmax} = \begin{cases} 0.1D & \text{颗粒土} \\ 0.2D & \text{黏性土} \end{cases} \qquad (7.23)$$

有趣的是,Kouretzis 等(2014)认为,在不排水的加载条件下,经典的挤压承载计算式式(7.19)过于保守,而在排水(有效)加载条件下,相同的方程可能是非保守的。

7.7 节将讨论了沼泽土或泥炭土以及对土壤的挤压抗力的影响。

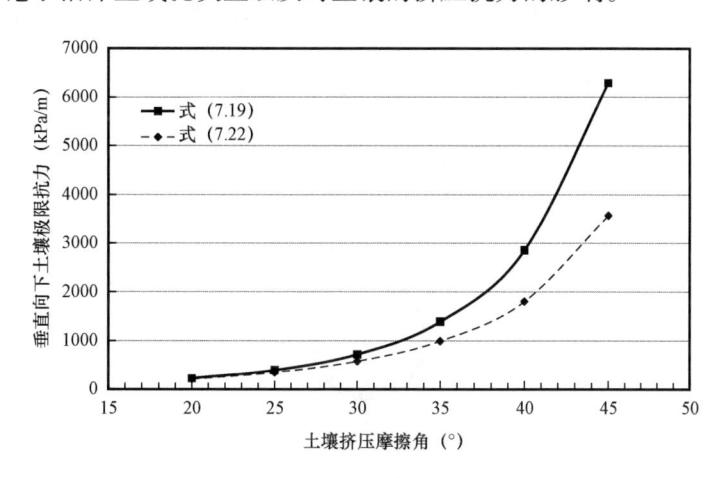

图 7.17 式(7.19)和式(7.22)关于向下土壤抗力的比较
($D=0.9\text{m}$,埋深$=0.9\text{m}$,$\gamma'=18.5\text{kN/m}^3$,$c'=0\text{kPa}$)

7.5 垂直向上土弹簧

向上抬升的土壤承载能力包括两部分,一是管道要向上移动必须克服的管道上方的土壤重量,二是土壤沿错动平面的剪切抗力。图 7.18 为排水条件下土壤抗力的几何关系和受力图。

由图 7.18 所示的几何形状,产生土壤重力的土壤面积计算如下:

$$A = \frac{1}{2}bh = \frac{1}{2}(2H\tan\beta)H = H^2\tan\beta \qquad (7.24)$$

管道运动需克服的土壤重力等于土壤面积乘以土壤比重:

$$Q_{umax} = \gamma' H^2 \tan\beta \qquad (7.25)$$

如下面讨论的,假设 $\tan\beta=\tan\phi'$。式(7.25)是 PRCI(2004)中给出的抬升土壤极限抗力。ALA(2005)给出了不同计算式:

$$Q_{umax} = \gamma' H N_{qv} D \qquad (7.26)$$

式中 ALA(2005)定义 N_{qv} 为:

$$N_{qv} = \frac{\phi' H}{44D} \leqslant N_{qh}$$

将此抬升承载能力系数代入式(7.26)并与式(7.25)进行比较时,则发现 $\tan\beta$ 与 ϕ' 是相关的,存在以下等式:

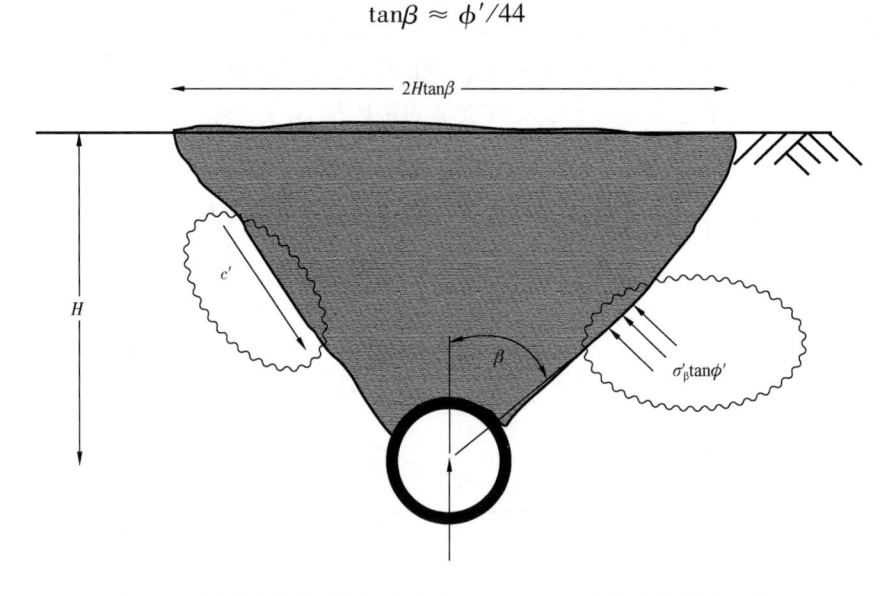

$$\tan\beta \approx \phi'/44$$

图 7.18　抵抗管道抬升运动的管道上方土壤示意图(摩擦排水土壤)

如果上式成立,则式(7.25)和式(7.26)是等效的。表 7.5 比较了等式的两个部分,并表明该式是近似相等的。来自 PRCI(2004)和 ALA(2005)的两个抬升抗力方程给出了类似的近似值。都隐含地假设土壤的夹角(β)等于土壤摩擦角(ϕ')。

表 7.5　式(7.25)和式(7.26)中各项的比较

β 或 ϕ'	20°	30°	40°
$\phi'/44$	0.45	0.68	0.91
$\tan\beta$	0.36	0.58	0.84

在图 7.18 中,沿着土壤的侧面有一个内聚力,该内聚力乘以土壤边长($H/\cos\beta$),在加到土壤的重量上。粗粒土没有内聚力,细粒土有效内聚力通常很小或为零,因此忽略该项是保守的。此外,在极端情况下,抬升的管道移动了土壤,沿着楔形土壤侧面的载荷将超过土壤可以承受的极限载荷,使得该载荷将减小至小于峰值或极限值的某个残余值。

Cheuk,White 和 Bolton(2008)比较了不同的方法来预测土壤排水条件下锚板和管道抬升时的土壤抗力。一些方法是来源于图 7.18 的极限平衡条件或垂直棱柱型土壤模型。表 7.6 列出了估算土壤抬升抗力峰值的计算式。如第 6.5 节所述某些方法要求图 7.18 中的角度 β 等于摩擦角(ϕ')或土壤膨胀角(ψ)。对于膨胀角可能为零的松散土壤,式(7.30)简化为式(7.27)。如果认为膨胀角等于峰值摩擦角,则式(7.30)简化为式(7.29)。

图 7.19 比较了方程(7.25)和方程(7.27)至 7.31 所示的各种方法的土壤在有效应力条件下抗抬升抗力。可以看出,与表 7.6 中列出的其他方法相比,PRCI(2004)提出的式(7.25)和 ALA(2005)提出的式(7.26)大大低估了土壤极限抗力。White,Cheuk 和 Bolton(2008)认

为,式(7.31)表示的方法最为严格,并给出了各种密度和 H/D 比的土壤参数图。但是对于长输管道,很难获得路由土壤的相对密度、临界状态摩擦角和膨胀角,所以说尽管式(7.27)或式(7.28)可能存在不足,但仍可能是更实用的解决方案。

表7.6 估算土壤抬升抗力计算式比较(Cheuk, White 和 Bolton, 2008; White, Cheuk, Bolton, 2008)

抬升土壤抗力计算式	来源	机理	计算式编号
$Q_{umax} = \gamma'HD + \gamma'H^2 K_s \tan\phi$	Schaminée 等(1990)	垂直棱柱土壤剪切	式(7.27)
$Q_{umax} = \gamma'HD + \gamma'H^2 \tan\phi_{max}$	Nq 和 Springman(1994)	倾斜棱柱土壤剪切	式(7.28)
$Q_{umax} = \gamma'HD + \gamma'H^2 \tan\phi_{max} \cos\phi_{crit}$	Vermeer 和 Surjiadi(1985)	倾斜棱柱土壤剪切	式(7.29)
$Q_{umax} = \gamma'HD + \gamma'H^2 \tan\psi + 0.5\gamma'H^2 (\tan\phi_{max} - \tan\psi)$ $[(1+K_s) - (1-K_s)\cos(2\psi)]$	White 等(2001)	倾斜棱柱土壤剪切	式(7.30)
$Q_{umax} = \gamma'HD + \gamma'H^2 \tan\psi + 0.5\gamma'H^2 (\tan\phi_{max} - \tan\psi)$ $[(1+K_s) - (1-K_s)\cos(2\psi)] - \gamma'\pi D/8$	White 等(2008)	倾斜棱柱土壤剪切	式(7.31)

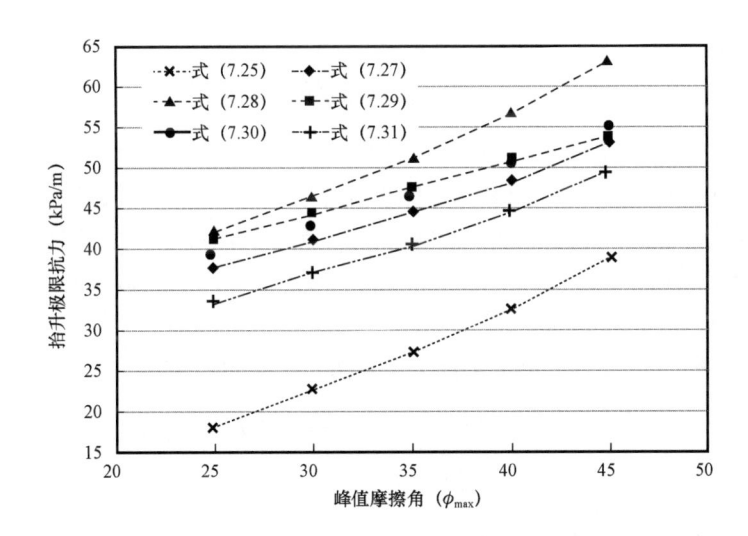

图7.19 土壤抬升最大抗力比较

($\gamma' = 18.5 \text{ kN/m}^3; D = 0.9\text{m}; H = 1.45\text{m}; K_s = 0.75; \phi_{crit} = \phi_{max} - 5°; \psi = 10°$)

对于纯黏性(无摩擦)土壤,通常认为回填土提供的抬升抗力受制于直接位于管道上方的土壤棱柱,以及不超过棱镜侧面的不排水强度的内聚力。图7.20描绘了此情形的几何关系。PRCI(2004)中的适用方程为:

$$Q_{umax} = 2c_u H < 10c_u D \tag{7.32}$$

ALA(2005)中的适用方程为:

$$Q_u = c_u N_{cv} D$$
$$N_{cv} = 2\frac{H}{D} \leq 10 \tag{7.33}$$

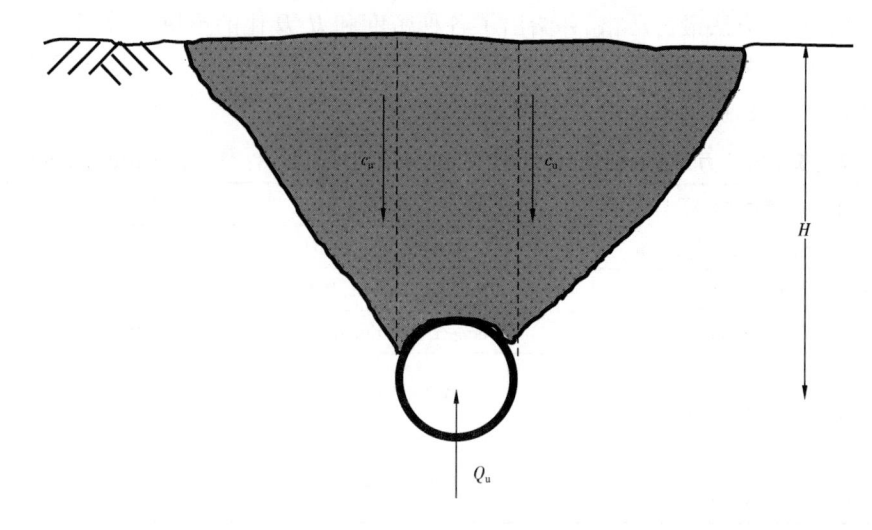

图 7.20 抵抗管道抬升的管道上方黏性无摩擦(不排水)土壤棱柱示意图

将 N_{cv} 值代入式(7.33)时,可以看出该式与式(7.32)相同。管道上方的土壤棱柱重量将抵抗管道抬升运动。此时,不排水土壤抬升抗力完整的计算式为:

$$Q_{umax} = 2c_u H + \gamma_b DH \tag{7.34}$$

ALA(2005)附录 B 中提供的式(B-3)似乎合并了不排水和排水的条件,类似于先前讨论的轴向土壤抗力,这可能导致误解和不正确的土壤抗力值。对于排水条件的式(7.25)和式(7.26)至式(7.31),以及对于不排水条件的式(7.34)则不会出现类似的问题。

土壤屈服位移取决于土壤类型。ALA(2005)指出:

$$Y_{umax} = \begin{cases} (0.01H \sim 0.02H) \leq 0.1D & \text{砂土} \\ (0.1H \sim 0.2H) \leq 0.2D & \text{黏土} \end{cases} \tag{7.35}$$

沼泽土或泥炭土的作用与土壤抬升抗力将在 7.7 节讨论。

7.6 排水条件下黏土的屈服位移

这四个独立土弹簧的屈服位移要区分土壤是砂土还是黏土,是细粒土还是粗粒土,还应区分排水(有效)强度与不排水强度。本章内容只适用于细粒土。对黏土刚度的研究表明,黏土排水弹性模量比不排水弹性模量低 10% 左右。

ALA(2005)等报道的所有的黏土屈服位移可能都是指不排水条件的。因此,如果考虑细粒土壤的排水条件,屈服位移可能被减少 10% 以对应刚度较小的土壤特性。然而,考虑到土壤参数的整体不确定性,例如不排水强度中的某个系数变化会超过 30%,所以无论是排水还是不排水条件,土壤刚度都可能具有较高的差异性。因此,将屈服位移调整 10% 可能是在现有的可变范围内优化参数的一种尝试。

7.7 有效相对密度的使用

在排水或有效应力条件下估算土壤抗力时,一个关键参数是管道中心埋深处的有效垂

压力 $\gamma'H$。这一项出现在用于估计四个管道承载方向的土壤抗力计算式中。从3.6节我们知道，土壤单元受到的有效应力是地下水位的函数。

当地下水位在地表时，从管道中心线到地表的整个土壤厚度处于地下水中，适合用土壤的有效相对密度来估算土壤抗力，在这种情况下 $\gamma' = \gamma_b - \gamma_w$。

当地下水位于管道底部以下时，管道中心线以上整个土壤厚度都高于地下水位，可以用有效相对密度作为土壤的容重，此时 $\gamma' = \gamma_b$。

地下水位位于地表与管线中心线之间的某一中间深度时，应采用由式(3.14)确定的加权平均相对密度，此时 $\gamma' = \bar{\gamma}$：

$$\overline{\gamma'} = \frac{(\gamma_b - \gamma_w)(H_p - H_w) + (\gamma_b H_w)}{H_p}$$

7.8　沼泽土中的管土相互作用

在沼泽土的管土相互作用中，有两个问题需要考虑。第一是选择排水土壤强度来确定土壤极限抗力，第二是确定屈服位移。

6.6节讨论了沼泽土典型的排水强度值。由表6.9可知，三轴试验得到的沼泽土的摩擦角通常超过40°，而直接剪切试验得到的沼泽土摩擦角在20°左右。如图6.22所示，结果差异是因为两个实验的剪切分别是垂直于和平行于有机纤维。在确定四个独立的土弹簧的极限抗力时，需要考虑不同的摩擦角。管道加载方向和适当的摩擦角测试方法为：

(1)轴向：回填土，直接剪切；
(2)水平：回填土或原土(参见8.13节，取决于管沟宽度)，直接剪切；
(3)向下挤压：原土，三轴压缩；
(4)向上抬升：回填土，三轴压缩。

因此，为了了解沼泽土中的管土相互作用，可能需要三到四个不同摩擦角的土壤特性来正确地模拟整个土壤材料的行为。表6.10给出了排水和不排水土壤强度的建议值。有趣的是，回填土摩擦角仅在轴向可能会大于原土摩擦角。

在沼泽土中，达到材料极限强度/抗力的屈服位移要比矿质土壤大得多。Mesri 和 Ajilouni (2007)报告说，沼泽土达到最大摩擦角所需的位移通常是软黏土的5到10倍。取这些屈服位移是软黏土的7.5倍，表7.7列出了在四个管道位移方向上的屈服位移建议值。

表7.7　推荐的沼泽土屈服位移

土弹簧方向	屈服位移
轴向	75mm
侧向	0.3($H+D/2$)
挤压(向下)	1.5D
抬升(向上)	1.1H

8 管土相互作用专题

本章讨论管土相互作用以及一些特殊问题，目的是进一步深入了解管土相互作用的机理以及建立管土相互作用模型时可能需要考虑的特殊影响因素。本节并非详尽无遗，因为需要解决的案例和情境非常之多，无法在此一一再次列出。希望本章介绍的专题能够对解决其他案例提供参考。

8.1 土壤极限抗力和土壤刚度

第7章讨论了各种土壤抗力和土壤刚度的概念从土力学和基础工程概念推导出来的过程。上文给出的四个土弹簧的土壤极限抗力计算式为彼此完全独立的。确实如此吗？特别值得注意的是，除了轴向载荷之外，可以设想水平和向上（抬升）抗力不应该超过挤压（向下）土壤抗力。对于已经计算过土壤极限抗力的人来说，可能已经出现过水平或者向上的土壤抗力(视具体情况而定)超过承载土壤抗力的现象。对于岩土工程师和许多业内人士来说，这种情况在直觉上是不合理的。正常情况下，土壤对管道的挤压抗力是管道施加在整个"地球"上的，怎么可能比向上推的受扰动回填土壤的抗力小呢？因此，建议将挤压土壤抗力[式(7.19)]设置为极限值，用此极限值检查水平土壤抗力和抬升土壤抗力，水平土壤抗力和抬升土壤抗力不应该超过此极限值。

下一个问题是这个极限的概念是否应该延伸到随之产生的土弹簧刚度，土弹簧刚度等于土壤极限抗力除以土壤屈服位移。从土壤水平加载屈服位移[式(7.15)和式(7.17)]和挤压载荷[式(7.23)]式可以看出，两者均与管径有关。在比较式(7.17)和式(7.23)的极限值时，屈服位移基本相同。因此，如果水平抗力不超过土壤挤压极限抗力，那么所产生的土壤刚度也不会超过这个界限。然而，如果使用式(7.17)来确定中等密度砂土和密砂的屈服位移，所得到的屈服位移可能小于估算的向下方向的屈服位移[式(7.23)]，如果土壤抗力相同，水平土壤刚度会高于土壤挤压刚度。在这种情况下，建议管道工程师考虑使用参数分析来评估管道应变对水平弹性刚度的敏感性，或仔细考察土壤水平方向的特性，以证明使用较高的土壤弹性刚度值是合理的。

8.2 土壤弹性参数的选择

第6章介绍了两种类型的土壤强度，分别为不排水和排水（有效）强度，并解释了它们与土壤形变和加载之间的关系。本节主要关注两个问题：针对某一特定问题，确定土壤弹性值（土壤抗力、土壤屈服位移和土壤刚度）是使用排水强度还是不排水强度，以及所选用的土壤强度是否是适当保守的。

8.2.1 排水与不排水强度

表8.1总结了与排水和不排水强度有关的关键因素及其在管土相互作用模型中的应用。在

决定使用什么参数来确定土壤强度时,把表8.1中所列出的因素以及管道如何受管土相互作用的影响考虑进去是非常重要的。无论是缓慢还是快速加载条件,有效(排水)强度参数总是适用于粗颗粒土壤。对于细粒黏性土壤,图8.1给出了选择排水或不排水强度的流程图。图8.1中有一个特例,是快速简单持续加载的情况。如表8.1所示,持续载荷需要使用排水/有效强度参数。但是,由于初始加载速度很快,土壤将首先以不排水的方式响应。但长期来看,由于快速加载的载荷所产生的孔隙水压力消失,土壤将转化为排水的土壤抗力。这意味着土壤可能会在短期不排水条件下或者在长期排水条件下遭到破坏。因此,在管土模型中应根据排水和不排水条件采用更保守的值来计算土壤刚度值。有关如何选择保守的参数请参见后面的讨论。

表8.1 有效和不排水强度关键点总结

参数	关键点
有效(排水)强度参数	(1)适用于所有土壤。 (2)在加载速度缓慢和/或产生的孔隙水压力立即消散的情况下使用。 (3)用于长期加载,通常为数月或数年(或长期持续加载)。 (4)随着孔隙水从受载区域排出,土壤受载时体积发生变化。 (5)使用摩擦角 $\phi \neq 0°$,有效内聚力 $c' \approx 0 \sim 50 \text{kPa}$(但通常小于20kPa,并且在低垂向地应力下可以是0kPa)
不排水强度参数	(1)仅适用于细粒黏性土壤。 (2)当加载速度大于土壤孔隙水压力的消散能力时使用。 (3)用于短期加载,通常为几分钟或几小时或几天。 (4)没有体积变化,除非孔隙水从受载区域排出。 (5)使用 $c_u > 0 \text{kPa}$;摩擦角,$\phi_u = 0°$

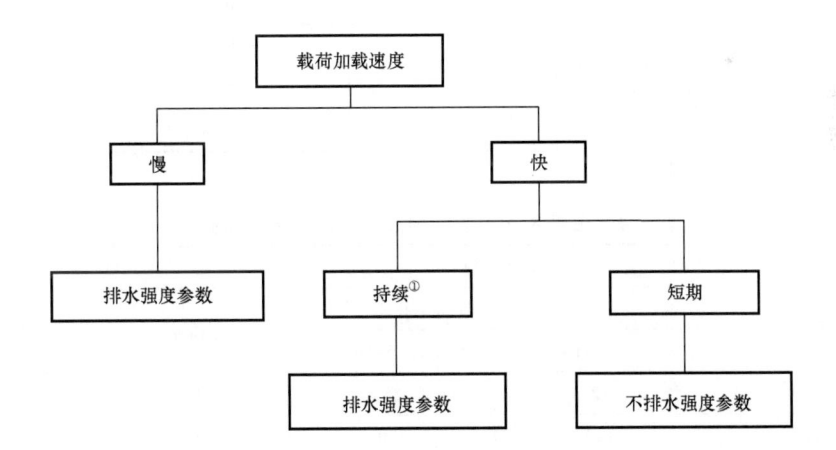

图8.1 根据土壤载荷加载速度和时间长短选择细粒土壤强度参数的流程图
① 对于持续负荷,还需要检查短期情况(参见正文)

冻结的细粒土是一种特殊情况,图8.1可能不适用。因为大部分孔隙水被冻结,施加载荷的时候可能不会有多余的孔隙水压力产生。但如果载荷加载速度较快,土壤仍会以不排水的方式做出响应。对于缓慢加载载荷,冻土的响应将取决于排水/有效强度参数或蠕变参数(如Glen流动定律)。

表8.2列出了一些管土载荷场景和适用的土壤响应类型。

表8.2 管土载荷响应举例

缓慢	持续	快速（短期）
蠕变山体滑坡	热膨胀	断层滑移
融沉		快速滑坡
冻胀		(1)侧向扩展。 (2)上浮屈曲。 (3)管道放空。 (4)热膨胀

8.2.2 管道埋深的排水强度参数

我们在研究管土相互作用时发现，当岩土工程师为管道工程师提供土壤排水和不排水强度数据时，土壤抗力和土壤刚度参数经常是不同的。以下例子就说明了这一点。表8.3上面几行给出的是典型的细粒土数值，与管道岩土工程报告中提供的可能差不多（表中增强参数指考虑土壤摩尔—库伦失效包络线为曲线，摩擦角较大，考虑土壤剪胀性时的土壤强度，译者注）。表8.4给出了使用第7章中的计算式得到的土壤极限抗力。

表8.3 管道特性和土壤强度关系示例

管道参数	典型参数		增强参数	
	排水强度	不排水强度	排水强度	不排水强度
管径 = 0.76m， 埋深 = 0.9m， 地下水深度 = 0.9m	$\phi' = 30°$① $c' = 5$kPa $Y_b = 19$kN/m³	$c_u = 50$kPa	$\phi'_{peak} = 40°$① $\psi = 10°$ $c'_{app} = 5$kPa $Y_b = 19$kN/m³	$c_u = 50$kPa

① 假定扰动和未扰动值是相同的。

表8.4 由表8.3中土壤强度得出的土壤极限抗力

土壤抗力 (kN/m)	典型参数①		增强参数	
	排水 ($c' = 0$kPa)	排水 ($c' = 5$kPa)	排水	不排水①
轴向(T_{max})	12	25	40②	83
侧向(p_{max})	100	120	167③	215
抬升(Q_{umax})	18	30	47④	130
挤压(Q_{Dmax})	450	560	630⑤	215

注：① 根据ALA(2005)计算式得出。
② 根据非饱和最大摩擦角($\phi'_{peak} + \psi$)条件，假设表观凝聚力为5kPa。
③ 式(7.9)[粗颗粒土壤(排水的摩擦土壤)]。
④ 式(7.28)。
⑤ 式(7.22)，基于临界状态摩擦角($\phi'_{peak} - 5°$)。

表8.4中的土壤极限抗力和由此计算得到的土壤刚度(抗力除以屈服位移 Y_{max})在所给强度条件下明显不同,甚至在有效黏聚力不等于零的排水条件下也是如此。在管道运行载荷(与地面位移载荷不同)下的管道应力分析中,与不排水土壤刚度相比,采用排水的土壤刚度值计算出的管道应力更高。实际上,运行管道整体并没有问题,比如说水平弯头的应力并不像使用排水土壤刚度进行应力分析时预测的那么高(Liu,2015)。

使用排水和不排水强度参数得出的土壤刚度有差异并不意味着有效应力原理或排水强度值不对。这更可能是低估了排水土壤强度的结果。低估的原因至少有以下几个:首先,从6.4节我们知道,排水强度是深度的函数,而且低应力水平下的摩擦角可能比在高应力水平下剪切试验的摩擦角高得多。低应力下的摩擦角可能比一般(较高应力水平下的)摩擦角高10°或更多。其次,对于中等致密到致密的土壤,在初始剪切(第6.5节)期间的剪胀将导致附加的摩擦强度分量,直到超过峰值摩擦抗力。第三,虽然通常有充分的证据支撑摩擦角的选择,但是有效内聚力的应用往往是不确定和有争议的。例如,在地表附近的土壤中,在非饱和条件下产生的表观内聚力的作用常常没有考虑。由吸力引起的表观黏聚力可以显著地"增强"浅层土的强度,但这可能持续时间较短,因为它取决于诸如降水渗透和蒸发蒸腾等因素。第8.7节将更加详细地讨论非饱和对土壤强度的影响。

如果考虑表8.3的下面几行所示的所谓"增强"强度参数,那么可以得到较高的土壤抗力。表8.4列出了对应这些增强参数的土壤极限抗力。虽然没有达到使用不排水值的估计值,但土壤抗力增加还是很显著的。

作为对管道工程师的建议,对于细粒土壤,应同时考虑从排水和不排水土壤强度推导出的土壤抗力。如果使用排水土壤抗力导致在相似地形和条件下的管道应变不能反映运行管道的状态,那么请与岩土工程师讨论这个问题,也许可以考虑重新评估岩土工程师提供的土壤强度数据,或者考虑使用基于不排水土壤强度的土壤抗力。设计者应该记录所有关于土壤强度的讨论、修改及其原因。

8.2.3 参数选择的保守性

通常情况下,岩土工程师提供的土壤强度参数是平均值或者分布范围的下限。一般认为,使用这些较低值是比较保守的。然而,在岩土工程师和管道工程师没有对此进行讨论的情况下,这种方法可能会导致管道应力结果不一定保守。下面将对以下三个管土相互作用情景进行探讨,以便分析这个问题。

情景1:山体沿管道轴向滑坡导致管道应变。对于管土相互作用分析来说,低的土壤强度会导致较低的土壤抗力和轴向弹性刚度。这意味着土壤会更快达到弹性极限,然后表现为完全塑性材料,而轴向弹力不会对管道施加更多的约束,这将会导致低的管道应力和应变。反之,使用高土壤强度将导致更高的土壤抗力和轴向弹性刚度,因而由于山体滑坡导致的管道应变更大。因此,在这种情境下,较低的土壤强度是不保守的。

情景2:若管道中有一个90°水平弯头,并且管道位于可变强度材料中,如高地下水位的沼泽土壤,如图8.2所示。如果轴向和水平土壤抗力较高,会导致土壤刚度值较高,则管道变形会比较小,相应的管道应变较小。反之,如果水平弯头处的土壤较软,则管道的热膨胀会导致管道伸长,离开原始位置,并发生弯曲变形,同时管道的位移会使弯头产生弯曲应变,两侧的直管段产生轴向应变。在第二种情境下,使用较高的土壤强度可能不够保守。

情景3:对于穿越地表构造断层的管道,土壤强度对管道在断层破裂时可能产生的应变至关重要。经典或者传统土壤力学要求重视那些容易引起较高土壤强度的因素,如果忽略这些

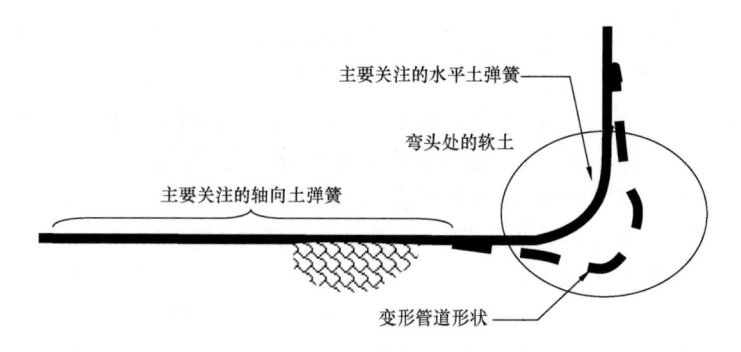

图 8.2 软土中热膨胀的管道水平弯头

因素是极其不保守的。例如,在密实土壤和所有有效应力较低的土壤中,土壤剪胀可能比较明显,使得剪切过程中土壤的有效摩擦角增加了 10°~25°。例如,Tsatsis,Gelagoti 和 Gazetas(2016)的研究表明,对于正断层,把 25°的土壤剪胀考虑进去,临界(支配)断层位移就可以从忽略了土壤剪胀的 1.1m 以上减少到 0.82m。

有几个要点再强调一下。首先,岩土工程师和管道工程师之间的交流是必不可少的,这样才能根据管道载荷情况合理地选择土壤强度。第二,可以自然提高土壤强度的土壤特性不容忽视,这也很重要。最后,如第 6.9 节和下一节所述,土壤强度是随机值,由于自然条件不同,土壤强度有一个变化范围。与有效摩擦角相比,不排水强度的变异系数较高。

8.3 土壤参数差异性对管道应力的影响

目前,我们对于管线钢的特性了解比较深入并且其特性参数也已量化。比如对于管线钢的强度特征已经有了详细的记录,并且不同实验样本的强度特性高度一致。例如,Hillenbrand,Gräf 和 Kalwa(2001)指出,对于 X80 管线钢,压缩和拉伸强度的变异系数分别为 3% 和 2%。但对于土壤的特性却不是这样。第 6.9 节中对这一特性曾有过论述。土壤特性和行为的较高变异性将影响管土相互作用分析所选择的管土相互作用参数(土壤极限抗力和刚度),以及由此产生的管道应力和应变。Oswell,Hart 和 Zulfiqar(2018)研究了土壤参数变化对管道应力分析的影响。

除土壤强度以外,还有许多其他与岩土工程相关的变量会影响管道应力分析。包括:
(1)管道覆盖深度;
(2)管道地下水深度;
(3)不排水强度内聚力系数(α),见式(7.3);
(4)侧向土压系数(K_s),见式(7.3);
(5)管土摩擦系数(f),见式(7.3);
(6)对应土壤极限抗力的屈服位移。

上述每一个参数变量都可以用概率分布表示。表 8.5 列出了 Oswell 等(2018)在研究中使用的土壤变量和统计特性。

可以使用随机数生成函数在电子表格中轻松生成概率分布。根据表 8.5 中给出的参数值,图 8.3 给出了轴向不排水土壤抗力和排水土壤抗力的大约 1000 个随机估值的累积分布。

注意：对于不排水轴向土壤抗力[式(7.3)]，需要考虑参数的两个概率分布，即内聚力系数（α）和不排水强度（c_u）。对于排水轴向抗力[式(7.3)]，需要考虑六个概率分布，即覆盖深度（H），地下水深度（H_w），容重（γ_b），侧向土压（K_s），涂层系数（f）和摩擦角（ϕ'）。

表 8.5　Oswell 等(2018)使用的土壤变量和统计特性

土壤参数	排水(有效应力)土壤响应 平均值	排水(有效应力)土壤响应 标准差	不排水土壤响应 平均值	不排水土壤响应 标准差
不排水强度 c_u(kPa)	0		50	15
内聚力系数 α			③	$0.1\alpha_{raw}$ ④
摩擦角 ϕ'(°)	33	3		
容重 γ_b(kN/m³)	17	1.5		
埋深 H(m)	1.0	0.05	1.0	0.05
地下水深度 H_w(m)	0.5	0.25		
侧向土压系数 K_s①	1	0.125		
土壤—涂层摩擦系数 f②	0.6	0.05		

① Wijewickreme，Karimian 和 Honegger(2009)发现在砂土轴向拉拔试验中，作用在管道上的土压大于静态条件（K_0）下的土压。土压系数（K_s）在 0.5（松散砂土）~2.5（致密砂土）之间变化。考虑到管道回填土初始压实不良，土压系数可能在 0.5~1.0 的范围内取值，平均值为 0.75。随着时间推移，回填土发生固结和时效，土压系数可能会增加。本研究采用的 K_s 值为 1，对应了中等压实的回填土。

② ALA(2005)指出环氧树脂涂层的摩擦系数为 0.6。尽管未见公开报道的统计数据，但一般假定其变异系数与土壤摩擦角的为一个量级。

③ 式(7.3)中原始的 α 值最初用多项式表示：

$$\alpha = 0.89658 - 0.0065393c_u - 0.0001194c_u^2 + 2.37 \times 10^{-6}c_u^3 - 1.4184 \times 10^{-8}c_u^4 + 2.8982 \times 10^{-11}c_u^5$$

该式由 Rizkalla 等(1996)提出，代表了 α—c_u 平均值之间的近似关系，ALA(2005)也推荐采用这一关系式。图 7.6 中，多项式是基于 c_u 的概率值给出原始 α 值的均值，并结合标准差生成概率 α 值。

④ 因为在 c_u 值较低时比 c_u 值较高的时候，α 的分布范围更大，α 的标准差被当作 α 的函数。

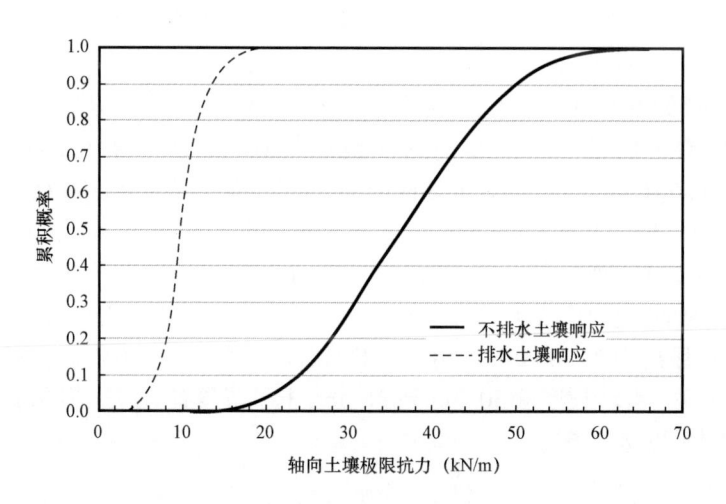

图 8.3　基于表 8.5 中的统计值的轴向土壤极限抗力的累积概率(Oswell，Hart 和 Zulfiqar，2018)

许多参数与有效轴向土壤抗力相关,但这些参数的取值范围与不排水轴向土壤抗力相比是相对较窄的。其余的土弹簧如水平(侧向)土弹簧、向上土弹簧、向下土弹簧也有类似的分布。对于与每个运动方向的土壤屈服位移也可能存在概率分布。因此,每个运动方向上的土弹簧刚度(K)应该是两个概率分布的函数,一个是土壤抗力概率分布,另一个是屈服位移概率分布。图 8.4 显示了由此产生的轴向土壤刚度的累积概率分布。

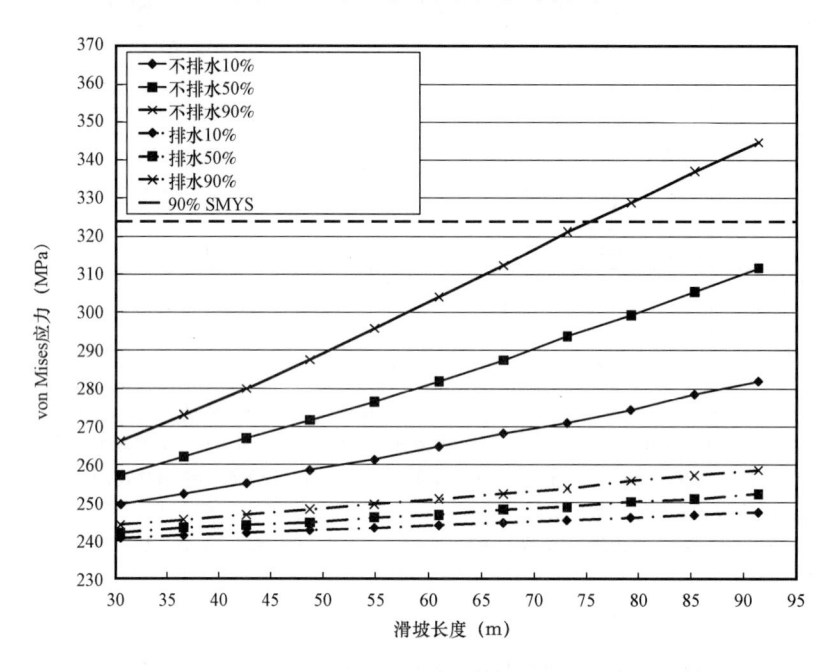

图 8.4 X52 管道 von Mises 应力与纵向滑坡长度的关系(Oswell,Hart 和 Zulfiqar,2018)

由土壤刚度的累积分布,可以取任意一个百分位值并将其用于管道应力分析。表 8.6 显示了基于表 8.5 中的统计值生成的土壤刚度累积概率为 10%、50% 和 90%。由表 8.6 可以看出,10% 和 90% 之间的差异显著,对应的刚度值至少增加两倍。即使选择超过平均值的 90% 累积概率,50% 累积概率的刚度数值也会增加约一半。这种变化将会对管道应力产生什么影响?

Oswell 等(2018)给出了两种管土相互作用情形(纵向滑坡和右旋走滑断层)的结果。现在主要讨论纵向滑坡的情形。该案例的埋地燃气管道,管径为 0.6m(NPS24),壁厚为 6.35mm,管材为 L360(X52),在对应于环向应力小于最小屈服强度(SMYS)72% 的内压下运行。在下坡部分斜坡较长且直,管道受到平行于管道轴线方向的匀速"整块"滑坡位移作用。管道平均覆盖深度为 1m,管土相互作用由表 8.5 中土弹簧表示。设 X52 钢为各向同性材料,服从 Ramberg—Osgood 应力应变关系($n=30$),弹性模量为 206.838GPa,比例极限为 248MPa,应变为 0.5% 时屈服应力为 360MPa。用 PIPLIN 软件(SSD 公司,2016)对不同长度滑坡条件下的管道进行了分析,滑坡长度从 30.5m 到 91.5m,土弹簧具有对应于累积概率为 10%、50% 和 90% 的土弹簧特性(表 8.6)。

表8.6 从表8.5的统计值中得出的累积土壤刚度概率汇总

条件		土壤刚度(kN/m/m)		
		10%	50%	90%
不排水	轴向	2660	4020	5570
	侧向	615	1065	1490
	向上/抬升	617	1060	1490
	向下/挤压	790	1280	1780
排水	轴向	737	1068	1520
	侧向	333	480	700
	向上/抬升	466	705	1035
	向下/挤压	2600	4670	8485

该案例中，埋地管道的内部压力为5.52MPa(800psig)，温差为+11.1℃，在滑坡的长度范围内随土壤产生纵向位移。对于以上不同的滑坡长度，均使其发生0.3048m土壤块体移动，计算的位移步长很小。注意：只要管土相对运动超过土壤屈服位移(约9mm)时，土壤轴向抗力就会达到极值。管道的计算结果包括以下参数及其概率分布：管道轴向力、弯矩、曲率、拉压应力和应变以及土弹簧中的力和变形。记录每个加载步时上述每一个参数的最大值。多数情况下，管道保持完全弹性。但在少数情况下，应力超过了比例极限，但从未超过屈服应力。要使管道中的应力保持在弹性区域内，Mises等效应力应小于许用应力(90%的SMYS)。

图8.4为在不排水和排水条件下，取10%、50%和90%土弹簧特性计算出的最大Mises应力，它是滑坡长度的函数。图中324MPa的水平虚线为90%SMYS的许用应力。如图所示，在排水条件下根据10%、50%、90%土弹簧性能计算出的管道应力变化范围较窄并且曲线基本上是平坦的，滑坡长度为30.5～91.5m时，管道应力变化为240～259MPa，远低于管材名义屈服应力。

在不排水条件下，10%、50%和90%土弹簧性能对应的管道应力变化较大。不排水加载时的最大Mises应力范围在10%时为250～282MPa，50%时为257～312MPa，90%时为266～345MPa。

计算土弹簧参数的输入源自排水土壤条件，土壤参数的变动就会引起四个独立土弹簧所对应的土壤抗力和刚度最大值的小幅变动。尽管土壤极限抗力和土壤刚度是多个土壤参数(有效摩擦角、容重、地下水深度)的函数，每个参数都有自己的概率分布，但是如图8.4所示，管道应力和应变变化范围较窄，这反映了参数概率分布较窄。对于本例中的滑坡而言，应力分析结果表明，对于这样的案例，采用排水土壤条件下的参数平均值就行了，不需要使用概率方法来选择土壤参数。

鉴于土壤极限抗力和土壤刚度由不排水强度推导而来，唯一最重要的土壤参数就是不排水强度。由于该参数通常变化较大(变异系数通常为30%)，因此与排水土壤条件相比，所得到的土壤极限抗力和土壤弹簧刚度变化范围更大。对于图8.4所示的纵向滑坡结果，根据所选择的土壤参数不同，导致管道应力变化范围也较大。土壤强度是随机变量，这意味着我们说的土壤强度可能是一个点的，或是沿着相对较短的一段管道的。这个例子表明，使用平均不排水土壤强度(累积概率为50%)可能会严重低估管道中可能产生的应力,低估的程度与滑坡长度有关。

采用较高的土壤参数界限(第90百分位)将导致计算的管道应力和应变最高。但是,如第8.2节所述,使用强度值上限并不总是保守的。例如,对于受热膨胀作用的管道水平弯头应力分析,管道上浮屈曲敏感性分析,或管道特征(如距离断层或滑坡有一定距离的弯头、弯管等)的评估,使用下限(第10百分位)土壤参数值而不使用平均值或上限值,会导致错误的应力或应变结果。

上述讨论表明,特别是对于不排水土壤加载的情况,岩土工程师和管道工程师应认真考虑一下根据平均概率确定的管土相互作用参数是否合适。

8.4 双曲线土壤抗力函数

土壤对管道运动的抗力在第7章中有过论述。虽然以双线性来描述土壤抗力—位移关系是最常见的,但用双曲线函数(式7.1)来描述也是可以的。

图7.3给出了水平位移管道的实验数据和相应的双曲线函数的比较。在水平和向上(抬升)方向已经建立了双曲线表示。表8.7给出了变量 A 和 B 的计算式。

表8.7 水平和向上土弹簧双曲线函数参数

土弹簧	计算式	A	B
水平①	$p = y/(A+By)$	$0.15(Y_u/P_u)$	$0.85(1/P_u)$
水平②	$p = y/(A+By)$	$0.17(Y_u/P_u)$	$0.83(1/P_u)$
向上(抬升)③	$q = y/(A+By)$	$0.07(Y_u/Q_u)$	$0.93(1/Q_u)$

① Audiber 和 Nyman(1977);
② Trautmann 和 O'Rourke(1985);
③ Trautmann,O'Rourke 和 Kulhawy(1985)。

Ng(1996)认为,Audibert 和 Nyman(1977)的水平土壤抗力参数也适用于挤压(向下)的土壤抗力。

当对土壤抗力—位移数据进行无量纲化处理时,双线性表达式的斜直线部分应按 Thomas(1978)建议的通过 $(p/P_u)=0.7$ 的点,相当于 $(p/P_u)=1.0$ 时 $(y/Y_u)=0.4$。

8.5 加载速率对土壤强度的影响

第8.2节讨论了管土相互作用的速率。土壤加载速率将决定土壤是排水的还是不排水的。还有另外一个重要的速率效应需要考虑,即土壤不排水强度。包括土壤在内的许多材料的强度取决于加载过程中施加的应变率,这一点已经得到充分证明。在其他条件相同的情况下,高应变率下进行试验的试样强度比在低应变率下进行试验时试样高(详见6.7节)。

第7章中介绍的计算式是从地基的岩土工程设计类推出来的。例如,向下的土壤抗力是从条形基石的承载能力类推出来的。在考虑地基最大承载力的计算方法时,岩土工程师可以假设不排水土壤抗力大小受加载速率影响,并且会在建筑物建造的几周或几个月内随地基载荷的变化而发展变化。与建筑基础施工的加载速率相比,某些管土相互作用时的加载速率可很多数值模型分析了管土相互作用速率对水平土壤抗力的影响。Altaee 和 Fellenius（1996）研究了放置在 2.0m 宽、1.8m 深的管沟中，覆土 0.9m 直径为 914mm 的管道。图 8.5 给出了建模结果。可以看出，当管线发生水平位移时，土壤经受的最大水平抗力变化显著，且随水平位移速度的变化而变化。将图 8.5 的数据在半对数坐标系中重新绘制，结果如图 8.6 所示。和图 6.26 一样，数据在半对数坐标中近似呈线性关系。对于所有的土壤来说都没有唯一的关系，图 8.5 只适用于所研究的土壤。

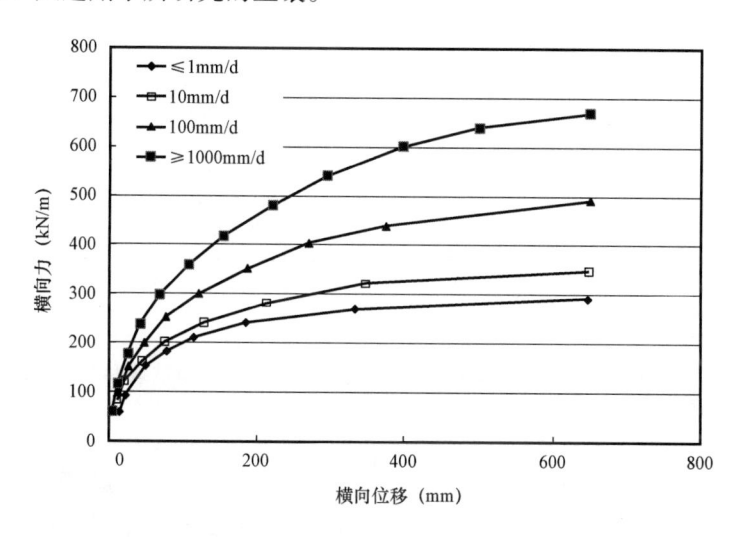

图 8.5 位移速率对侧向力与侧向位移关系的影响（914mm 管径，覆土 0.9m）（Altaee 和 Fellenius，1996）

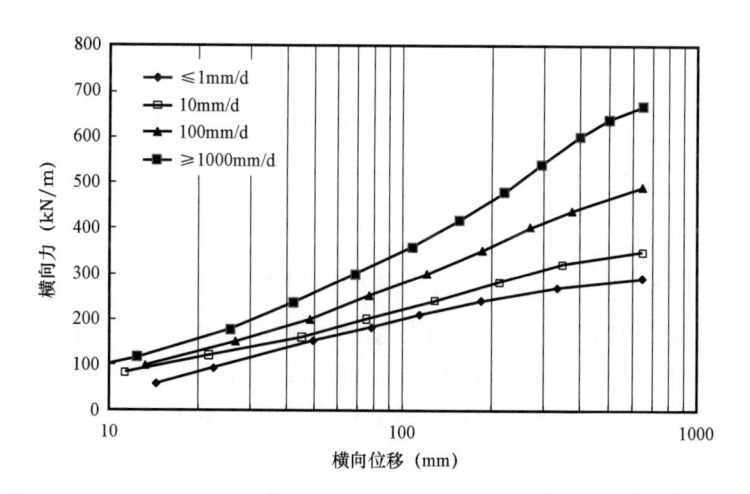

图 8.6 用半对数刻度重新绘制的图 8.5 的数据呈准线性行为

另一个问题是，如果管道施加在土壤上的水平力与速度有关，土壤刚度是否也速度有关？为了解决这个问题，根据 Audibert 和 Nyman（1977）的双曲线函数参数来计算 p_{max} 和 Y_{pmax} 的估计值，对图 8.5 中的数据进行了无量纲化处理，然后用双线性函数拟合数据，得到图 8.7 所示的曲线。在代表水平土壤抗力—位移行为的双线性曲线上，对应于塑性变形开始时的屈服位移为 0.4(y/Y_{max})。然后可以确定每个加载速率下的屈服位移以及土壤极限抗力。用这些数值计算出水平土壤刚度(双线性曲线屈服前斜直线部分的斜率)。图 8.8 给出了刚度值与加载速率函数关系。可以看出,水平刚度也是加载速度的函数。这些结果与上文对桩基的分析是一致的,即黏土的抗力和刚度是加载速度的直接函数(Audibert 和 Dover,1982)。

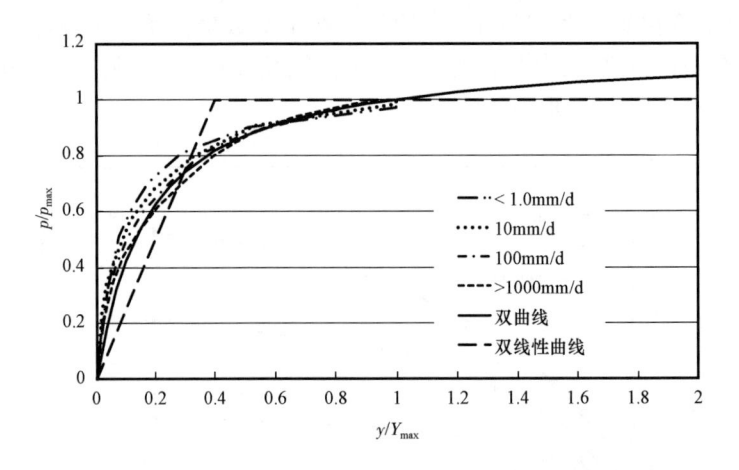

图 8.7 对图 8.6 的数据用 p_{max} 和 Y_{max} 进行无量纲化后显示的双曲线和双线性函数特性

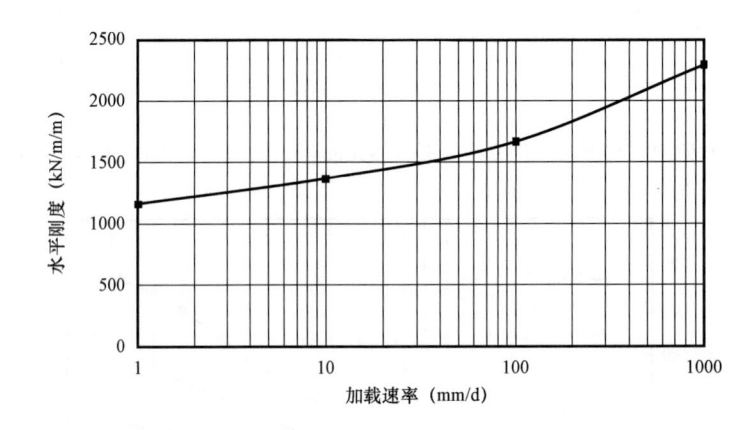

图 8.8 从图 8.5 反算得到的水平刚度和加载速率的关系

至此可知,第 7 章中用于管土相互作用模型的土壤抗力计算式很可能会低估某些管道受载情况下的土壤极限抗力。为了用于管道应力分析,应根据所考虑的问题重新审视加载速度。ASCE(1984)指出,当研究土壤刚度来分析诸如地震等快速的管土相互作用时,不排水强度(c_u)应增加 15% ~ 30%。为了进一步考虑这一点,ASTM D2166 给出了确定细粒土无侧限抗压强度(和不排水强度)的标准程序。推荐应变速率为 0.5 ~ 2%/min,对于 150mm 的典型样品,这相当于 0.75 ~ 4.3mm/min 或 1 ~ 4.3m/d 的位移速率。看表 4.2 所列出的滑坡速率,可以看出这些位移速率相当于中等的滑坡速率。因此,正如 ASCE(1984)对于比不排水强度试验加载更快的地震载荷所推荐的那样,其他快速管土相互作用事件也应考虑提高不排水强度。类似的对于较慢的管土相互作用事件,可以降低不排水强度,因为缓慢的土壤响应可能导致土壤排水。

如图 6.27 所示,应变(或位移)速率效应对排水土强度(摩擦角)的影响要小得多。ASCE(1984)认为,不需要因为加载速率效应而调整排水强度。

8.24 节给出了三个历史案例来说明土壤加载速率的影响。与图 8.5 比较,在这三个历史案例中管道的最大位移速率都为 60mm/d。表 4.2 对滑坡速率进行了分类,表中的中速滑坡速率约 500mm/d 到超过 4000mm/d。除了山体滑坡和类似的地表运动外,大多数土壤对管道的加载速率远低于 100mm/d,但仍比建筑工程中的土壤加载速率快得多。

8.6　地下水在估算土壤强度方面的作用

大多数管道工程都缺少地下水的数据,最多有一些零星的间断的数据。而且即使有这些数据,其中的信息也非常少,不足以了解季节性的变化。岩土工程报告通常只会包含定性的说明,例如"地下水位数据仅适用于所测量的时间和所测的位置,且该数据会呈季节性变化。地下水位可能因积雪融化或降水而上升,与水位最低的季节相比可能会有 2m 或更多变化"。这些岩土工程报告是正确的,并且适用于许多岩土工程和基础工程问题。但管土相互作用研究需要更全面地了解地下水的影响。在许多情况下,岩土工程师会建议假定地下水位就在地表。这种假设被认为对于管道应力分析是保守的,因为它会降低土壤强度,从而降低土壤抗力和土壤刚度值。但这个假设至少存在两个问题:

首先,上述假设对所分析的问题可能并不保守,特别是对于使用硬的土弹簧才能得到保守结果的情况。一个明显的例子就是前面 8.2 节所讨论的与管道平行的斜坡稳定性问题。当轴向土弹簧刚度很大时,管道中的应力和应变会更高。而假设地下水位高,将导致轴向土弹簧刚度降低。相反,对于管道侧弯问题分析,水位高而导致的轴向土弹簧刚度降低可能是保守的也可能是不保守的,这取决于管道的几何形态(如侧向载荷是增加弯曲曲率半径还是减小弯曲的曲率半径)。

其次,假设地下水位高可能会导致不切实际的设计,例如在分析上浮屈曲的情况下就有可能出现。上浮屈曲是一种由于管道受热应力作用(经常与管道路由上的较高地势共同作用)导致的管道抬出地面的现象。这种向上运动受到的唯一自然约束是回填土壤的抗力。如果假定地下水位与地面处于同一水平,则重力引起的土壤约束就会被减小。而且,还应该考虑地形上的高点(或管道过度弯曲)和高地下水位是否能同时存在。除非在高地形的坡下,地下水在斜坡上形成池塘。这种情况比较少见。

管线应力分析应根据所经路线的土壤和地形情况仔细考察地下水高度。假设地下水完全处于高位可能导致建模所得出的结果不保守,当然这也与分析的具体管土相互作用问题有关。

在讨论第 7 章中各土壤抗力计算式时,地下水深度体现在那些使用有效容重的计算项中。涉及有效容重的土壤抗力计算式也包括土壤摩擦角。因此,使用有效土壤强度来计算土壤抗力时必须考虑地下水条件。相反,当使用不排水强度计算土壤抗力时,土壤的摩擦角为零,使得这些项也等于零。因此,当使用不排水强度计算的土壤极限抗力与地下水条件无关。

8.7　非饱和土对管土相互作用的影响

第 6 章(土壤强度测试与解释)和第 7 章(土壤抗力、屈服位移和管土相互作用)在论述中采用了一个隐含的假设:即管道周围的土壤完全饱和(即土壤颗粒间全部充满了水)。实际上,该假设通常用于大部分传统(或常规)土壤力学和基础工程理论分析。之所以做这种假设是为了使工程问题得以简化(处理问题时只需要考虑固液两相而不是固液气三相),并且其结果通常是保守的。

管道通常埋设在地表以下 1m 左右。对于世界上大多数地区和大多数土壤条件来说,除了沼泽土、泥炭土和永冻土地区外,上层土壤全年或部分时间都位于地下水位之上。因此,管道周边的土壤通常是非饱和的,或者更准确地称为"非饱和"。因此,应当考虑非饱和度可能对管土相互作用产生的影响。

传统的饱和土有效土壤强度(τ_f)由式(6.4)表示,如下:

$$\tau_f = C' + \sigma' \tan\phi'$$
$$\sigma' = \sigma_T - u \tag{8.1}$$

式中　σ_T——总应力;

　　　u——孔隙水压力。

在非饱和土壤中,可对有效土壤强度关系进行修改,以考虑在水和土壤颗粒之间充满空气的孔隙内产生的所谓基质吸力,修改后通常被表示为(Fredlund 等,1978):

$$\tau_f = C' + \sigma' \tan\phi' + \sigma_b + \tan\phi_b$$
$$\sigma_b = \mu_a - \mu_w \tag{8.2}$$

式中　σ_b——基质吸力;

　　　μ_a——孔隙气压力;

　　　μ_w——孔隙水压力,与式 8.1 中"u"含义相同;

　　　ϕ_b——非饱和时的摩擦角,是基质吸力的函数。

式(8.2)中附加项增加了抗剪强度,该强度与基质吸力($\mu_a - \mu_w$)的增加成比例。随着土壤中饱和度(和含水量)的减少,基质吸力增大。图 8.9 从概念上说明了饱和度对基质吸力的影响。在完全饱和时,基质吸力为 0。在饱和度和含水量较低但不为 0 时,基质吸力将非常高并且难以测量。

图 8.10 定性地给出了抗剪强度取决于土壤类型的特性。该图表明,对于细粒土壤,随着饱和度的降低,抗剪强度线性增加,但对于更大一些的粗粒土壤,如砂土,在某一"最佳"饱和度水平抗剪强度达到峰值,然后随着饱和度进一步降低,抗剪强度也降低。对于粗粒土壤,完全饱和土壤(100%饱和度)和完全干燥土壤(0%饱和度)的抗剪强度是相同的。

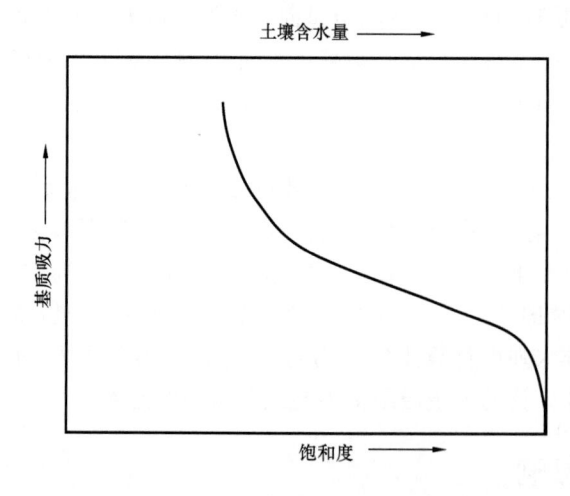

图 8.9　土壤饱和度/含水量与基质吸力关系示意图

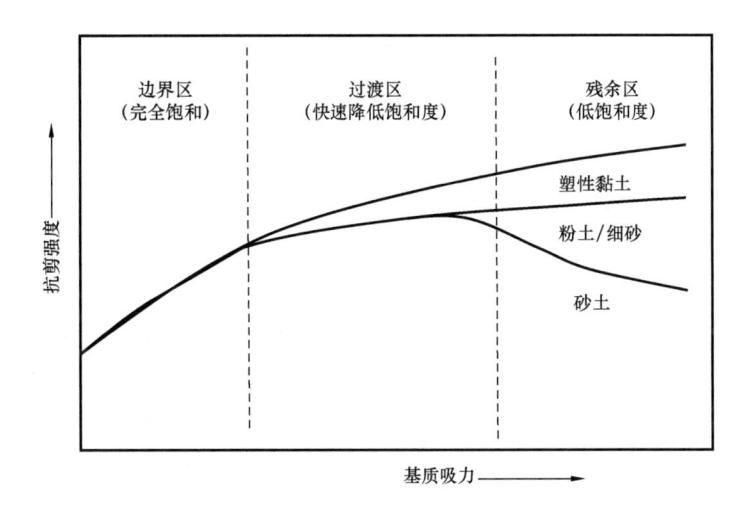

图 8.10　基质吸力对不同类型土壤抗剪强度的影响

基质吸力的存在对抗剪强度具有显著的效应。Gurpersaud，Vanapalli 和 Sivathayalan（2011）对埋在非饱和压实砂土中的小直径土钉进行了拉拔试验。从管土相互作用的角度来看，土钉的拉拔试验与埋地管道轴向抗力类似，只不过规模要小很多。图 8.11 给出了不同基质吸力和倾斜角度下对土钉进行多次拉拔试验的结果。

如图 8.11 所示，基质吸力从零增加到约 5.3kPa，拉出土钉所受抗力增加了 1.7 倍，然后随着基质吸力的增加而下降。抗力的下降与图 8.10 一致，表明当土壤饱和度非常低时，砂土的抗剪强度也不断降低。

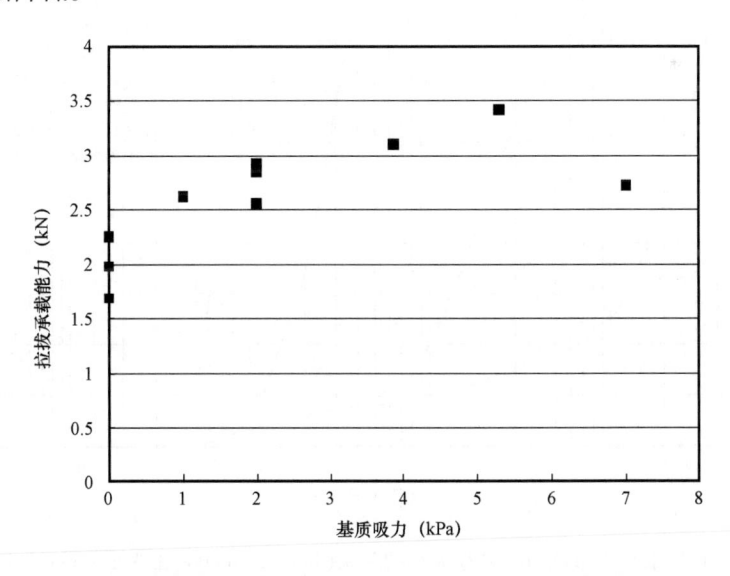

图 8.11　土钉拉拔承载能力试验结果[Gurpersaud，Vanapalli 和 Sivathayalan（2011）]

为在管道中应用，Al-Khazaali 和 Vanapalli（2017）在低饱和条件下对直径 114mm 的钢管进行轴向拉拔试验。在这些测试中观察到，与饱和条件相比，峰值拉拔抗力增加了约两倍。

O'Rourke(2005)比较了干砂和湿砂中管道的侧向(水平)土壤抗力。干砂结果与Trautmann和O'Rourke(1983)的图7.10A中的结果相似。潮湿的砂子是非饱和的。图8.12为湿砂与干砂结果对比。可以看出,非饱和的潮湿砂土的无量纲化后的侧向土壤抗力几乎是干砂的两倍。显然,非饱和土壤与干土或完全饱和土壤相比,土壤强度和抗力显著增加。非饱和细粒的土壤强度和抗力会更高。目前,关于土壤类型(粒度)与水平土壤抗力的函数关系已经做了不少研究。如图8.13所示,Jung,O'Rourke和Argyrou(2016)的研究表明,细粒土具有较高的水平土壤抗力。随着土壤变细,土壤非饱和这一性质的作用变大,相应的侧向土壤抗力增加。其他管土方向上的抗力(轴向、向下和向上/抬升)也具有相似的变化规律。

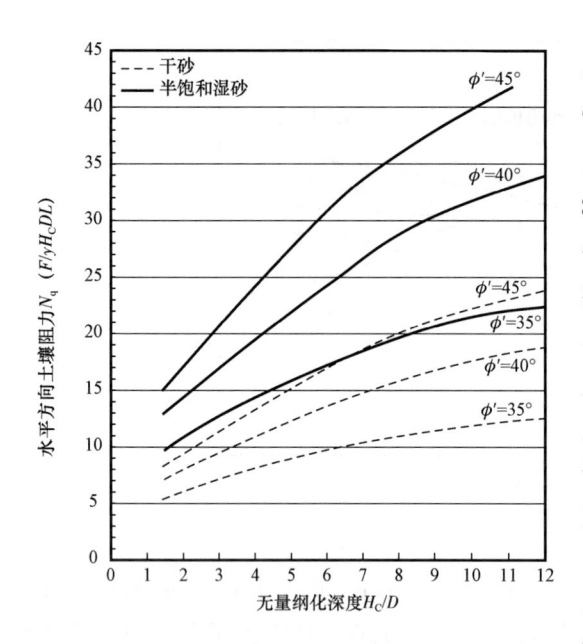

图8.12 干砂与半饱和湿砂水平方向土壤抗力对比(O'Rourke,2005)

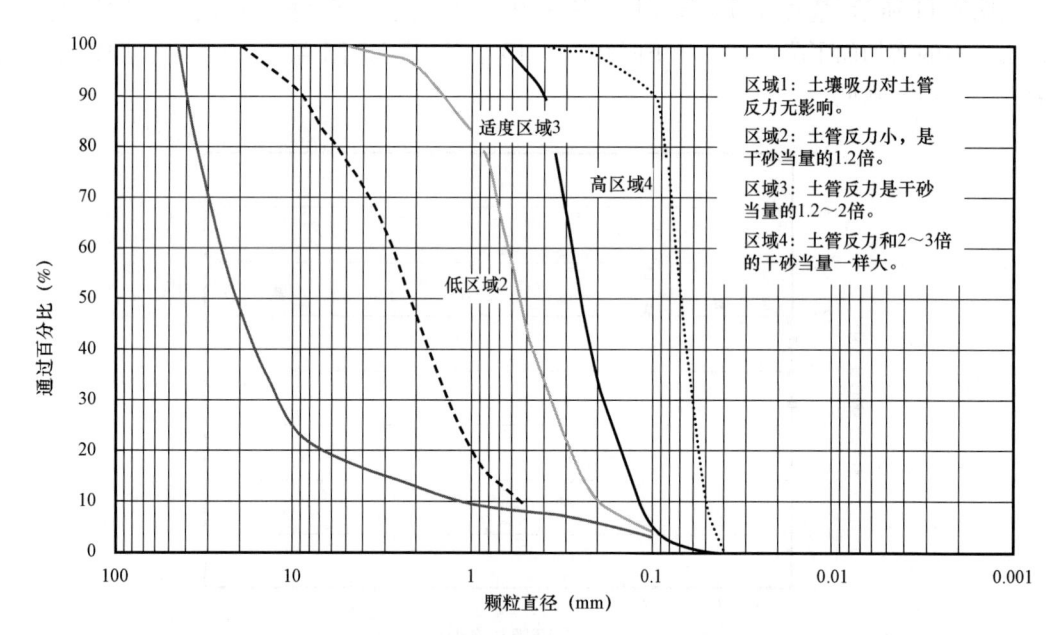

图8.13 水平土壤抗力与粒径大小的关系(Jung,O'rourke和Argy-rou,2016)

量化非饱和度在管土相互作用中对土壤抗力的影响不是特别困难。但需要仔细考虑诱发土壤抗力增加的时间和地点。对于全年一直处于干旱状态区域的土壤而言,使用非饱和土力学可能是合理的。如果是为了在非干旱地区运行条件下进行设计或设计验证,对于许多问题而言假设土壤完全饱和可能是保守的。对于例如司法鉴定或特定管道问题的修复这样的特殊问题,可以考虑根据非饱和土壤(如果存在的话)确定土壤抗力和刚度。

8.8 融沉

在永冻土地形中,尤其是处于管道底部埋深的深度上,冻土通常含有较厚的冰晶。当管廊地表受扰动或者热输管道导致管道下方富冰土壤融化,就产生了融沉,融化的土壤在上覆盖土层重力的作用下沉降。沉降量受多个因素影响,包括土壤类型、含冰量、管道和地面年平均温度以及其他次要因素。一条热输管道在25年的运行过程中诱发的融化圈达到管道下方10m或更深是很常见的。根据含冰量的不同,这种融化圈可能会在非常短的范围内产生1~2m甚至更大的融沉量。

融沉与管道应变相关,但我们并不关心是不是有大段管道发生融沉,我们关心的是在融沉区和相邻的非融沉区之间的边缘或界面。如果,在长输管道中间发生均匀的融沉,不会引起管道应变,所有的管道应变都发生在交界面上。图8.14解释了这个问题。最大的管道应变很可能发生在单个临界跨度内的管道上,或位于两个紧密相邻的沉降区之间的非沉降区的管道弯曲处。临界跨度是管道直径、壁厚、钢级、土壤刚度和一些较次要因素的函数。

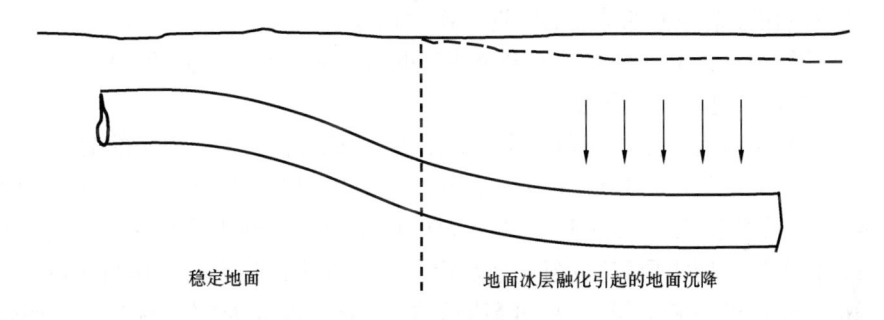

图8.14 稳定和沉降分界处管道融沉示意图

在对管道进行建模时,通常假定稳定区和沉降区界面是垂直的,管道像桥梁一样穿越这两个热条件发生突变的区域。现实情况往往就是这样,特别是稳定区不会冻结的情况下。

尽管融沉会在数年的长时间不断加大,但管土建模通常不考虑时间效应。建模时将估算的总融沉量在某一特定时间加在模型上,并且可以逐渐施加位移载荷。Hanna、Saunders、Lem和Carlson(1983)以及Oswell(2011)对永冻土地区热管道融沉问题提供了更多的见解。

8.9 冻胀

当冷管道穿过未冻结的地形时,就可能发生管道冻胀现象。在管道周围会形成一个冻结圈,这导致了冰层的形成并会向上抬升管道。形成冻胀必要的因素是低温、易结冰的土壤和地下水源。如果缺少这些因素中的任何一个,那么冻胀就不会发生。图8.15为冻胀问题的示意图。曾经观测到数年时间的冻胀量达0.5m。

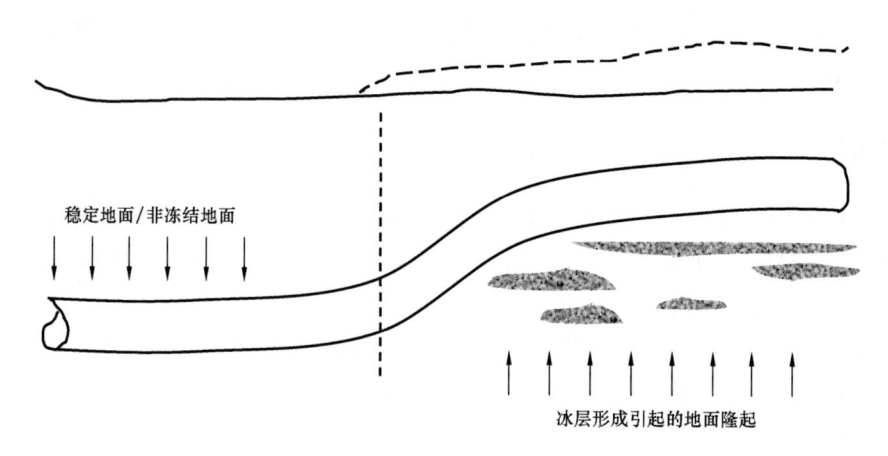

图 8.15　位于稳定和冻胀区之间的管道冻胀示意图

与融沉一样,对管道应变而言我们主要关心的是冻胀土壤和相邻的非冻胀土之间发生的管道应变。非冻胀土可能是由于它是永冻土(并且已经冻结),或者容易成为永冻土的未冻结土壤,例如非饱和的砂土或砾石。另外,与融沉问题类似,同样存在一个使得管道应变最大的冻胀临界跨度长度。临界跨度长度取决于管道性能和土壤刚度。当冻胀区长度为临界跨度时,最大应变发生在冻结—未冻结界面附近管道的顶部。

冻胀引起的管道上浮问题一直是许多企业赞助研究的课题。研究的目标是了解管土的运动动力学,以便选取合适的土壤刚度。

冻胀与其他管土相互作用的问题不同。如图 7.4 所示,在大多数冻胀的案例下,土壤的抗力—位移曲线不是双线性的。相反,抗力—位移特性可以用多段线性表示,并且在载荷达到峰值后会显著降低(应变软化),如图 8.16 所示为理想化的多线性土壤响应。有两个与抬升抗力—位移特性相关的问题需要解决:第一个是管道由于冻胀而抬升时土壤抗力峰值和产生该土壤抗力峰值时相应的位移。第二个是峰值后抗力,通常被称为"剩余抗力"。Nixon 和 Oswell(2010)根据断裂力学及管道抬升力超过管道中心线埋深的土壤抗拉强度这一认知,给出了第一个问题关于峰值抗力的解决方案。Nixon 和 Oswell(2010)还提出了双悬臂梁类比的方法研究剩余抗力。图 8.17 描述了双悬臂抬升问题。在这个模型中,管道上方的土壤相当于悬臂梁,其弯曲强度是土壤类型、土壤温度、厚度、水平裂缝宽度、位移速率和蠕变特性的函数。图 8.18 给出了针对埋深为 1.5m、以 0.3m/a 的速度抬升的管道的研究结果。在该图中,残余抬升抗力被认为是水平裂缝宽度的函数。土壤作为悬臂梁的抗弯抗力逐渐减小,而由土壤悬臂梁的重量引起的抗力则线性增加。净抗力在某个裂缝宽度达到最小值,然后随着裂缝宽度的增加而增加。

对于管道抬升和土壤强度,Nixon 和 Oswell(2010)得出了以下结论:

(1)峰值抗力与管道直径直接相关,与管道中心深度关系较小。

(2)通过选择合适的土壤失效时的抗拉强度关系,那么土壤抬升抗力峰值就只与管道位移速率有关。

(3)峰后残余抬升抗力与峰值抬升抗力基本无关。

(4)峰后残余抬升抗力与埋深的关系较大,而与管道位移速率和土壤温度的关系较小。

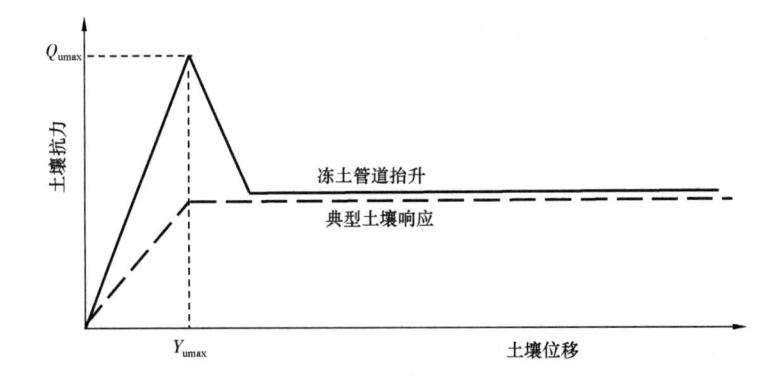

图 8.16 典型土壤载荷—位移响应与管道抬升冻土的载荷位移曲线的比较

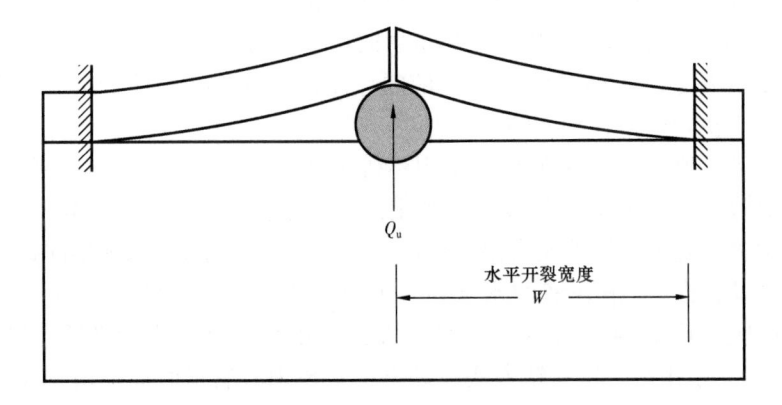

图 8.17 理想化的峰后残余抬升抗力模型(Nixon 和 Oswell,2010)

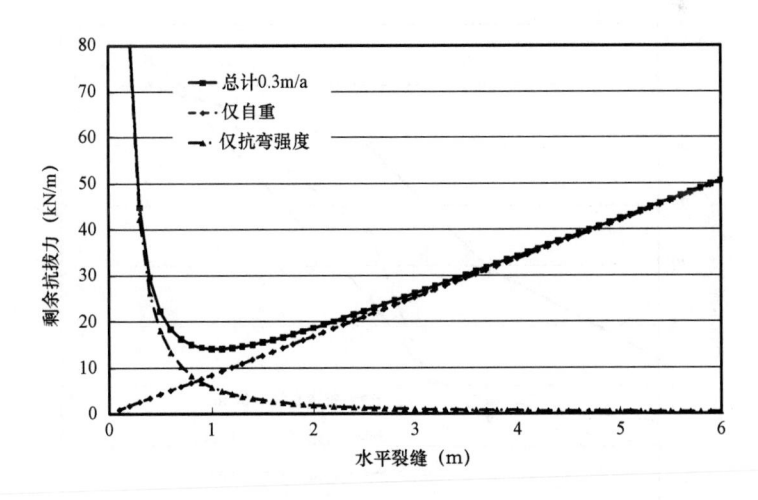

图 8.18 全尺寸管道($D=1.2\text{m}$)的峰后剩余抬升抗力分量与水平裂缝宽度的关系
[向上位移速度为 0.3m/a(Nixon 和 Oswell,2010)]

8.10 水平定向钻穿越管道周围的土壤特性

本节讨论关于使用水平定向钻(HDD)安装管道时的管土相互作用。包括钻井液对轴向土壤抗力(T_u)的长期影响和土拱对垂直向上土壤抗力(Q_u)的影响。

在典型的水平定向钻管道安装过程中,钻孔可以比管道的直径大1.5倍多。管道与井壁之间的环空处填满钻井液,这种泥浆状物质通常是由膨润土、水和化学物质构成。钻井液具有一定的触变性,这意味着其性能类似于高灵敏度或"快"黏土(见表6.11和图6.31的讨论)。在扰动状态下,钻井液的抗剪强度很低,但在一段时间内保持不扰动状态时,钻井液的抗剪强度可能较大。当管道最终就位和钻井液循环系统关闭时,因为黏土片晶之间会形成化学键,多余的水分迁移并且从钻井液中排出(也许水只是排到了水平定向钻孔的底部),钻井液慢慢产生强度。在管道安装时,轴向土壤抗力和刚度很低。随着时间的推移和土壤抗剪强度的增加,轴向抗力和土壤刚度也会增加,而轴向土壤抗力的增加将约束管道在投产时的热膨胀。

有两个界面需要考虑,一是管道与钻井液的界面,二是钻井液与原土/岩石的界面。两个界面中较弱的一个决定管道移动的轴向抗力。

膨润黏土的残余摩擦角大约在5°。采用不排水强度,第6.12节从液性指数的角度讨论了黏土的重塑强度。含水量接近其液限的黏土的不排水强度低于2kPa(Wood,1990)。关于钻井液强度随时间变化的研究非常有限。然而,可以合理地假定,当水平定向钻通过矿质土壤钻进时,随着时间的推移,钻井液的水含量将趋向于与周围土壤达成平衡。Ariaratnam 和 Beljun(2005)观察到了这种特性。由于天然土壤的吸附,钻井液含水量降低,不排水抗剪强度增加。图8.19给出了用水平定向钻方法在黏土中安装3PE管道时周围钻井液的不排水抗剪强度数据。数据显示,钻井液不排水强度随着时间的推移而迅速增加。这与管道直径无关(较大

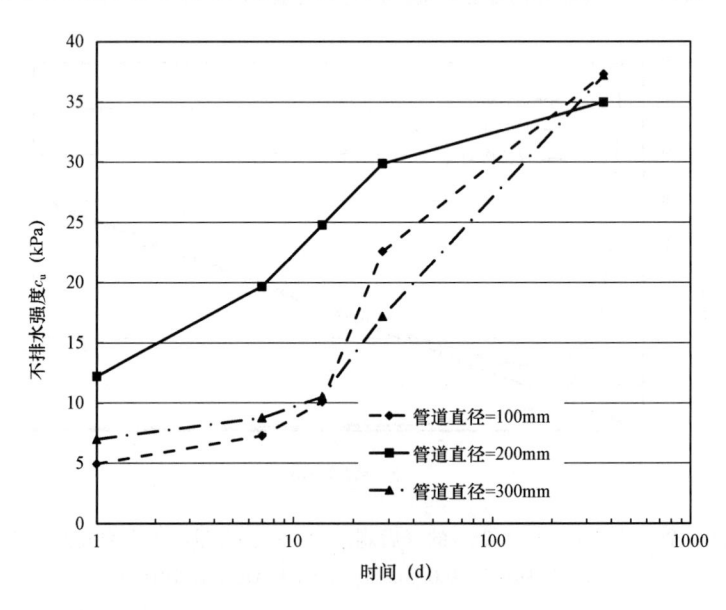

图8.19 水平定向钻钻井液不排水强度随时间变化图(Ariaratnam 和 Beljan,2005)

的管道直径越大,水平定向钻环形空间越大,因此钻井液的体积较大),因此强度上的差异很可能是随机的结果。当基岩中用水平定向钻进行管道安装时,天然基岩对水的吸附量可能较低,但由于许多膨润土钻井液存在触变性质,长期看强度可能还是会有一定增加。

表 8.8 列出了在没有材料特定数据的情况下,管道安装后初期至中期期间钻井液的建议强度特性。长期的强度会更高。

表 8.8 中短期钻井液的建议强度参数

排水/有效	不排水
$\phi' = 5°, c' = 0\text{kPa}$	$c_u = 5\text{kPa}$

另一个问题是拱形土壤结构作用对管道垂直应力的影响。对拱形土壤概念的研究已有一个多世纪,并且这一概念在许多土木工程中已得到广泛应用,尤其是隧道工程。当在刚性材料中形成空腔时,空腔的顶部将会存在向空腔位移的趋势。这种"下垂"趋势将沿着空腔上方的虚拟垂直平面形成剪切力。图 8.20 是该概念的示意图。这样,一些垂直应力被转移到邻近的土壤上,从而减少了空腔顶部的垂直应力。Bierbaumer(1913)针对为腔体顶部应力的减少找到了一种计算方法。圆形空腔的适用公式为:

$$\sigma_v^* = \alpha_1 H \gamma \tag{8.3}$$

$$\alpha_1 = \begin{cases} 1 - \dfrac{\tan\phi' \tan^2\left(45 - \dfrac{\phi'}{2}\right) H}{B + 2B\tan\left(45 - \dfrac{\phi'}{2}\right)} & \dfrac{H}{B} < 5 \\ \tan^4\left(45 - \dfrac{\phi'}{2}\right) & \dfrac{H}{B} > 5 \end{cases} \tag{8.4}$$

式中 σ_v^*——空腔顶部的垂直压力;
α_1——折减系数;
H——空腔上方的岩土厚度;
B——空腔(HDD 钻孔)直径;
γ——上覆岩土的容重;
ϕ'——上覆岩土的摩擦角。

在深度较小的地方,α_1 计算式中的分子接近于零,所以 $\alpha_1 = 1$ 并且当深度满足 $H > 5B$ 时,折减因子最大为 $\alpha_1 = \tan^4\left(45 - \dfrac{\phi'}{2}\right)$。

另一种方法是所谓的"土壤沟槽法",市政公用事业公司经常使用这种方法在深填土中安装公共设施管道。Sladen 和 Oswell(1988)对理论进行了回顾并介绍了相关的案例。ASTM F1962 也是遵循的这种方法,应用于聚乙烯管道或导管的水平定向钻安装(ASTM,2005)。土拱效应带来的垂直载荷下降值为:

$$\frac{\sigma_v^*}{B\gamma} = \frac{1}{2K_\alpha \tan\phi'}\left[1 - \frac{1}{e^{2K_\alpha \tan\phi'\left(\frac{H}{B}\right)}}\right] \tag{8.5}$$

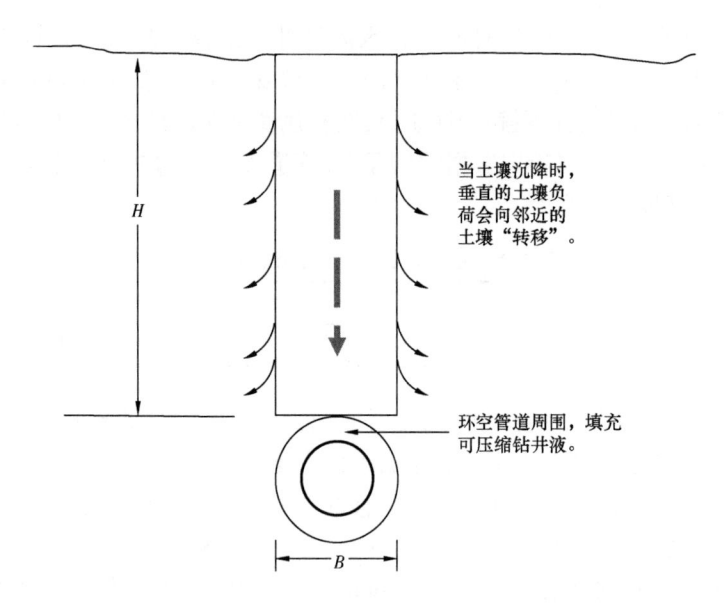

图8.20 管道由可压缩材料围裹从而允许上覆土壤沉降时土拱效应示意图

式中 K_α——主动土壤压力系数,约为$(1-\sin\phi')/(1+\sin\phi')$。

图8.21比较了一系列H/B不同比值下式(8.3)、式(8.4)、式(8.5)的计算结果。与Bierbaumer理论相比,土壤沟槽法[式(8.5)]拱形效应随深度变化得更快,但当H/B比值较大时,两个公式的计算结果趋同。

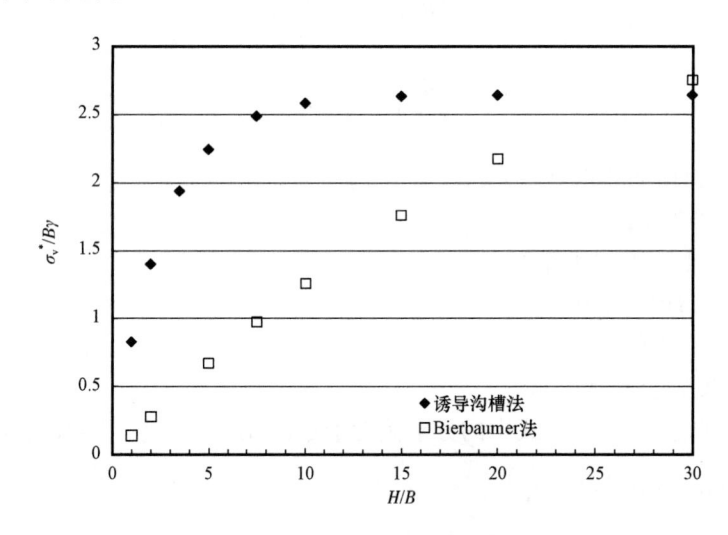

图8.21 诱导沟槽法和Bierbaumer法的垂直应力减小值比较($\phi'=25°$)

这些方法的价值在于它揭示了在计算土壤极限抗力时(特别是在摩擦土壤中)不应该使用全上覆土压力。使用全上覆土压力过于保守。相反,第7章中土壤抗力公式应该使用垂直土压的折减值。Kwaaitaal(2012)认为,拱形效应只对粒状土长期有效,对其他土壤只有短期效应。然而,诱导沟槽理论适用于摩擦土壤,而未考虑其矿物质特性或类型如何。如果管道上方的土壤棱柱向下往水平定向钻环空中移动时,只要相邻的土壤保持垂直稳定,就会发生土拱效应并会持续起作用。

对于所谓的顶管的情形,其中承载管道与钻孔直径几乎相同,如果在管道周围土体是软的和可压缩的,此时垂直应力的折减理论是否还适用就值得怀疑了。

8.11 多土壤刚度的使用

由图 7.2 和图 7.3 对比可知,理想化的土壤刚度响应可能低估管土相互作用初期土壤的刚度,这是因为将典型的载荷—位移曲线简化成双线性弹性—完全塑性造成的。然而,许多管道应力模型允许使用具有多土壤刚度的土弹簧。图 8.22 就给出了一个使用多土壤刚度的案例,以更加精确地模拟实际载荷—位移曲线。土壤刚度 K_1 表示土壤对管道小幅位移的初始响应。土壤刚度 K_2 表示在较大位移时的土壤响应,超过 K_2 后,土壤表现为完全塑性材料。在 ALA(2005)中没有明确规定使用这种方法,但是一些研究者建议用这种方法分析土壤液化和地震位移相关的问题(例如,Audibert 和 Nyman,1977)。Thomas(1978)建议以 $Y_1 = 0.7 Y_{max}$ 的土壤位移定义初始刚度(K_1)。

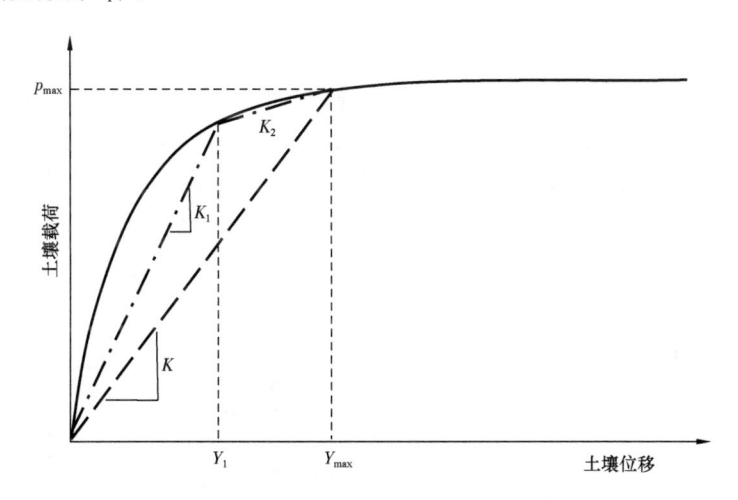

图 8.22 实际土壤与理想土壤特性比较

8.12 应变软化和载荷—位移行为

在此前讨论冻土管道抬升过程中的冻胀和峰后土壤强度行为时,我们就已经介绍了应变软化(见图 8.9)。这是应变软化的一种应用场景,但也可能存在其他适用的情形。应变软化有三个重要的考虑因素:

(1)应变软化只适用于随着应变增加剪切抗力减小的情况。

(2)应变软化不适用于载荷为"跟随力"的情况。例如,管道上方的回填土就是跟随力;如果管道由于任何原因发生沉降,回填土将跟随管道作用。

(3)应变软化通常只发生在土壤或管道位移远大于土壤屈服位移(Y_{max})的时候。因此,当管土相互作用只关心峰值抗力的时候,应变软化可能只有学术研究的意义,而没有什么实际工程应用价值。

考虑四个土弹簧(轴向、水平、向上和挤压)时,每个都可以评估其应变软化行为。

(1)轴向土弹簧:对轴向土壤抗力的主要贡献是内聚力和式(7.3)中给出的侧向土压力。虽然侧向土压力不太可能在管道位移的情况下减小,但内聚力可能从峰值下降到残余值,甚至接近于零。在持续应变的情况下,黏土颗粒会重新排布,从而表现为残余强度。擦痕面的黏土就是很好的例子(见第二章,图2.10)。因此,对于发生较大土壤位移的某些管土相互作用,可能适用采用残余内聚力。

(2)水平土弹簧:如图7.8所示,被动土体位于侧向移动的管道前方。水平土壤强度[式(7.8)]的内聚力可能会从其峰值下降到残余值,但反映被动土体重量的摩擦力将保持不变。一般来说,水平运动的幅度没有大到要考虑残余强度的程度,除非在土壤侧向扩展或引起管道在横坡面上发生非常大的土壤位移的山体滑坡等情况下。

(3)挤压:挤压(向下的)土壤抗力是从条形基石承载力公式得到的。此时,管道被向下推,在极端情况下,管道两侧的土壤会发生位移,导致承载能力失效。与水平方向一样,向下的土壤抗力有一个内聚分量[式(7.19)],可以降至残余值。从峰值降到残余值所必需的运动量可能比大多数管土问题中通常遇到的要大。因此挤压土壤抗力和弹簧的应变软化是不太可能的。

(4)向上(抬升):与管道向上位移有关的土壤抗力由与管道位移一起向上移动的土体控制。但是,如果该土体高于相邻地表,则土体内的某些土壤可能会向两侧脱落,从而使该土体的体积和重量减少。降低土壤的重量,也减少随着管道向上运动时产生的载荷。因此,在向上运动幅度较大的情况下,例如可能发生的上浮屈曲,向上的土壤抗力(应变软化)峰后下降是可能的。如8.9节所讨论的,当冻土开裂并在管道上方形成两根悬臂梁时,管道的冻胀抬升会出现应变软化行为。

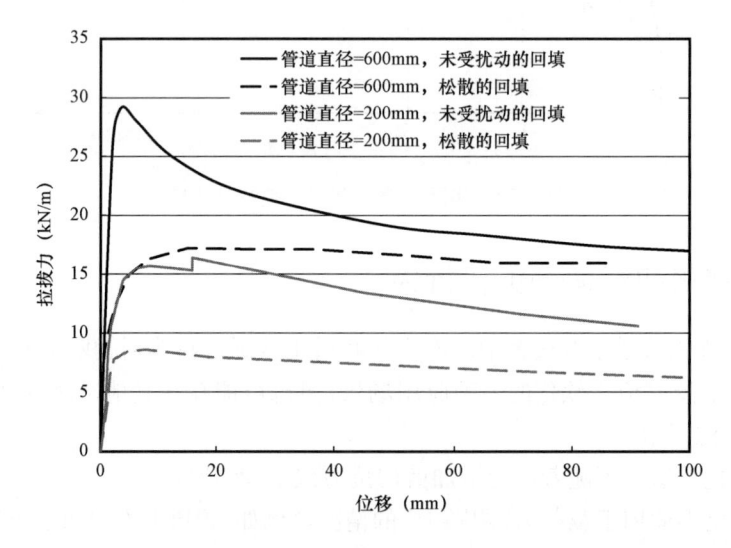

图8.23 不同管径和回填条件下黏土中管道拉拔力与位移之间的关系
(Scarpelli 等,2003)

8.13 管沟宽度对水平土壤抗力的影响

假设在岩石中挖了一条管沟,管沟很宽,而且回填的是很软的低强度材料,那么决定管道侧向运动的将是回填材料的特性而不是岩石。相反,如果管沟的宽度与管径相同,岩石的特性将控制管道的侧向位移。那么接下来的问题就是:(1)管沟宽度与管道侧向运动的关系是怎样的;(2)何时使用回填土或者未受扰动土壤的特性去估算最大水平土壤抗力? 与此相关的因素就是回填土和原土的相对强度。可以预见,如果回填土与天然土的强度一样,管沟的宽度就无关紧要了。

Ng(1994)使用有限元法做了大量的管土行为参数分析。图 8.24 给出了水平抗力系数与管沟相对宽度之间的比较结果。当天然未受扰动土壤强度与回填土壤强度的比值(R_c)增至 10 时,管沟宽度在管沟较窄(W/D 的值较低)时的作用明显。随着管沟宽度的增加,回填软土的影响减弱。PRCI(2003)也研究了管道与管沟壁的相互作用,他们研究了管道位移与管道直径的比值对侧向土壤抗力的影响。图 8.25 就是基于数值模拟来展示这种行为。

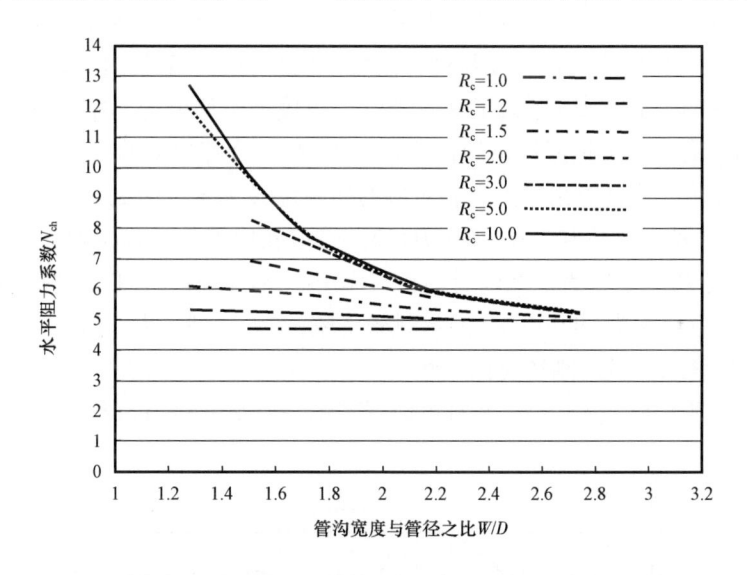

图 8.24 管沟宽度对水平抗力系数的影响(W/D 是管沟宽度与管径之比,R_c 是原土强度与回填土强度之比)(Ng,1994)

大部分管沟宽度与管道直径比(W/D)在约 1.7(大管径,NPS 48 或 1219mm)~3(小管径,NPS 12 或 305mm)之间。如图 8.25 所示,当侧向位移小于管径的 60% 时(例如 NPS12 或 305mm 管道侧向位移为 180mm),通常情况下管道与管沟壁无相互作用。Ng(1994)和 PRCI(2003)的研究所传递的主要信息是:管沟宽度与管径的比值较低时不能忽视管沟壁的作用。当管沟宽度与管径的比值大约高于 3 时,回填土的特性就会主导水平土壤抗力和刚度行为,而且原土特性不会影响水平土壤抗力和刚度。

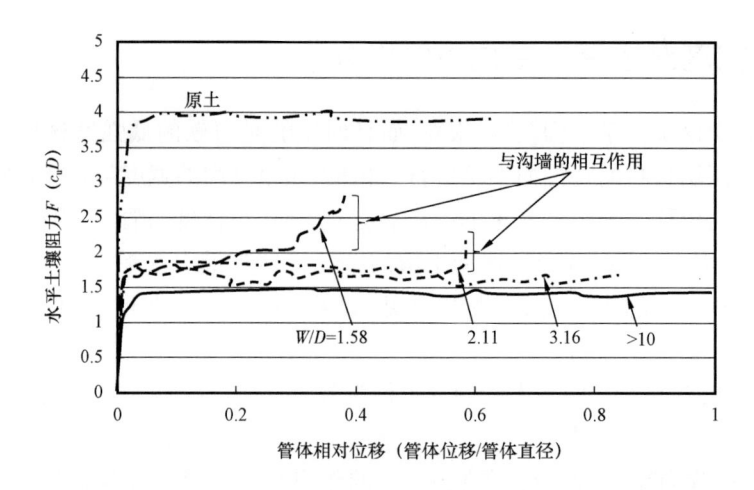

图 8.25 $R_c = 2.25$ 时管沟宽度与管径比对水平土壤抗力的影响(PRCI,2003)

需要根据管道位移的原因和大小来决定是用回填土或者原土的土壤强度来估算水平土壤抗力。Phillips,Nobahar 和 Zhou(2004)提出了一个针对黏性土的三线性响应来强调回填土与未受扰动土壤强度相比的不同的强度特性。土壤—位移响应一般如图 8.22 所示,为两种土壤刚度表达的一条曲线。图 8.26 延续了这一概念。土壤—位移响应的第一部分与较弱的回填材料强度有关,P_{u1} 的值是根据回填土的特性和公式(7.8)计算出来的。第二个拐点 P_{u2} 是根据原土土壤特性和式(7.8)计算出来的。相对应的屈服位移 $Y_1 = 0.04h$,其中计算 P_{u1} 和 P_{u2} 所用的参数分别为 $h = (H + D/2)$ 和 $Y_2 = (W - D)/2$。管道和回填土的初始相互作用中,土壤屈服位移仅为 $0.04h$,土壤刚度较大。在随后的相互作用中,管道开始与未受到扰动的管沟壁土壤发生作用,并在管道位移为 $(W - D)/2$ 时接触管沟壁,抗力达到最大。由于达到土壤极限抗力需要较大的位移,第二阶段的刚性要低一些。

将图 8.26 与图 7.13 比较一下,并且可以看到第一屈服位移(Y_1)与式(7.15)是相同的。

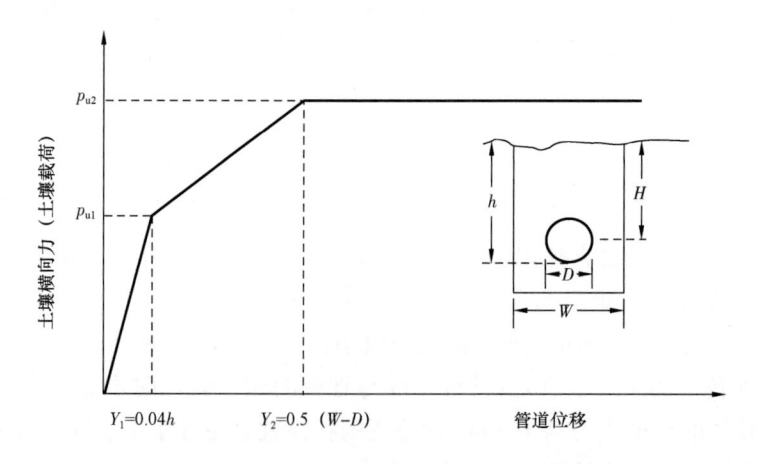

图 8.26 考虑回填土和原土特性时的土壤载荷—位移曲线(Phillips,Nobahar 和 Zhou,2004)

8.14 回填土时效对强度的影响

管沟回填土初期较软,夯实程度差,比周边未受扰动的土壤刚性低。可以想象,随着回填土的时效,它的强度和刚性会增加。不太确定的是这些变化所需要的时间长短。目前有限的研究表明,由于时效,细粒土和粗粒土均会在组织、强度和刚性方面发生变化。McAffee,Phillips 和 Martens(2014a,b)的侧板加载试验表明,水平土壤刚度随时间的增加而增加。图 8.27 给出了不同土壤组织和回填时效程度(包括从新回填土到天然未受扰动的土壤)侧板试验压力的数值。图 8.27 中,回填土龄约在 8 年左右。

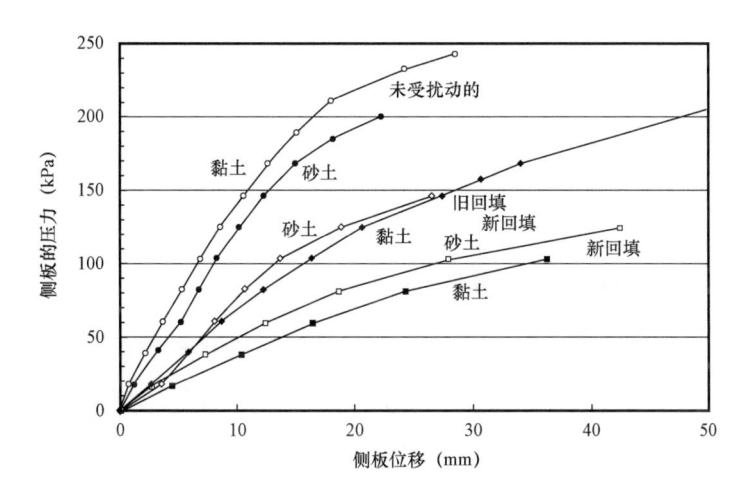

图 8.27 未受扰动、时效和新回填侧板加载试验数据
(回填时效时间约为 8 年)(McAffee,Phillips 和 Martens,2014a)

还有岩土文献证明,时间对各种岩土特性(标准贯入测试计数、剪切模量等)有积极影响。总的来说,这些研究表明各种土壤类型的物理特性随时间变化是不同的,并且取决于很多因素,包括化学变化、环境以及诸如机械压实作用等。例如,Troncoso 和 Garces(2000),通过测量一处尾矿矿渣井眼剪切波速度,估算了反映剪应力和剪应变之间关系的剪切弹性模量(是拉伸杨氏模量和泊松比的函数)随时间变化(或时效)而增加的情况。

McAffee,Phillips 和 Martens(2014a)测试了刚冻结的管道回填土,以评估其与时间和温度的关系。图 8.28 表明,冬季回填土即使只是经过短短的几天,也表现出较好的刚性。这种刚性很可能是暂时的,因为春季冰雪融化后会降低土壤的刚性,远低于冻结时的值。

Cheuk,Take,Bolton 和 Oliveira(2007)发现,块状回填黏土固结时间为一年时的抬升土壤抗力与固结时间为三个月的相比要高出 1.3 至 2 倍多。当然,抬升土壤抗力与抬升速率有关。

管道回填土强化并达到原土土壤条件的时间很难确定。为了管土应力分析,建议假设回填时间达到 15~20 年甚至更久的土壤才具有原土土壤的强度和刚度。这方面需做进一步研究。

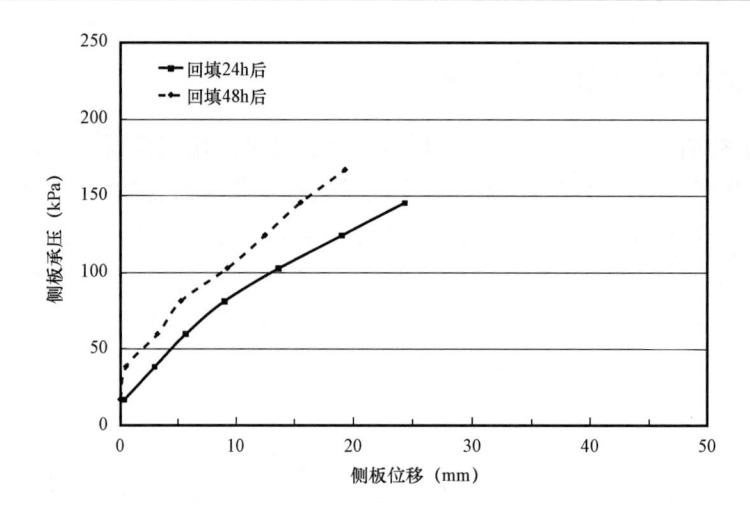

图 8.28　冻土回填 24h 和 48h 后测试的侧板承压测试数据
（McAffee,Phillips 和 Martens,2014a）

8.15　回填土强度对水平土壤刚度的影响

图 8.24 表明,当回填强度比(R_c)为 1.0 时,意味着回填土壤强度与天然土壤强度相同,此时管沟宽度对水平土壤抗力没有影响,这是理想状态。PRCI(2003)也给出了天然未受扰动土壤强度和回填土强度的比较数据。如图 8.29 所示,同一管道几何条件下,不同天然土壤强度与回填土壤强度比的变化趋势。其他几个条件下,总的趋势是相似的,但程度不同。例如,降低 H/D 和 W/D 的比值往往会增加无量纲化的水平抗力。图 8.29 给我们的启示是:给定回填强度与未受扰动强度比时,水平土壤抗力在大多数情况下与无量纲化管道位移无关,但对回填土强度与原土强度的实际值敏感。

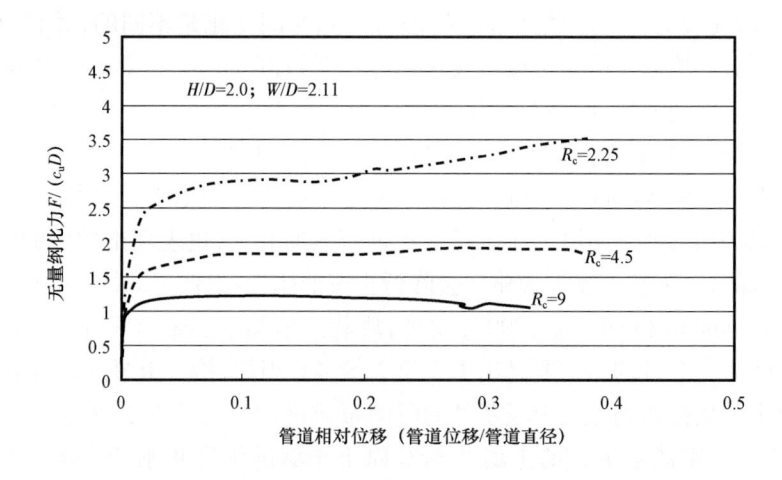

图 8.29　原土与回填土强度比对水平土壤抗力的影响(PRCI,2003)

从图 8.29 还给出关于回填时效的一些推论。回填初始阶段,未受扰动强度与回填强度的比值很高。随着时间的推移,回填下沉并变得更加密实,强度会增加,并且从长期来看,强度比会接近 1。随着强度的增加,水平土壤抗力和与其相关的刚度预计也会增加。

8.16 管沟壁坡度对水平土壤抗力的影响

PRCI(2003)研究了管沟壁坡度对作用于管道上的侧向土壤载荷的影响。图 8.30 给出的数据显示的是总体变化趋势。当管沟壁的坡度变小时,管道与管沟壁接触所需的水平位移增加。管道位移较小(约小于 $0.3D$)时,管沟壁坡度的影响较小。当管道相对位移约为 $0.3D$ 时,管道与垂直管沟壁开始发生相互作用。当管道相对位移约为 $0.6D$ 时,管道开始与倾斜的管沟侧壁发生相互作用。

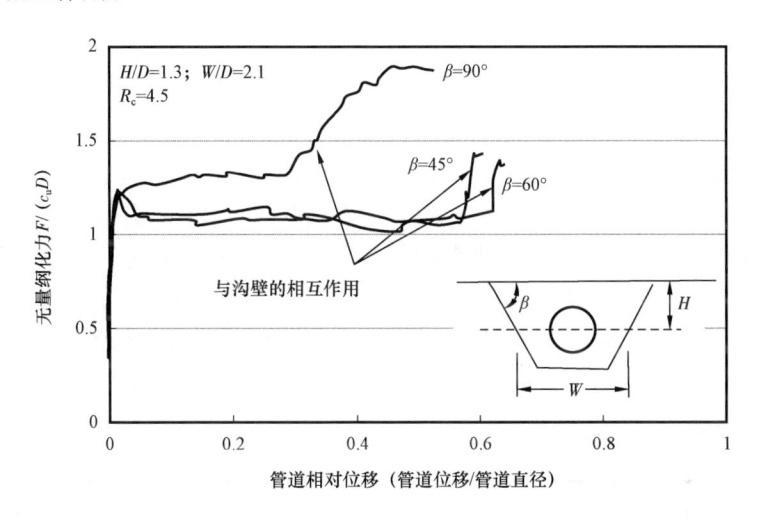

图 8.30 管沟壁坡度对侧向土壤抗力的影响(PRCI,2003)

Ng(1994)也研究了管沟壁坡度的影响,他研究的是回填土强度比(R_c)对水平承载系数(N_{ch})的影响,图 8.31 给出了这些数据。当回填强度与未受扰动土壤强度相同时,水平承载系数对管沟壁坡度不敏感。当强度比增加时,即回填土壤相对于未受扰动土壤变得更弱时,对任何给定管沟壁坡度,水平承载系数都会增加。

8.17 回填土温度对温差的影响

ΔT 是管道的工作温度与其在回填时被完全约束时的温度之间的差。ΔT 对于估算管道运行后将经受的热胀载荷非常重要。计算 ΔT 的常用方法是假设管道回填时的钢管的温度与回填时的环境温度相同。但这种方法是不正确的,对于冬季施工可能过于保守,而对于夏季施工则不保守。在冬天管道被完全约束时的温度通常比气温高很多,而在夏天则比气温低很多。以下用有关冬季施工的讨论说明此问题。

土壤温度从地表到管道设计埋深是显著降低的。即使在非常寒冷的气候下,大多数土壤的最大冻结深度通常也只有约 2m(干燥粒状土壤例外,其冻结深度可能更深)。因此,对于大多数土壤,2m 深度以下的土壤温度将接近或高于冻结温度。在非永冻土地区,特别是在存在

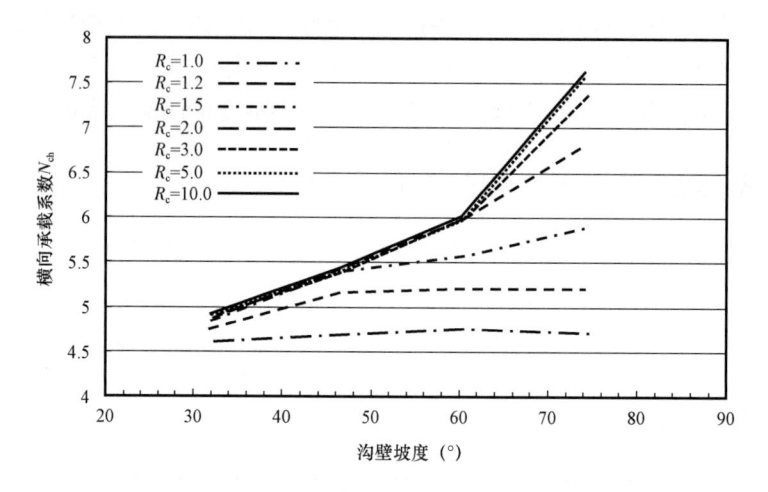

图 8.31　原土强度与回填土强度不同比例时沟壁坡度对侧向承载系数的影响(Ng,1994)

积雪使地面与冷空气隔热的地方,冬季近地表温度将接近冻结温度。在永冻土地区,深度为 1.5~2m 的土壤温度范围可能为 0℃ 至大约 -5℃。图 8.32 给出了两年半的时间里,Alberta 省北部空气、地表和土壤深处的温度。在夏季,地表温度超过 20℃,并且与气温紧密相关。在冬季,地表温度接近 -10℃,而空气温度要冷得多,在第二个冬季接近 -30℃。冬季空气和地面之间温差是由于积雪的隔热作用所致。土壤深度处的温度没那么低,除了小于 1m 的浅层土壤以外,其他土壤不会结冰。随着深度的增加,季节性地温的变化趋势更加明显,在 10m 深度,季节性地温变化不大。这些数据表明,即使在冬天,管道埋深的土壤温度也比人们认为的空气温度要温暖得多。

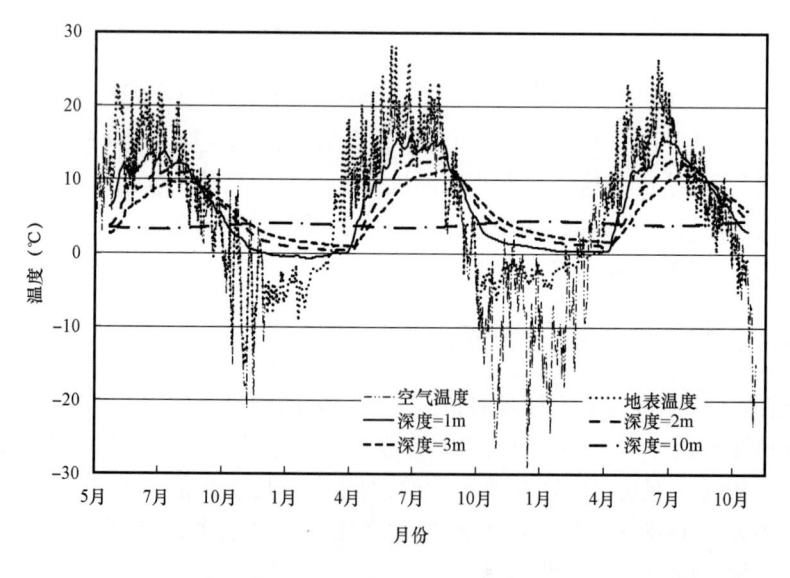

图 8.32　阿尔伯塔北部某地的空气、地表和地下温度,显示季节性温差随深度的变化,该地冬季被白雪覆盖

在冬季清理和砍伐管廊带树木时,地表的积雪会减少冻结深度。当开挖管沟完毕,并将土壤堆积在管沟旁边时,土堆的外层温度与气温相同。但是,由于土堆的体积较大,大部分土壤将保持或略低于原土的温度。例如,McAffee, Phillips 和 Martens(2014b)发现,在寒冷的冬季,细颗粒的土堆在最初的 24h 内会冻结到 150mm 的深度,以后每天的冻结深度会随着时间而减少。

当管道吊装到管沟中时,钢管的温度可能等于或非常接近气温。但管沟回填后,回填土和周围土壤的热量会迅速将管道加热到比气温高。管沟回填过程可能经过若干小时以及回填设备的多次压实。在此过程中,作为对回填和原土加热效应的响应,未得到完全约束的管道将向未回填的管道一端膨胀。在此热膨胀过程中,管道处于部分受约束的几乎无应力的状态。

此过程的最终结果是,在冬季陪土壤完全约束时(回填结束后)的管道温度可能约为 -5°C 或更高。只有气温非常低时,确定完全约束情况下设计 ΔT 值时,可以认为钢管的温度低于 -5°C,管沟回填时间较长时更是如此。

类似的,在夏天情况可能会相反。常用管道深度的土壤温度将比夏季的气温低。这样,管道可能在回填过程中发生热收缩,因为回填期间的管道温度将比夏季的环境温度低。

8.18 冻土回填的影响

第 6 章表明,冻土的短期强度要比相同的土壤在非冻结状态高得多。然而,关于冻结回填土的性质,有几个重要的因素要考虑:

(1)冻结的土壤难以充分压实;
(2)冻结回填土解冻后强度明显下降;
(3)融化的回填土因自重沉降。

冻结的回填土很难被充分地压实。结果,冻结时的压实度将低于土壤在其最佳含水量下未冻结时的压实度。如图 3.13 所示,含水量为零的土壤压实后,干密度远低于该土壤可能的最大密度。虽然这种压实给人最初的"主观"印象似乎压实程度很高,但这种错觉是短暂的,春季的融化将不可避免地证明冻结土压实程度很差。图 8.33 给出了温度对测得的最大干密度的影响数据(与最佳含水量时的未冻结最大密度相比)。对于所考虑的四种土壤成分,在潮湿冷冻条件下压实后的密度均低于标准 Proctor 最大干密度的 90%。在高于 0°C 压实时,最大密度基本上与温度无关。因此,在非冻结温度下,四种土壤的密度均上升到 100% 的最大密度。

对冻土回填压实的期望是其在融化时由于自重沉降,沉降量可能很大。Brooker(1992)报道了两类土壤温度在冰点以上时自重沉降量随密度变化的实验室测试,如图 8.34 所示。可以看出,压实到标准 Proctor 最大干密度 95% 的土壤,长期的自重沉降量约为 1%。随着压实程度和密度的降低,沉降量会急剧增加,在大约 70% 的标准 Proctor 最大干密度下,沉降量接近 30%~50%。因此,压实很低的冻土可望经历长期大幅度的自重沉降。如果管道下方有回填的冻土,管道沉降将是不可避免的。

Graham 和 Au(1985)指出了冻融循环对地表附近细粒土壤的其他影响。从土壤结构的角度来看,冻融循环会在土壤中产生裂缝。与未受扰动的黏土相比,冻融循环会使土壤刚度提高,但强度降低。

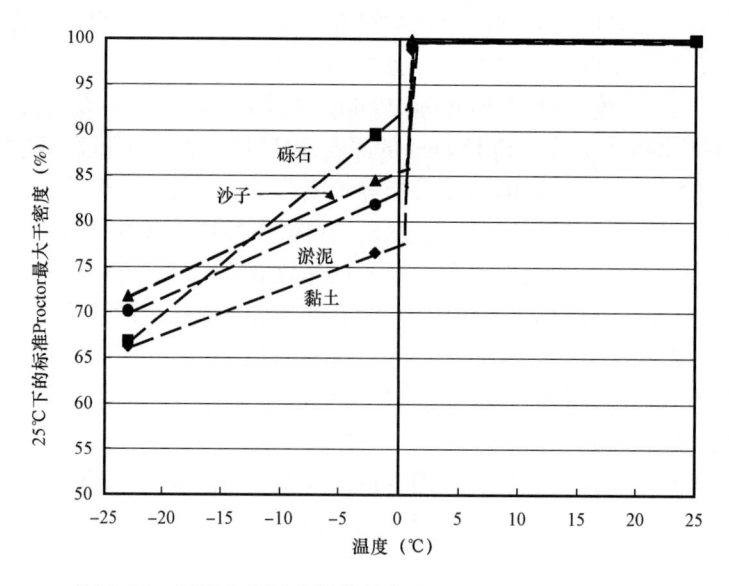

图 8.33　不同土壤压实温度效应（Burwash 和 Clark,1981）

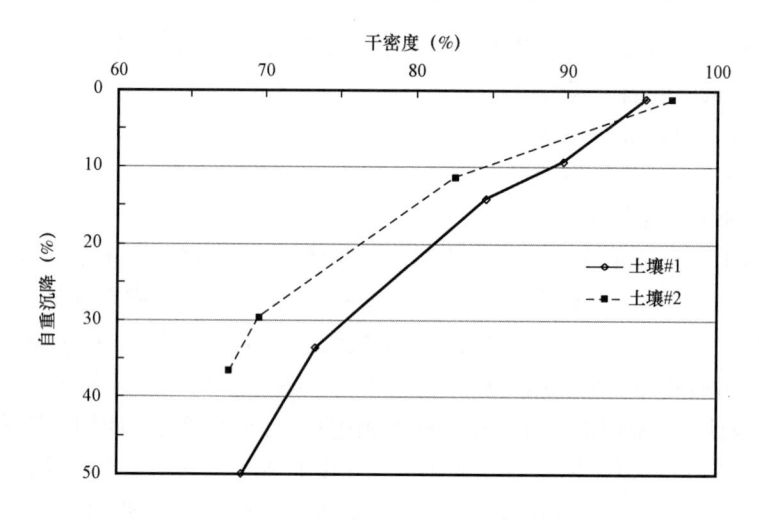

图 8.34　土壤长期自重沉降与干密度关系（Brooker,1992）

8.19　地面占压

大多数油气管道土壤覆盖层相对较薄，通常覆盖深度大约为 0.8~1.2m，取决于管道经过区域（市区、农田、未开发的森林地形）以及土壤类型（例如，是否需要抵抗抬升和上浮力）。因此，如果在管道上施加永久或临时地表载荷，则可能会导致作用在管道上的垂向土壤载荷的增加。应对此垂向土壤载荷进行分析，以便评估管道的完整性。施加在管道上的典型地表载荷包括永久性和临时性填土载荷，例如，土壤堆积、来自车辆的车轮载荷、沿着道路的物料堆（各种管件、砂袋或其他材料）等。还可能有少数在管道上构建的永久性建筑（见图 8.35）。作用在运行管道上方的最常见的地表载荷来源于土壤堆积或道路交通。

图 8.35 墙壁直接支承在 NPS6(152mm)成品油管道上的居民住宅
(该建筑建造未告知管道公司,房主也不知道管道的存在)

大部分关于地表载荷对埋地管道影响的研究工作源于 1940 年至 1960 年代初由爱荷华州立大学 M. G. Spangler 指导,或受其影响开展的研究。他的研究成果被油气和市政管道工业界广泛应用于评估地表载荷对埋设公用设施的影响。自 20 世纪 60 年代初以来又完成很多补充研究,目前此方面的研究已经很成熟。现在已经有很多关于管道地表载荷的文章(Pierce,Lucas,Rogers 和 Rankin,1977;Warman,Hart,Francini,2009;Robert,Rajeev,Kodikara 和 Rajani,2016)和评估方法(Warman,Chorney,Reed 和 Hart,2006),甚至可用于电子表格计算的公式(Van Auker 和 Francini,2014)。

Spangler 认为上覆载荷导致的管底环向弯曲应力(σ_{cbs})为:

$$\sigma_{cbs} = \frac{6K_b W_v Etr}{Et^3 + 24K_z pr^3} \tag{8.6}$$

式中 K_b——回填土中管道弯矩的经验系数;
W_v——由于回填和地表载荷引起的总垂直载荷;
E——管道的弹性模量;

t——壁厚；

r——管道半径；

K_z——回填土中管道变形的经验系数；

p——管道内压。

表 8.9 列出了式(8.5)中参数国际单位制和英制的适用单位。K_b 和 K_z 的值是管道底部支撑（管道下面的土壤支撑）的几何形状的函数。表 8.10 列出了 Spangler 确定的 K_b 和 K_z 值。Pierce 等(1977)指出，对于标准的开放式管沟敷设，其中管沟的宽度通常超过管道直径 0.3m 或更多，则管底土壤支撑角度在 30°~60° 的范围内。对于顶管敷设，孔径可能仅略大于管道直径，管底支撑角度可达 120°。图 8.36 解释了管底支撑角度的概念。

表 8.9 式(8.5)中参数的统一单位

参数	国际单位	英制单位
σ_{cbs}	kPa	psi
K_b	—	—
W_v	kN/m	lb/in
E	kPa	psi
t	m	in
r	m	in
K_z	—	—
p	kPa	psi

表 8.10 不同支撑角度时的弯矩系数和变形系数

管道支撑角 θ(°)	K_b	K_z
0	0.294	0.110
30	0.235	0.108
60	0.189	0.103
90	0.157	0.096
120	0.138	0.089
150	0.128	0.085
180	0.125	0.083

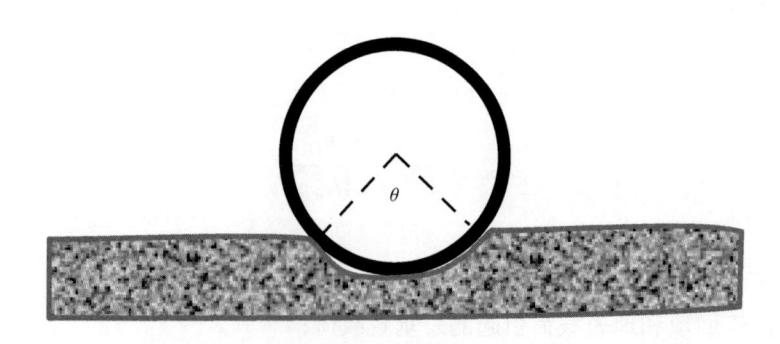

图 8.36 管道支撑角的定义

管道总应力是外部载荷(σ_{cbs})和内部压力引起的环向应力总和。因此：

$$\sigma_T = \frac{pD}{2t} + \sigma_{cbs} \tag{8.7}$$

无论是管沟敷设还是土堤敷设的管道，由于地表超载而产生的土壤垂向载荷，包括建筑地基载荷和交通的车轮载荷都计算在参数 W_v 中进行。载荷计算式如下（Warman 等，2006），该式可以根据载荷情况添加新的载荷项：

回填土载荷（Moser,1990）：

$$W_{fill} = \gamma H B_d \tag{8.8}$$

车辆轮载：

$$W_{wheel} = 4 C_t \frac{W_t I_f}{L} \tag{8.9}$$

地表占压载荷：

$$W_r = 4 C_r \frac{W_r D}{A} \tag{8.10}$$

式中 B_d——管沟宽度；
H——管顶埋深；
W_t——轮载；
I_f——影响系数；
L——管道的有效长度（通常取 0.9m）；
W_r——作用在地表矩形区域上的总载荷；
A——矩形加载区域的面积；
C_t, C_r——加载系数（Warman 等,2009）。

$$C_t = 0.25 - \frac{1}{2\pi} \left[\sin^{-1} H \sqrt{\frac{D^2 + L^2 + 4H^2}{(D^2 + 4H^2)(L^2 + 4H^2)}} \right.$$

$$\left. - \frac{DLH}{\sqrt{D^2 + L^2 + 4H^2}} \left(\frac{1}{D^2 + H^2} + \frac{1}{L^2 + H^2} \right) \right] \tag{8.11}$$

Spangler 和 Handy(1973)指出可以用计算 C_t 的计算式计算 C_r，但其中 L 是矩形加载区域的长度，D 是矩形加载区域的宽度。

影响系数考虑了路基的刚度、车轮载荷的速度和动态特性以及覆盖土层的深度等影响因素。刚性（混凝土）路面的影响系数为1，缓慢移动轮载压力较小车辆的影响系数为1.25，柔性敷设路面（裸露土壤或沥青）的影响系数为1.5（Warran 等,2009）。对于管道覆土层深度不到 0.9m 的，影响系数可能会增至加1.3，这时可以认为基本无覆土层。

在许多情况下,了解管道的变形也很重要。Spangler 开发的 Iowa 式可以估算椭圆度(管道的水平直径增大程度)。Warman 等(2006年,2009年)将侧向土壤和内压的影响包括入内对其进行了修改,并进一步修改,用 McGrath(1998)提出的土壤约束模量(M_s)取代 Spangler 的"土壤抗力模量(E')"。管道的水平直径变化为:

$$\Delta X = \frac{1.296 D_L W_v r^3}{Et^3 + 2.592 pr^3 + 0.732 M_s r^3} \tag{8.12}$$

其中变量如上面的式(8.6)所定义,D_L 是变形滞后系数。式(8.5)中 K_b 和 K_z 对应的土壤支撑角为 30°。

式(8.12)添加了变形滞后系数,主要是为了考虑观察到的热塑性和非承压管道的长期蠕变变形。该系数是时间、土壤刚度和管沟几何形状的函数。侧向受压实良好的土壤支撑的承压管道不易发生蠕变变形。如果在一定土壤条件下管道存在蠕变,变形滞后系数的范围可以从初始加载时的 1.0 变化到长期加载的 1.5,在湿润软土条件下可达 3.0 或 4.5(Warman 等,2006;Smith 和 Young,1991;NYDOT,2018)。而对于相对狭窄的垂直管沟,偏差系数应取为 1.0。

土壤约束模量的值由 McGrath(1998)确定,并且发现该模量是土壤类型、压实程度和应力状态(即深度)的函数。表 8.11 给出了土壤压缩模量的取值情况(McGrath,1998)。

表 8.11 土壤约束模量(M_s)的值(McGrath,1998)

垂直土壤压力(kPa)	级配良好砂土 Proctor密度百分比为 100%	Proctor密度百分比为 95%	Proctor密度百分比为 90%	Proctor密度百分比为 85%	低塑性粉土 Proctor密度百分比为 95%	Proctor密度百分比为 90%	Proctor密度百分比为 85%	低塑性黏土 Proctor密度百分比为 95%	Proctor密度百分比为 90%	Proctor密度百分比为 85%
7	16.2	13.8	8.8	3.2	9.8	4.6	2.5	3.7	1.8	0.9
35	23.8	17.9	10.3	3.6	11.5	5.1	2.7	4.3	2.2	1.2
69	29.0	20.7	11.2	3.9	12.2	5.2	2.8	4.8	2.4	1.4
138	37.9	23.8	12.4	4.5	13.0	5.4	3.0	5.1	2.7	1.6
275	51.7	29.3	14.5	5.7	14.4	6.2	3.5	5.6	3.2	2.0
413	64.1	34.5	17.2	6.9	15.9	7.1	4.1	6.2	3.6	2.4

源于 Spangler 计算式的扩展(简化了管道刚度),Masada(2000)开发了一种管道截面垂向挠度计算式:

$$\Delta Y = \Delta X \left(1 + \frac{0.0094 M_X}{pS}\right) = \Delta X \left(1 + \frac{0.0014 M_x r^3}{EI}\right) \tag{8.13}$$

Masada(2000)指出,作为水平变形和管道刚度的函数,垂直变形计算式(ΔY)与金属波纹管的现场测量数据符合良好。对于刚性更大的碳钢管道不能采用这种方法。

对于受车轮载荷作用的埋地管道,Warman 等(2009)总结了保护管道的有效措施,如表 8.12 所示。

表 8.12　保护埋地管道免受地面载荷(特别是车轮载荷)影响的措施综述

方法	对管道应力的影响	局限性
减少运行压力	由于总应力是垂直载荷和环向应力的函数，减小管道的工作压力可以减小总应力	也减少管道刚性。可能只适用于短期的地表载荷
降低车辆载荷	减少了垂直载荷，从而降低总应力	不一定适用于所有项目或车辆设备
增加侧向回填土约束	增加土壤和管道刚度	对管道和回填土土方有要求。要求有约束土壤模量和现场测试的知识
使用装备垫板或类似的载荷分布板	将地表(车轮)载荷分散到更大的区域，降低整体应力	垫和板需要是刚性的，以避免变形和降低使用效果
增加管道覆土	减少了管道环向弯曲应力，从而减少了车轮载荷的总应力	可能会增加由于上覆土压力而引起的环向弯曲应力
在管线上方架桥	消除了地表载荷对管道的影响	比较昂贵
沉管增加管道埋深	减小了环向弯曲应力，从而减小了车轮载荷作用的总应力①	比较昂贵，可能需要有关部门批准

① Thiam，Gillies，Bradley 和 Parker(2015)的现场试验表明，将 NPS42(1067mm)管道的管顶埋深从 0.75m 增加到 1.2m，可使来自车辆载荷的管道应力降低 54%。

8.20　土壤大侧向位移的问题

至少有两种类型的大的侧向土壤位移会影响管道：垂直于管道的滑坡以及在敏感土壤中侧向扩展。在这两种情况下，管道都是穿越土壤位移与管道走向交叉的横坡。侧向山体滑坡在山区较为常见，在这里，管道沿山腰敷设。

侧向扩展是一种易崩解和/或液化的亚稳定土壤发生永久性地面位移的现象。这种土壤运动可以在小于或等于 5°的倾角非常小的斜坡上进行。这些事件与敏感土壤(例如"快速"或冰川海洋黏土)的流动破坏不同，后者发生在比大约 5°更陡峭的斜坡上，并且位移更大。Youd，Hansen 和 Bartlett(2002)记录了几个案例历史。他们认为，不管震中距离和震级如何，但由于地震晃动而引起的侧向扩展土壤位移的合理上限为 6m，尽管来自日本的一个案例历史显示极端侧向位移约为 10m。侧向扩展和侧向滑坡的宽度范围通常从几十米到 500m，在极端情况下可能更大。Honegger，Wijewickreme 和 Youd(2014)提出了侧向扩展宽度的概率分布。累积概率为 50% 时的宽度是 100m，而累积概率为 90% 时的宽度是 300m。如第 8.8 节和第 8.9 节中分别针对融沉和冻胀所讨论的那样，在这些引起管道水平位移的事件中，也可能存在使管道应变最大的临界滑移长度。

在这些地面运动中与管道相关因素很多。管道应变是许多土壤因素的函数，主要因素是滑移区的宽度和受侧向运动影响的土壤的刚度。这些将在以下段落中讨论。

Liu 和 O'Rourke(1997)研究了管道的水平位移如何受到侧向移动的土壤宽度的影响。他们发现，随着移动土壤宽度的增加，管道位移也增加，但会达到极限值，然后管道位移呈非线性，并且对土壤运动宽度的依赖性大大降低。表 8.13 列出了 Liu 和 O'Rourke(1997)给出的极限位移。图 8.37 显示了这些数据及其线性拟合趋势线。不确定图 8.37 中的线性趋势是否可以适用于更大的土壤运动，例如宽度可能会超过数百米的侧向扩展。

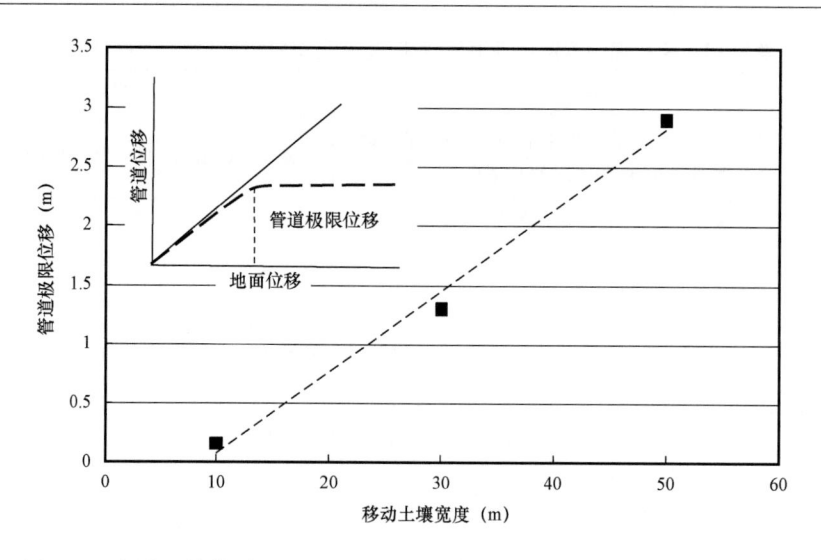

图 8.37 侧向土壤位移对 X52 管道极限位移的影响(Liu 和 O'Rourke,1997).

Suzuki,Arara 和 Suzuki(1988)也研究了滑移土壤宽度的影响。图 8.38 显示了在几种土壤宽度下,管道应变与侧向地面位移的关系。从图 8.38 中可以看出,对于三种宽度,在所考虑的地面位移条件下,30m 的宽度会导致最大的管道应变,而 10m 和 50m 的宽度时的管道应变较小。Hou,Cai 和 Liu(1990)以及 Liu 和 O'Rourke(1997)的研究支持了这种现象。Liu 和 O'Rourke(1997)研究更大的地面位移时发现,50m 宽土壤侧向位移大约 2.5m 后,管道应变基本不再增加。这些研究支持导致管道应变最大的临界长度的概念。

表 8.13 各种侧向移动土壤宽度的管道极限位移(Liu 和 O'Rourke,1997)

移动土壤宽度(m)	极限管道位移(m)
10	0.16
30	1.3
50	2.9

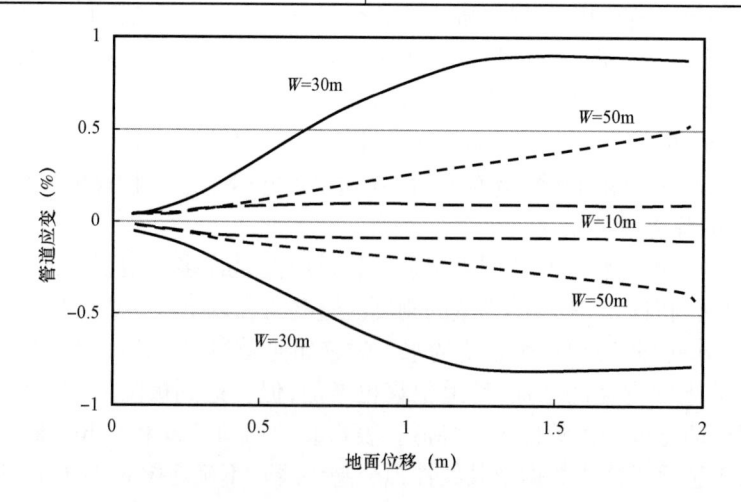

图 8.38 滑移宽度不同时土壤侧向地面位移对 X52 管道应变的影响(Suzuki,Arata 和 Suzuki,1988)

O'Rourke 和 Liu(1999)将管道假设为两端固定的梁,用静力学方法推导了引起最大管道应变的侧向扩展宽度,解析式为:

$$W_{cr} = \left(\frac{3\pi^3 EtHD^3}{p_u}\right)^{0.25} \tag{8.14}$$

式中　E——管材的杨氏模量;
　　　T——管道壁厚;
　　　H——管顶埋深;
　　　D——管道直径;
　　　p_u——单位长度管道最大侧向载荷。

将典型的管道和侧向扩展土壤特性代入式(8.14),可以发现侧向位移土壤的宽度在 30~50m 范围时,管道(弯曲)应变最大。管道经受的弯曲应变主要取决于侧向位移土壤的特性。如果管道被埋在由于滑坡或因下部地层的侧向扩展而侧向移动的坚硬土壤中,则管道应变主要取决于土壤的极限抗力和刚度。如果管道埋在液化的土壤中,则管道的应变将取决于液化土壤的特性。Suzuki,Arara 和 Suzuki(1988)对比了降低侧向弹簧刚度与原始土壤刚度对管道弯曲应变的影响,如图 8.39 所示。该图表明如果最初坚硬的土壤液化为刚度低 100 倍的土壤,即使永久地面位移为 2m,管道弯曲应变也将降低为零。他们认为,在液化过程中,水平土壤刚度通常会降低到原始值的 1/20,甚至可能降低 1000 倍。不管水平刚度实际降低多少,如果刚度降低大于 10 倍,则管道的应变会大大降低。

Liu 和 O'Rourke(1997)还讨论了水平土壤刚度对管道弯曲应变的影响。他们给出了各种轴向和水平(侧向)土弹簧刚度时的管道应变。Liu 和 O'Rourke 发现,当管道承受侧向变形时,管道应变对轴向土壤刚度值相对不敏感。但是,正如预期的那样,弯曲正应变对侧向弹簧刚度更为敏感,而压缩应变则较不敏感。图 8.38 说明了这个现象。

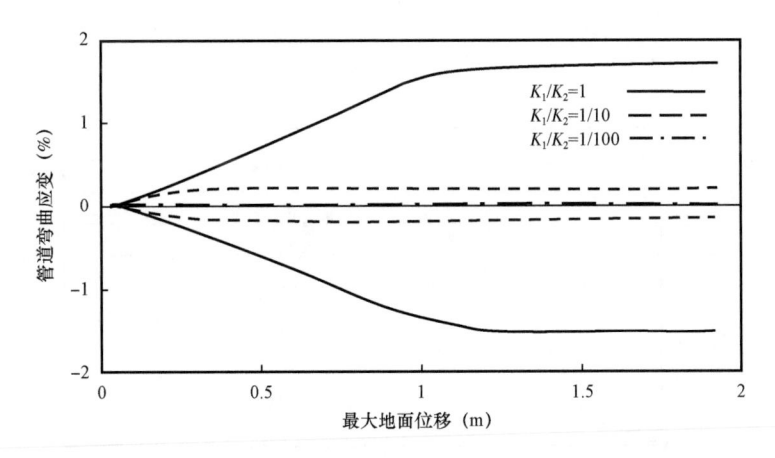

图 8.39　不同地面位移时,水平土壤刚度比对管道弯曲应变的影响(侧向位移宽度为 30m,管径为 0.61m,管材为 X52。K_1 代表初始水平刚度,K_2 代表降低后水平土壤刚度)

(Suzuki,Arata 和 Suzuki,1988 年)

O'Rourke 和 Liu(1999)指出,在考虑侧向位移的情况下,影响管道中弯曲正应变的最重要因素是地面位移区域的宽度(图 8.37),其次是水平土壤刚度(图 8.40)。管径、钢级和壁厚等特性的影响更小。O'Rourke 和 Lane(1989)也指出,土壤强度和密度在土壤侧向运动引起的管道应变中起次要作用。

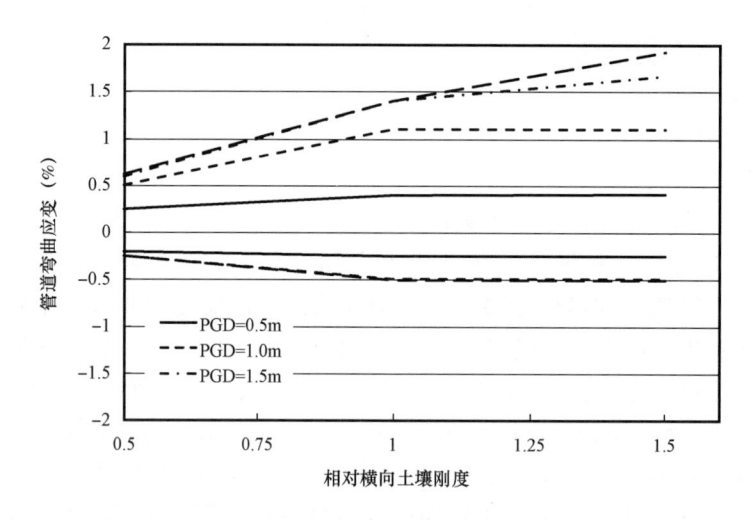

图 8.40　不同永久地面位移(PGD)时管道弯曲应变与相对侧向土壤刚度的关系
[钢级为 X52,NPS 24(610mm),壁厚 9.5mm](Liu 和 O'Rourke,1997)

8.21　管道位移模式和过渡区

有大量证据表明,在某些与管道垂直的滑坡中,稳定土和非稳定土之间的界面并不是突变的,移动土和非移动土之间存在过渡带。与突变的界面相比,所谓的过渡区的存在对减少管道应变有显著的影响。

图 8.41 为一条侧向变形管道的实地测量数据。

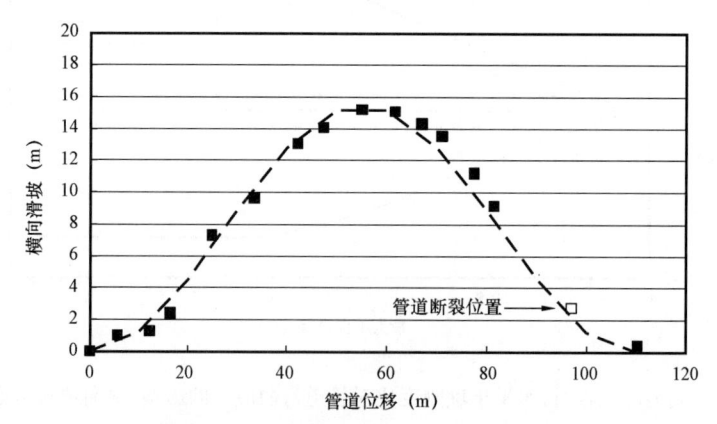

图 8.41　侧向滑坡时管道位移分布[虚线是式(8.15)结果,
$\delta = 15.5\text{m}, W = 110\text{m}, n = 2$](Pengfei Liu)

尽管大量的证据支持过渡带的存在，O'Rourke 和 Liu(2012)指出：在 1971 年的 Sail Fernando 地震中，有些侧向扩展有过渡带，有些移动土体和不移动土体之间存在突变。在过渡区存在的情况下，土体位移可以简化为正弦波，在突变的情况下，可以简化为矩形。图 8.42 为简化的和可能的实际侧向扩展位移模式。正弦函数可以用来估计发生位移的土体的形状，式中不同的指数对应从平滑的曲线到接近突变的图线形状。函数关系如下：

$$y(x) = \delta\left(\sin\frac{\pi x}{W}\right)^n \tag{8.15}$$

式中　δ——地表侧向位移；
　　　W——侧向扩展的宽度；
　　　n——大于零的指数，控制曲线的形状。

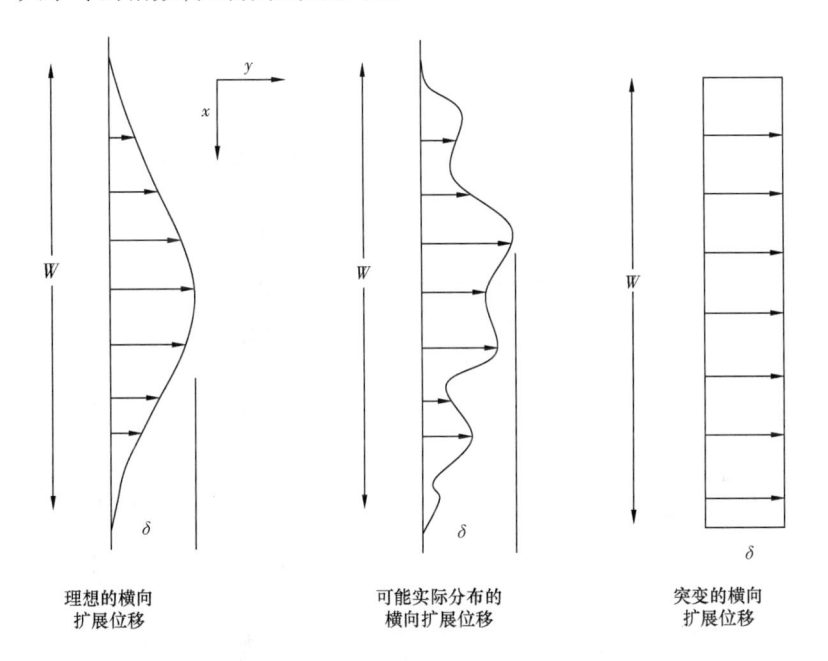

图 8.42　理想的、可能实际分布的和突变的侧向扩展位移

考虑滑坡过渡区存在时，应考虑并与岩土工程师讨论下列问题：

(1)移动和稳定土壤之间的相对水平土壤刚度。如果水平土壤刚度相近，那么宽过渡区存在的可能性就会降低。

(2)滑坡侧向穿过管道时的类型和特点。液化或侧向扩展的滑移界面可能有所不同。

(3)滑坡位移的几何形状和地形。有些滑坡的几何形状(例如在盆地中)由于侧向限制，可能不太容易产生过渡区域。

在处理管道沉降问题时可能会考虑垂直过渡区的影响，如采空区和冻土融沉。由于其中一些参数可能是相对随机的，所以宽度、形状和其他几何参数可以通过使用所谓的自相关函数来考虑。Nixon 和 Nixon(2010)提出了一个用于评估一条穿越永冻土地区的天然气管道融沉的函数。这种方法能够更好地估计管道沉降位移的增量与总沉降量的比率以及管道沉降曲线的形状。对融沉引起的管道应变的分析表明，高管道应变发生在沉降区内，同样也与两个紧密相邻的融沉区之间的非融沉高点相关。图8.43显示了使用自相关函数预测的管沟底部和NPS 36(914mm)管道的沉降剖面图,图中沉降区宽度小于约50m。所得到的管道应变如图8.44所示,这个例子证实了管道最高应变与连接两个融沉区的"非融沉区"有关。

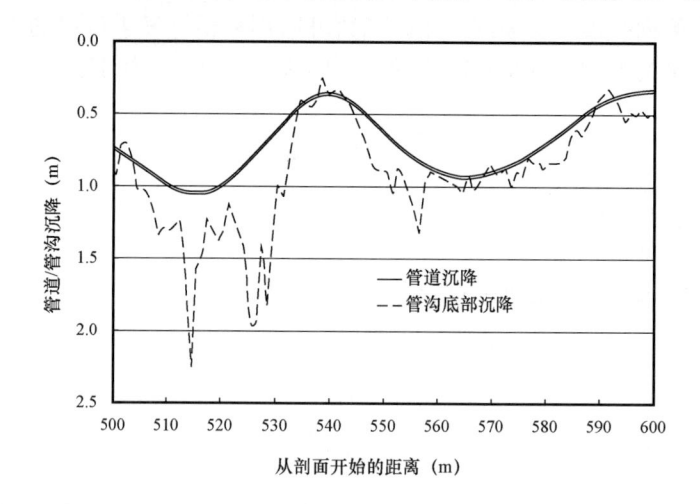

图8.43 用自相关函数推导出的土壤沉降和管线沉降后剖面图(J. F. Nixon)

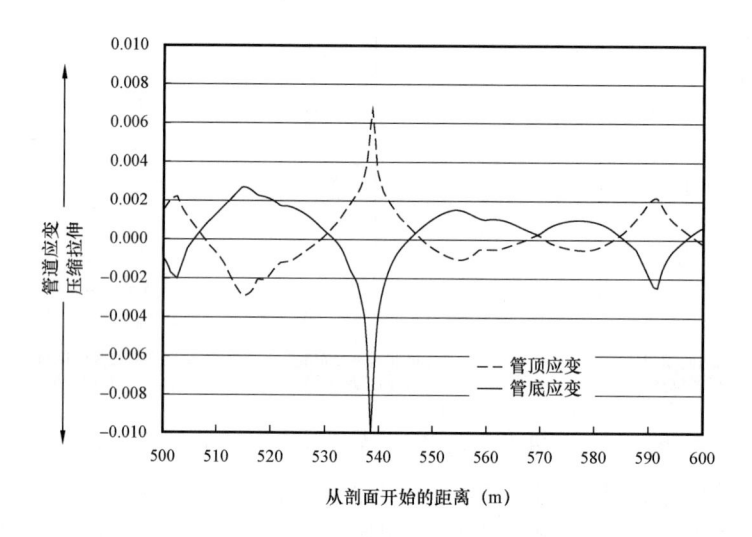

图8.44 由于图8.43所示的土壤沉降而产生的管道应变
(X80,D914mm×15.4mm,设计压力14.5MPa)(J. F. Nixon)

8.22 临界坡长和坡宽

一些研究者已经研究出相对简单的方法来估计产生临界管道应变时的滑坡土体的长度或宽度。这些方法被简化使之能用类似Excel的电子表格进行计算,并用于只需要获得初步近似值而不需要做正式数值计算的参数分析。

8.22.1 管道轴向滑坡的临界坡长估算

与滑坡运动方向与管道平行时,土壤向下移动并拖拽管道会使管道产生轴向应力。管道最大的拉伸应力会发生在坡顶附近,并位于稳定土与移动土的界面处。而最大的压缩应力会发生在坡脚附近,也可能发生在移动土与稳定土的界面处。如果管道被深埋,比如在穿越排水沟下的所谓的垂弯中的管道压应力可能会加大。忽略管道弯曲和管道压力,并做其他的简化,斜坡长度与管道位移的关系可以粗略估计为:

$$L = \sqrt{\frac{EA\delta_p}{T_u}} \tag{8.16}$$

式中 L——斜坡长度;
E——管材杨氏模量;
A——管道截面积;
δ_p——管道位移,假设与滑坡位移相同;
T_u——作用在单位长度管道上的最大轴向土壤抗力,由式(7.3)计算。

式(8.16)可以变换成移动斜坡长度与管道中由此而产生的轴向应变之间的近似关系,如下所示:

$$L = \frac{EA\varepsilon}{T_u} \tag{8.17}$$

式中 ε——管道应变。

假设管材的屈服强度为 F_y,则使管道达到屈服应力对应的临界斜坡长度是:

$$L = \frac{F_y A}{T_u} \tag{8.18}$$

图 8.45 给出了式(8.18)应用于两条不同直径、屈服强度和壁厚的管道的计算结果。

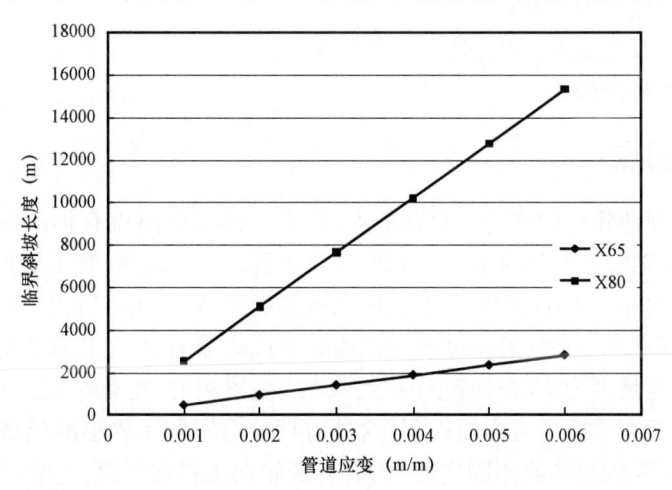

图 8.45 式(8.18)在两条不同屈服强度、直径和壁厚的管道上的应用实例
($X65, \phi 508mm \times 8.74mm; X80, \phi 1200mm \times 20mm; T_u = 6kN/m$)

8.22.2 侧向滑坡的临界坡宽

现在我们考虑由于垂直于管道的滑坡运动导致的管道变形。如果位移是单一的正弦曲线,如图 8.42 中左图所示,于是,Sweeney 等(2004)提供了一个简单的解析表达式,用于估计在管道上产生的应力最大时的侧向滑坡的宽度。该式做出以下假设:

(1)土壤位移与管道垂直(侧向);
(2)土壤位移足够大,在管道上形成的单位长度侧向力均匀分布;
(3)管道的刚度和强度对侧向滑坡没有影响;
(4)滑坡土壤位移大于管道位移;
(5)可以忽略 ΔT 和内压的影响。

极限宽度(L_w)与实际土壤和管道的位移无关,表示如下:

$$L_w = 8.2t \left[\frac{r^2 F_y^4}{p_u^2 \alpha \beta E} \right]^{\frac{1}{3}} \tag{8.19}$$

$$p_u = \begin{cases} c_u D N_{ch} & \text{黏性土壤} \\ \gamma' D H_o N_{qh} & \text{无黏性土壤,或排水黏性土壤} \end{cases}$$

式中　t——管壁厚度;
　　　r——管道半径;
　　　F_y——管材的屈服强度;
　　　p_u——单位长度的侧向土壤抗力;
　　　N_{ch}, N_{qh}——水平抗力系数;
　　　H_o——管道中心埋深;
　　　D——管道直径;
　　　γ'——土壤的有效相对密度;
　　　α——轴向土壤抗力系数;
　　　β——对于摩擦土壤为 $\gamma' H_o$,对于内聚土壤 c_u;
　　　E——钢管的杨氏模量。

8.23　虚拟锚固点

虚拟锚固点是埋地管道中理论上存在的点,此点一侧的管道没有轴向位移。为了解释这一点,让我们考虑埋地管道的热胀效应。如果没有把管道埋入地下,整个管道将会随着温度的变化而轴向伸长或收缩。但是,如果管道被埋在坚硬的土壤中,由于管土之间存在摩擦或内聚力,大部分长度的管道是不会随着温度的变化而膨胀或收缩的,只会在管道的末端部分长度上存在膨胀或收缩。这是因为土壤对管道的"约束力"是累积的,也就是说,由于管道和回填土之间在一定长度上存在着剪切应力的作用,这种剪切应力限制了管道的热胀运动。如果我们从管道的自由端(不受约束的或不固定的)沿着管道轴向来移动管道,土壤对管道的"约束力"就会累积起来。总的约束力将随着埋地长度的增加而增加。在管道沿线的某个地点,土壤对管道的总约束力将大于试图使管道发生膨胀或收缩的热胀内力。过渡段长度是指管道自由端到从作用在管道上的土壤约束力超过热胀内力的位置的距离。在自由端和虚拟锚固点之间的管段会经历一些热膨胀或收缩,而在虚拟锚固点的另一侧的管道则没有运动。

可以通过将管道中由于热胀和内压引起的轴向内力与土壤约束力进行比较来计算过渡段锚的长度。它取决于土壤强度,土壤强度越弱,限制管道运动所需要的过渡段长度就越长。过渡段长度的计算式为:

$$L_a = \frac{EA\alpha\Delta T + AS_h(0.5 - \nu)}{T_u} \tag{8.20}$$

式中 E——管材杨氏模量;
A——管道截面积;
α——管材热膨胀系数;
ΔT——管道运行温度与初始土壤约束时的管道温度的差值;
S_h——管道环向应力;
ν——管材泊松比;
T_u——单位长度上的最大轴向土壤抗力,由式(7.3)计算。

图 8.46 比较了管道上的土壤约束力和管道总内力(热应力和压力作用的合力)。对于一组特定的管道运营条件(直径、壁厚、内压),管道的总内力为常数。土壤对管道的轴向约束力随管道长度的增加而不断累积。轴向土约束力超过管道总内力的位置记为虚拟锚固点。对于不排水土壤条件下的管道,过渡段长度与土壤不排水强度成正比。

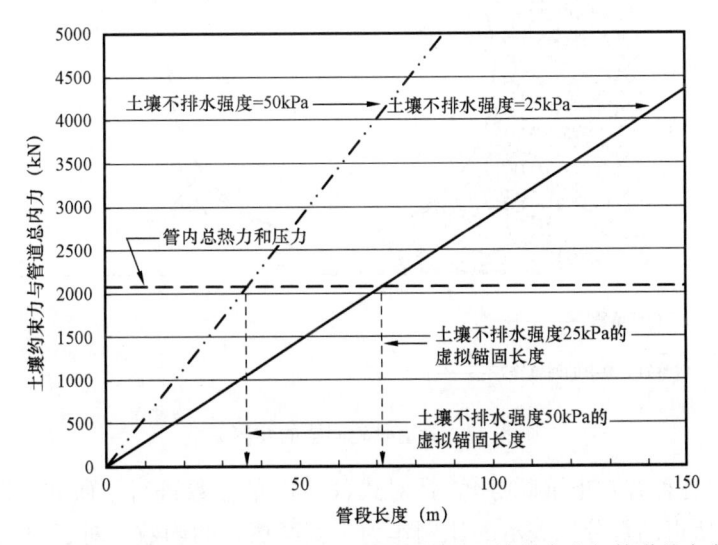

图 8.46 土壤不排水强度为 25kPa 和 50kPa 时的累积土壤约束力与管道总内力的比较
[NPS 24(610mm)管道,内压为 9928kPa,ΔT 为 25℃]

8.24 管道抬升的棘轮效应

许多原因,特别是热膨胀会导致管道向上抬升。虽然有土壤覆盖或其他的干预措施,如设置压重块,可能会避免管道的上浮屈曲。但在某些情况下,小的抬升力可能会引起热膨胀循环的"棘轮效应"。这些每个循环中增加的小的位移会导致管道永久向上位移。这对于敷设在无黏性土壤中的管道是最为严重的问题之一,在这些土壤中,一旦管道轻微向上移动时,砂土和砂砾就会堆积在管道底部空隙中,并且这种情况会在持续的热胀循环中重复出现。在排水加载条件下的饱和细粒土也容易产生类似现象,特别是松散的、块状的、为压实的黏性回填土。季节变化和运行温度的变化会导致管道向上移动的热膨胀循环的形成。特别是对海底管道而言,棘轮效应通常是上浮屈曲的先兆。关于陆上管道棘轮效应的报道很少。

Thusyanthan 等(2011)考虑了管道棘轮的几何关系,他们认为这与管道直径和土壤摩擦角有关。图 8.47 说明了这个关系。当管道向上移动时,土壤会进入管道底部形成的空隙中。如果散落的土壤量少,管道会沉降,不会发生永久性的垂直变形。但是,如果散落的土壤堆积倾角达到土壤静态摩擦角,也就是有效的摩擦角,土壤就会充填到管道底部,管道就会产生永久的不可逆位移。这种情况下的管道位移量(δ)由式(8.21)确定,该式是管径(D)和土壤有效摩擦角的函数:

$$\delta = \frac{D}{2}\left(\frac{1}{\cos\phi'} - 1\right) \tag{8.21}$$

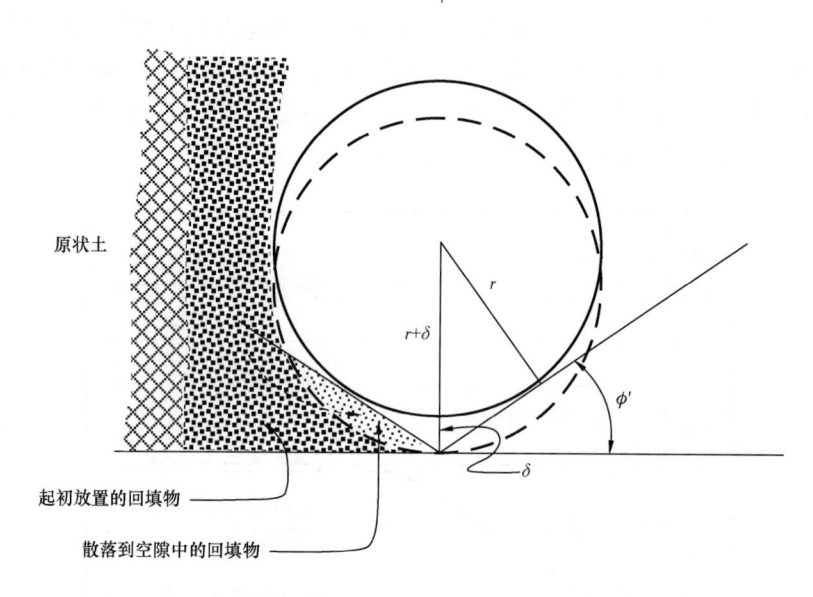

图 8.47 管道棘轮问题的几何关系

图 8.48 针对各种有效土壤摩擦角,针对式(8.21)的参数进行了研究。图中用管道向上的位移除以管径所得的百分比表示的比例作为土壤摩擦角的函数。对于 30°至 40°之间的典型土壤摩擦角而言,产生不可逆棘轮效应的管道的向上位移在(0.08~0.16)D 之间。

Thusyanthan 等(2011)还指出,随着管道位移与管径之比的增加,管道发生棘轮效应的可能性也随之增加。如果土壤摩擦角为 32°,那么位移量小于 0.03D 时,棘轮效应是不可能发生的。位移量在 0.03D 和 0.09D 时,棘轮效应是否可能发生将取决于回填土的颗粒大小。位移量在 0.09D 以上时棘轮发生的可能性非常大。对于土壤摩擦角为 32°,位移量 0.03D 作为不太可能发生棘轮效应和可能发生棘轮效应之间的边界或标准,在图 8.46 中通过该点作式

(8.21)表示的曲线的平行线,得到了第二个边界,该边界划定了不可能发生棘轮现象条件和可能发生棘轮现象的条件。

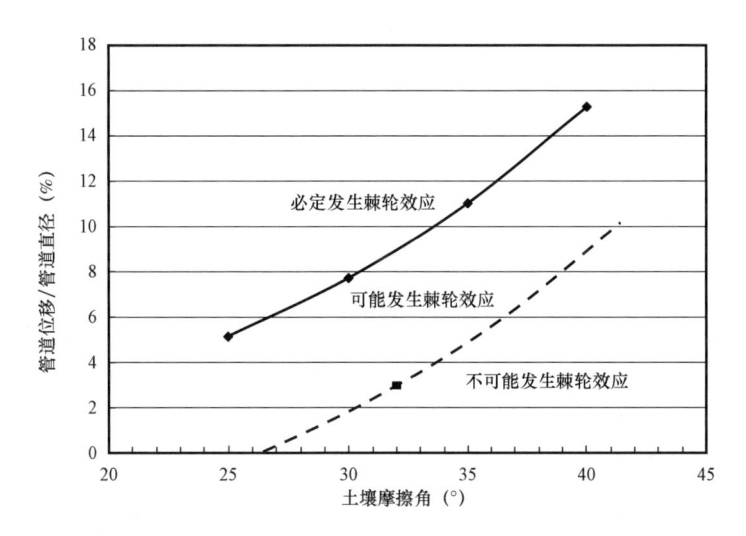

图8.48　式(8.21)的参数分析表明管道棘轮效应可能性是土壤摩擦角的函数

图8.48中未考虑式(8.21)中的土壤粒径大小。向管道下方空腔中散落的颗粒土的尺寸必须小于空腔的大小;回填颗粒或"土块"越细,土壤在填充空隙就越容易达到自然的摩擦角。Cheuk等(2008)指出,在砂土的抬升试验中,当管道的位移量为2.8mm时,细粒砂开始填充空隙;当管道的位移量为9mm时,粗粒砂开始填充。

8.25　位移速率的影响

第8.2节从有效(排水)强度或总(不排水)强度的角度讨论了土壤刚度的确定方法。当对土壤迅速施加载荷时,应使用不排水的强度来确定土壤弹簧参数,而缓慢加载时应使用有效强度确定土壤弹簧参数(表8.1)。对于管道工程师来说,问题是如何确定施加给土壤的载荷是快速的还是缓慢的,本节将讨论这一问题。

滑坡按其位移速率分类,从极慢到极快不等。表4.2列出了速率分类的一般方法(Cruden和Varnes,1996)。滑坡的位移速率将明显影响管土相互作用和土壤响应。

如前所述,土壤对载荷的响应受到孔隙水压和加载区域的排水速率控制。这个速率又是由土壤的渗透性、压缩性以及水的相对密度所控制的。联系这些变量的土壤性质是固结系数(c_v),定义为:

$$c_v = \frac{k}{m_v \gamma_w} \tag{8.22}$$

式中　k——土壤的渗透率;
　　　m_v——土壤体积变化系数,为体积变化与承受的有效应力之比;
　　　γ_w——水的相对密度。

式(8.22)表明固结系数与土壤的渗透率成正比。随着渗透率的增加(如砂土或砂砾),固结系数也会随之增加。固结系数与土壤体积变化系数成反比。当施加在土壤上的有效应力增加时，土壤变硬，m_v减少，因此c_v增加。

Finnie 和 Randolph(1994)考虑了固结对基础位移的影响，并建立了基础位移的无量纲化速度。无量纲化的速度是：

$$V_n = \frac{vD}{c_v} \tag{8.23}$$

式中　V_n——无量纲化位移速率；
　　　v——管土移动速率；
　　　D——管径；
　　　c_v——固结系数。

这个概念后来扩展到锥形贯入试验，PRCI(2009)对其进行修改以评估加载速率对埋地管道的影响。

如前所述，固结系数取决于几个变量，其中土壤类型和土壤中细粒部分的矿物组成起着关键作用。NAVFAC DM7(美国海军部,1971)提出了固结系数和液限之间的关系。图8.49显示了这种关系的变化形式。随着液限的降低，从工程性能方面看意味着土壤塑性变差，固结系数迅速增加。对于砂土，其压实系数c_v超过100m²/a。PRCI(2009)报告：对于大多数管道来说，c_v从1~10m²/a不等。一般认为这一范围的上限太低。根据图8.47，可以得到一个更合适的上限，对于未受扰动的土壤为20m²/a，对于重塑的土壤为10m²/a。

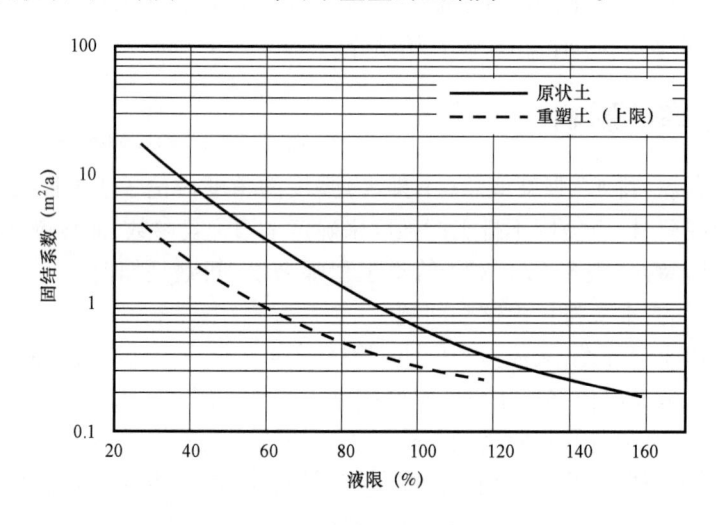

图8.49　固结系数与液限的关系(美国海军部,1971)

对于不排水加载条件，标准位移速率应超过10($V_{不排水}>10$)；对于排水载荷条件，标准位移速率应小于0.1($V_{排水}<0.1$)❶。

从不排水到排水的过渡是S型的。需要判断来确定标准位移速率在0.1~10之间时是排水或是不排水的行为。让我们讨论几个实例，以确定适用于管道应力分析时的加载速率。

---

❶ 在PRCI(2009)第A.3节中，区分不排水/排水行为的标准被搞反了。PRCI(2003)中的标准是正确的。

【实例1】

2009年2月,厄瓜多尔的一条NPS 34(864mm)管道发生事故(Oswell和Chiriboga,2013年)。这条管道遭遇了宽度超过100m的侧向滑坡。图8.50为管道维修及恢复期间的照片。作为事故调查的一部分,安装了几个滑坡监测仪以评估土壤的移动情况。图8.51提供了一组滑坡监测仪的数据。图中可明显发现在约7.5m深的地方有一个滑坡剪切带。2009年3月至2012年12月期间,地表位移大约为150mm。土壤移动速率是通过绘制一定深度处的位移随时间的变化曲线来计算得到。管道底部的深度约为5m。图8.52显示2009年3月至2009年8月期间,5m深处的地面位移随时间的变化关系。该图显示2009年3月出现了较大的边坡位移,2009年4月至8月的边坡位移速率较低。根据图8.52中的数据通过线性回归拟合得到地面移动速率,即2009年3月间移动速率为$0.7\text{mm/d}(8\times10^{-6}\text{mm/s})$,2009年4月至8月期间为$0.3\text{mm/d}(3.5\times10^{-6}\text{mm/s})$。

图8.50 厄瓜多尔修复中的NPS 34管道

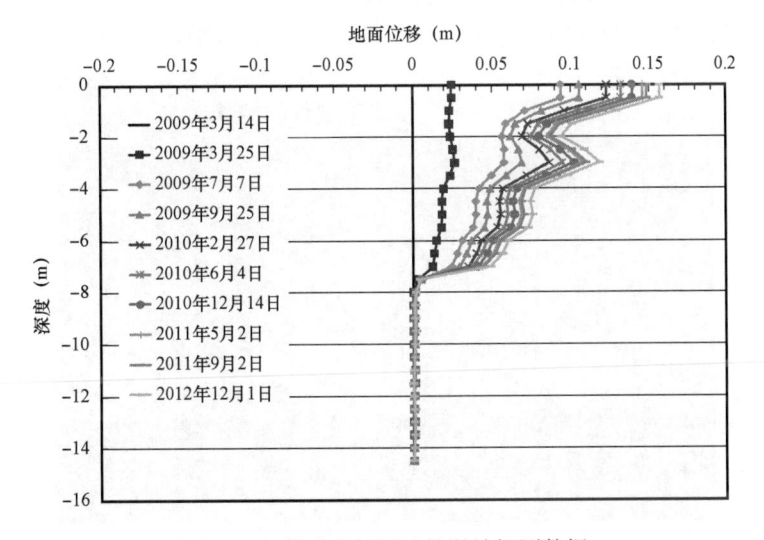

图8.51 管道现场测试的滑坡探测数据

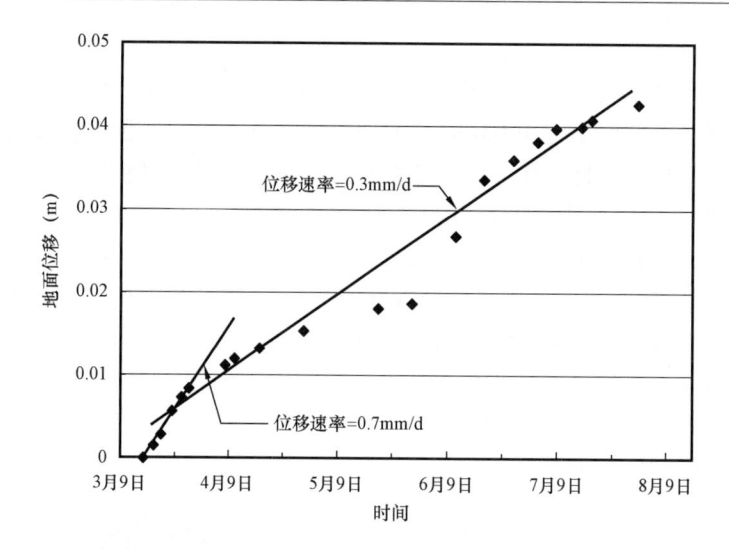

图 8.52　图 8.51 中 5m 深处的土壤位移随时间变化的关系

充分时效的回填土一般为细颗粒土壤，其典型的液限为 40%。根据图 8.49 可知，对于经过充分时效未受扰动的土壤，固结系数约为 $9m^2/a(0.3mm^2/s)$。由式(8.23)计算得到：

$$V_n = \frac{vD}{c_v} = \frac{0.000008 \times 864}{0.3} = 0.02$$

$$V_n = \frac{vD}{c_v} = \frac{0.0000035 \times 864}{0.3} = 0.01$$

因此，利用上述无量纲化的位移准则（$V_{n排水} < 0.1$），在这个管土相互作用问题中，两段土壤运动期间的加载条件均是排水的。

【实例 2】

侧向滑坡导致 NPS 18(457mm) 管道破裂，图 8.53 为该地点的鸟瞰图，图中显示了滑坡监测仪的位置和观测到的移动方向。除 BH4 监测仪外，所有监测仪均检测到土壤移动。

图 8.53　管道沿线侧向移动俯瞰图，黄点为监测仪位置，箭头为斜坡运动方向

图 8.54 为#1 监测仪的土壤移动数据。地面移动相对于时间的数据见图 8.55。在最初监测期间,移动率为 1.4mm/d(0.0000162mm/s)。土壤由主基岩风化而成的残积土构成。因此,这些土壤基本是粗粒的,含有一些细粒层。其固结系数大约为 50m²/a(1.5mm²/s)。将这些值代入式(8.23)可得。

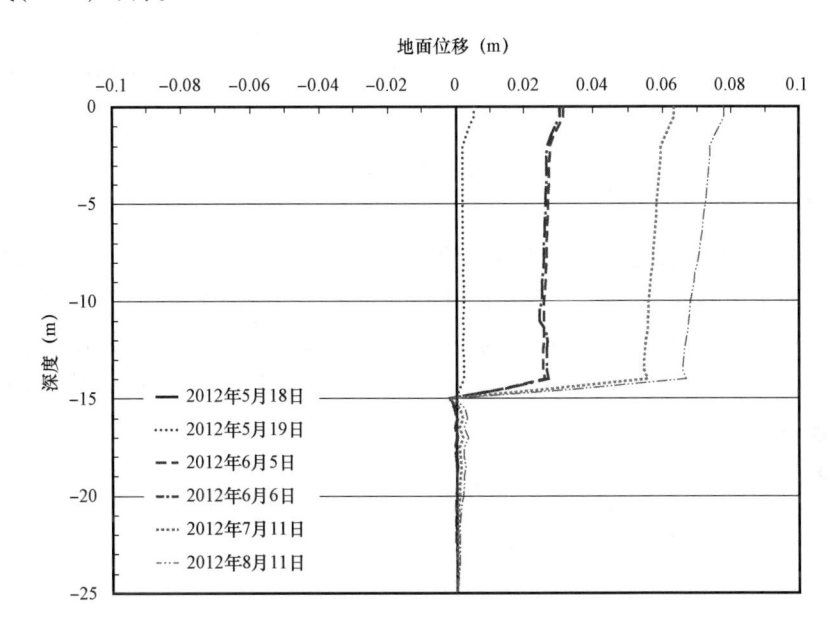

图 8.54　管道沿线滑坡监测仪监测数据

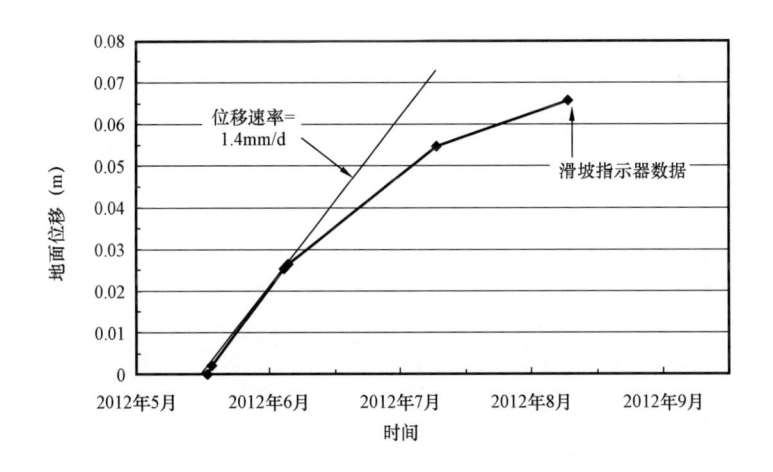

图 8.55　图 8.54 中地面位移与时间的关系

这个例子特别有趣。尽管位移速率相对较高,为 1.4mm/d,但土壤行为还是被认为是排水条件($V_{n排水}<0.1$)下的行为。应根据有效应力强度来计算土壤抗力和刚度。对于固结系数为 50m²/a(1.5mm²/s),钥匙土壤达到不排水条件,土壤移动速率需要超过 0.03mm/s(2600 mm/d)。与表 4.2 的比较表明,这种滑坡属于第 4 类,即中等速度滑坡。

【实例3】

一个在冬季施工的 NPS48(1219mm)管道,回填时的有效温度为 -5℃,运行时天然气温度为 +15℃,温差为 20℃。钢的热膨胀系数为 $\alpha = 1.2 \times 10^{-5}$m/m℃。一个 90°的水平弯头前长度为 500m 的管段的热膨胀为 0.12m。管道被密集回填。假设启动期为 5d,即 0.12m 的热膨胀会以 0.12m/5d 的速率(24mm/d,或 2.8×10^{-4}m/s)的速度推向 90°弯头。因此,假设管道不发生上浮屈曲,土壤也会以这种速度变形。土壤为黏土土壤,$c_v = 1\text{m}^2/\text{a}(0.03\text{mm}^2/\text{s})$。将这些参数代入式(8.23),可以得到:

$$V_n = \frac{vD}{c_v} = \frac{0.00028 \times 1219}{0.03} = 11$$

该实例表明,初始加载时土壤为不排水状态,在初始管道应力分析中,应根据不排水强度计算土壤抗力和土壤刚度。然而,由于管道热膨胀对于弯头处的土壤而言是持续载荷,快速加载产生的孔隙水压力会随着时间的推移而消失,然后土壤响应会转变为排水条件下的土壤响应。在此例中,还应根据排水土壤抗力和土壤刚度值对管道应力进行校核,因为土壤刚度低时对应的管道应力较大。

9 管土相互作用问题的缓解措施

本章将介绍几种用于缓解常见管土相互作用问题的措施。但是由于存在的管土作用问题以及可以采用的措施很多,本文所列出的方法并不详尽。

9.1 温度应力

管道的工作温度与管道回填时土壤温度的差异导致了温度应力的产生。大多数情况下,管道工作温度高于管外土壤或回填土的温度,管道会膨胀。这个问题在埋于软弱土层中的水平或垂直弯头处最为严重。

能够用于抵抗温度载荷的措施包括:
(1)改变弯头几何尺寸(增大弯头曲率半径);
(2)增加管道埋深;
(3)改善回填土性能;
(4)安装螺形地锚以提供补充约束;
(5)在管道水平弯头处安装锚固墩或类似的约束;
(6)增加管道壁厚。

9.2 穿越地质断层

对于穿越活动地震断层的管道,Liu 和 Jia(2012)就如何应用式(4.1)以适用于不同的地震重现期给出了指导。表 9.1 列出了相应的计算式。

表 9.1 管线的断层位移设计依据(Liu 和 Jia,2012)

重现期(a)	建议设计计算式
2475	$\lg D_{max} = 0.67M - 4.53$　　$\lg D_{max} = 0.67M - 4.53$
975	$\lg D_{max} = 0.67M - 4.72$　　$\lg D_{max} = 0.67M - 4.72$
475	$\lg D_{max} = 0.67M - 4.91$　　$\lg D_{max} = 0.67M - 4.91$

注:D_{max} 是估计的断层位移(m);M 是地震震级。

穿越断层的管道设计取决于以下几个因素:
(1)断层类型(走滑断层、逆断层和斜断层等);
(2)地震震级;
(3)管道设计中断层位移的大小。
以下为两种常见的穿越活动地震断层的管道铺设方法:
(1)采用柔性回填材料(轻质聚合物或粒径均匀洗净砾石);
(2)将管道铺设在地面的钢梁(枕木)上。

对于埋地管道,首选方法是将管道铺设在柔性回填的管沟中。由于回填土壤较松软且易变形,允许管道移动且不会产生较高的应力。对于穿越走滑断层的管道,可以将其铺设在较宽的管沟中,并将管道置于管沟的一侧。根据预测的断层位移,管沟的宽度通常为 5~15m。管沟采用非黏性和低摩擦性柔性材料回填,例如无粉土的圆粒、洗净砾石或轻质的人造土壤(如膨胀黏土)。管沟壁采用倾斜设计,以减小管道与原土之间的相互作用(见图 8.29)。当断层断裂时,地层会产生移动,管道周围的柔性回填土会发生变形,从而不会使管道产生过大的应力。加利福尼亚、土耳其和中东地区的许多管线都是采用这种设计方法建设的。

针对埋地管道穿越断层的常用措施存在一些较大的局限性。首先,对于某些管道穿越断层的情形,管道不适合埋地敷设,因为这样管道上的应力可能还是会高于可接受水平,或者基于应变设计的管道的应变超过允许值。其次,埋地管道能穿越断层的一个条件是回填材料必须在管道全生命周期中保持柔性。这意味着任何会导致回填材料被压实的车辆都不允许在其上方行驶,并且回填材料不能够浸水饱和和冻结。因为即使是均匀的饱和冻土和级配不良的洗净砾石都具有较大的冻结不排水强度,在断层断裂剪切将会呈现很大的刚性。

对于管道不能实施埋地穿越断层的地方,应设计地面管道穿越。此时将管道敷设在与管道相垂直的钢梁或枕木上。设置桩靴或鞍座来支撑枕木上的管道。桩靴或鞍座与钢梁之间的接触面摩擦系数应较小。当断层滑移时,管道会而沿着枕木滑动以适应地面运动。例如位于 Alaska 中南部 Denali 断层的 TransAlaska 输油管道就是设计为地面穿越。此管线的断层设计位移约为 5m,相当于发生 7.9 级的地震。

TransAlaska 输油管道是在 2002 年进行设计的。该管道运行良好,虽然曾收到预警而关闭了几天,但不久后又恢复正常运行(Hall 等,2005)。

Guha 和 Flores Berrones(2008)为穿越断层的管道设计提出了补充建议,包括:

(1)规避:管道路由选择应避开断层并选择经济可行的路由。

(2)管线在穿越断层时应避免其受压缩。

(3)管道穿越断层的最佳角度取决于断层面的倾角和断层预计的运动形式。

(4)应增大断层区管材的延伸率。

(5)在断层附近应避免管道壁厚突变。

(6)管线应相对平直,避免方向和高度急剧变化。

(7)避免使用法兰和将管道固定在地面上的装置。

(8)管道越长越有利于顺应断层运动,因为这样可以降低应变水平,所有锚固点应尽可能远离断层带,以减小管道中的应变。

(9)硬且光滑的管道外涂层可以减少管道与土壤之间的摩擦角,这将减少管道轴向应力分量。

(10)浅埋可以减少管道在断层运动过程中受到的土壤约束力。

(11)最后,提高环焊缝强度等措施可以增加管道的拉伸应变能力。

9.3 滑坡

常见的管线布线方法建议管线顺坡敷设,当需要穿过斜坡时,可采用管线平行于斜坡等高线布线(横坡敷设)的方法。但管线最好不要与斜坡下降的方向倾斜。这样,滑坡通常以两种方式对管道施加载荷:顺坡敷设受到轴向载荷作用,横坡敷设的管道受到侧向载荷作用。

顺坡敷设的管道会在坡脚处受到较大的约束,因为管道往往会用一个埋深较大的向下的垂弯穿越排水沟。斜坡向下移动使位于坡脚处的管道产生较大压缩应变,并在斜坡顶部附近产生较大拉伸应变。

对于横坡敷设的管道,比如8.24节中的例1和例2,管道将承受侧向弯曲应力,最大弯曲应力的位置取决于移动土壤的长度以及移动土壤与不移动土壤的刚度差。

缓解滑坡带来的影响有多种解决方案。一般我们可以采用提高管材强度、调整或修改线路、改变土壤性质等三种方法缓解滑坡对管线的影响。降低滑坡对管道造成损害的措施包括加拿大管道标准CSA Z662附录C中规定的增加壁厚、使用抗大变形钢和焊接材料等。但使用X70以上等级高强度钢时,将涉及焊接过匹配相关的问题,一般而言,增加管道壁厚比提高管材钢级具有更好的效果。

其他有效的措施包括改变管道的形状,如增大弯头角度,将弯头位置移至低应力区,或使用感应热煨弯头的组合以增加管道柔性,类似于地面管线的U形或Z形热补偿管等。

适当调整管道走向有利于控制应变的增加,尽可能使管道顺坡敷设,这种方式可以减小管道受到的侧向载荷以及产生的弯曲应变。

在许多情况下,导致管道应变的土壤载荷可以减小甚至完全消除,而不用改变管道内压、温差、壁厚和钢级等属性和特性。对于边坡稳定问题,重新选择穿越的坡度或使斜坡平缓都是有效的解决方法。

例如,对于位于坡度为27°、有效摩擦角(ϕ')为25°的土壤来说,边坡稳定性安全系数近似为0.92,由于斜坡土壤非饱和,因此,此时斜坡是稳定的,如果土壤在降雨期间饱和,斜坡就会处于不稳定状态。如果坡度为20°,则安全系数上升到1.28左右;如果调整坡度到18°,则安全系数约为1.44。在岩土工程中,可接受的斜坡安全系数一般为1.25~1.50,更高安全系数适用于重要的斜坡,如住宅附近边坡或尾矿的围护结构。如果从施工角度来看是可行或许可的,可以在坡脚处回填土以提供附加支撑来提高斜坡的稳定性。

在坡度不可改变的情况下,可考虑其他斜坡保护方法,包括挡土墙、土锚、岩锚、垂直石桩等。在许多情况下,地下水是导致边坡不稳定的主要因素。因此,减少和控制斜坡地下水可能是提高边坡安全系数的有效手段,而不用改变坡度或采用其他在保护斜坡方法。通常可以使用水平渗水管、排水沟或带有排水泵的竖向排水井实现坡面排水。斜坡排出的地下水要进行疏导使其不能重新流入斜坡地下。

对于靠近河流的斜坡,坡脚冲蚀通常被认为是边坡不稳定的关键因素。控制坡脚冲蚀并重建斜坡基部可以提高边坡的稳定性,防止边坡失稳。通常沿着受到冲刷威胁的河岸堆放乱石作为河岸护墙(大的天然岩石或混凝土块)来解决坡脚冲蚀。其他方法包括使用板桩或石笼墙,或采用导流结构引导水流远离坡脚冲蚀敏感区域。

其他缓解措施还包括浅埋以减小管道受到的轴向和侧向载荷,还可以将管道敷设在地面的枕木上。图9.1为不列颠哥伦比亚省北部的一条管道,此管道贯穿一条缓慢移动的斜坡。这条管道选择的解决方法是将管道放置在斜坡的木质枕木上。也可将管道安装在高架垂直支撑构件(Vertical Support Members,VSMs)上,这样斜坡向下运动时管道保持稳定,图9.2为这种方法被应用于8.25节的例1管道上的示意图。

图 9.1 铺设在木质枕木上以适应侧向蠕变滑移的管道(Ed McClarty)

图 9.2 放置在地面垂直支撑构件上以适应边坡蠕变的管道(Chiriboga Gualberto)

在管道外使用减摩涂层能够减小管道上的轴向力。图 4.3 为承受滑坡位移的管道,有两层黄夹克涂层。内外涂层是分离的,外涂层被运动的土壤向下拉。在这种情况下,管道产生的实际应变可能比两层管道涂层没有分离时要小。图 4.3 中采用双层黄夹克涂层并不是项目规范要求的,而是因为在生产第一层(内)涂层时加工工厂出现了问题。它被安装在蠕变斜坡上并被偶然发现的。工业上减摩涂层主要由类似于泥沙围栏的塑料土工布材料构成,当涂层包裹住管道后可以形成低摩擦剪切滑动面。

9.4 上浮位移和屈曲

高热胀内力、高工作压力和地形高点的组合作用导致了管道的上浮位移和屈曲。在软弱土壤中,即使没有地形高点,由于管沟底部不平而使管道产生的微小垂直位移也足以导致管道上浮屈曲。缺少足够的回填土来约束管道也有助于管道的上浮位移。对于海底管道来说,评估上浮屈曲的常用方法是基于 Palmer 等人的半解析法(1990)。在永冻土地带,冻胀可能会给管道提供一个初始向上位移(Palmer 和 Williams,2003),从而不需要一个高地形点诱发上浮。

挪威船级社(2007)在 DNV – RP – F110 标准中推荐进行管道上浮屈曲设计校核。并认为,在不排水(快速)加载条件或排水/持续(缓慢或长期)加载条件下都可能发生上浮屈曲。

最常见的缓解上浮屈曲的方法是提供足够的垂直约束。这种约束通常是通过增加埋深、密实回填、安装螺形地锚或压重块来提供额外的上浮抗力。在某些情况下,在高地形点处减小坡度也可以降低管道发生上浮的可能性。

9.5 液化和侧向扩展

由于地质断层断裂引起的地面震动使土壤液化以及侧向扩展。这两个问题都会导致(有效)土壤强度的大幅下降。在液化过程中,由于土粒的循环运动,孔隙水压力上升,从而降低了土壤的有效应力,参见 6.1 节。式(6.1)表明,如果孔隙水压力上升到与总的土壤垂直应力相等,则土壤中的有效应力减小到零。根据 Terzaghi 的有效应力原理,土壤强度和变形大小受有效应力控制而不是总应力。因此,有效应力为 0 意味着土壤强度也为 0。对于液化土壤,零土壤强度会导致管道受浮力作用,但管道上浮还是下沉,这取决于管道本身的特性。对于侧向扩展,零有效应力可能导致大的土壤位移(即所谓的永久性地面位移),土壤侧向力导致管道发生移动。地面震动停止后,暂时较高的孔隙水压力不再升高甚至消失,土壤强度将恢复大部分或恢复到震前全部水平。但管道的位移是不可恢复的,因为要使管道回到震前的位置,管道需要穿过强度像震前一样的土壤。

侧向扩展时管道应力分析需要考虑的一个特别重要的因素是土壤容易出现强度损失的地层的位置。根据当地的地质情况,该地层可能是铺设管道的浅地表层;或者,该地层可能被其他不易产生强度损失的地层覆盖。在后一种情况中,如果土壤产生侧向扩展,移动的下层土壤将带动埋有管道的强度较高的上层土壤一起运动。从管道应力的角度来看,这种情况对管道的破坏要比把管道埋在强度容易损失并发生侧向位移的土层中更为严重。

对于土壤的侧向扩展,解决方案的第一步是估计永久地面位移和相对应的管道位移大小,其次是进行管道应力分析。应力分析的目的是计算管道位移时在管道内产生的应力和应变。如果地面运动使管道产生的应变("应变需求")小于管道所能承受的应变("应变能力"),则不需要采取措施;如果应变能力小于应变需求,则需要考虑采取某种缓解措施。

侧向扩展的缓解措施包括使用厚壁管道或采用具有高应变能力的管材和焊缝,如加拿大管道标准 CSA Z662 中的附录 C 所示。浅埋或地面敷设管道可以减小土壤侧向扩展对管道施加的载荷。大曲率半径弯头可以减少地面运动引起的管道应变。另外,也可以考虑使用类似于管道穿越地质断层时的倾斜宽沟和柔性回填材料。

对于土壤液化问题的措施,可以使用螺形地锚以防止管道在土壤液化时由于浮力而上升。螺形地锚应安装在地震发生时不易液化以及不易出现强度损失的较深的稳定地层。

10　总结

本书主要内容包括：

(1) 岩土工程勘察是管道设计的重要和必要组成部分。调查内容应包括管道路由的地形图、地质灾害的识别和表征以及管土相互作用参数的确定。

(2) 颗粒状土壤几乎都会表现出排水性，因此应该使用有效强度参数。

(3) 黏性土壤根据加载速度不同可表现为排水和不排水两种特性。

(4) 不排水条件下土壤摩擦角为 0°，此时可以忽略地下水影响。

(5) 不要混淆第 7 章中不排水强度和有效（排水）强度计算式。

(6) 应评估加载速率以确定加载速度是快还是慢。

(7) 对土壤进行快速加载意味着土壤产生不排水强度，缓慢加载则意味着土壤表现出排水强度。

(8) 在大多数情况下，基于不排水土壤强度的土壤抗力将高于基于有效（排水）土壤强度的土壤抗力。

(9) 了解土壤相对密度，不要混淆密度、有效（淹没）相对密度和干相对密度。

(10) 岩土工程师和管道工程师需要沟通土壤承载和管道应力分析的具体细节。

(11) 考虑承载的持续时间。一些快速但持续的加载情况需要分析不排水和排水两种情况的土壤强度，采用更保守的土弹簧参数进行管道应力分析。

(12) 根据不同情况，对原土和回填土取不同的土壤强度。

(13) 沼泽土和高含有机土壤是性能较差的土壤材料。强度具有高度各向异性，达到峰值抗力所需的位移或应变远大于细粒土壤。

(14) 导致土壤抗力小和刚度低的土壤强度对于一些管土相互作用情况可能是保守的，但是对于其他管土相互作用情况可能是不保守的。管道工程师和岩土工程师对选择适当的土壤强度参数进行讨论很重要。

(15) 管道工程师应该分析岩土工程师对土壤强度参数的选择是否正确。许多岩土工程师可能会自动选择较小的值，但这些值通常没有足够的数据支撑，并可能导致管道应力分析结果有问题。

(16) 采用双线性、三线性或双曲线的土壤响应曲线可能都是合理的。

(17) 了解管沟结构，因为它可能会影响侧向土壤的抗力和刚度。是回填土还是原土在侧向土壤抗力和刚度中起主要作用？管沟壁应该是垂直的还是倾斜的？

(18) 如果土壤强度存在应变软化，那么位移较大时的土壤刚度会降低，考虑这个现象是否是合理的。

(19) 管道运动的许多情况都有一个临界长度，此时管道的应变最大。包括冻胀，融沉和侧向扩展。

(20) 向岩土工程师寻求关于侧向滑坡和类似的土壤运动的过渡界面和位移形式的指导。

依据诸多因素,将变形土和稳定土界面处的短过渡区合并是合理的。

(21)要知道大多数岩土工程师对于管土相互作用了解不多(就像大多数管道工程师对岩土力学的理解有限一样)。两者应就特定的管土相互作用问题合作确定合理的土壤条件。

版权和版权许可

图	版权及版权许可
2.1	版权经 J. M. Oswell 许可使用
2.2	版权经 J. M. Oswell 许可使用
2.3	版权经 J. M. Oswell 许可使用
2.4	版权经 J. M. Oswell 许可使用
2.5	版权经 J. M. Oswell 许可使用
2.6	版权经 J. M. Oswell 许可使用
2.7	版权经 J. M. Oswell 许可使用
2.8	版权经 J. M. Oswell 许可使用
2.9	版权经 J. M. Oswell 许可使用
2.10	版权经 J. M. Oswell 许可使用
2.11	版权经 Rod Read 和 Michael Wagner 许可使用
2.12	版权经 J. M. Oswell 许可使用
2.13	版权经 J. M. Oswell 许可使用
2.14	版权经 J. M. Oswell 许可使用
2.15	版权经 J. M. Oswell 许可使用
3.1	版权经 J. M. Oswell 许可使用
3.2	版权经 J. M. Oswell 许可使用
3.3	版权经 J. M. Oswell 许可使用
3.4	版权经 J. M. Oswell 许可使用
3.5	版权经李亮亮许可使用
3.6	版权经 J. M. Oswell 许可使用
3.7	版权经 J. M. Oswell 许可使用
3.8	版权经 J. M. Oswell 许可使用
3.9	版权经 J. M. Oswell 许可使用
3.10	版权经 J. M. Oswell 许可使用
3.11	版权经 J. M. Oswell 许可使用
3.12	版权经 J. M. Oswell 许可使用
3.13	版权经 J. M. Oswell 许可使用
4.1	版权经 Edward McClarty 许可使用
4.2	版权经 J. M. Oswell 许可使用

续表

图	版权及版权许可
4.3	版权经 J. M. Oswell 许可使用
4.4	版权经 J. M. Oswell 许可使用
4.5	数据由 Enbridge Pipelines(NW)公司提供并经其许可使用
4.6	版权经 J. M. Oswell 许可使用
4.7	版权经 J. M. Oswell 许可使用
4.8	版权经 J. M. Oswell 许可使用
4.9	版权经 J. M. Oswell 许可使用
4.10	版权经 J. M. Oswell 许可使用
4.11	版权经 J. M. Oswell 许可使用
4.12	版权经 J. M. Oswell 许可使用
4.13	数据由 Shunji Kanie 教授提供并经其许可使用
4.14	数据由 Shunji Kanie 教授提供并经其许可使用
4.15	版权经 Margo Burgess，J. M. Oswell 和 Sharon Smith 许可使用
4.16	版权经 Margo Burgess，J. M. Oswell 和 Sharon Smith 许可使用
6.1	版权经 J. M. Oswell 许可使用
6.2	版权经 J. M. Oswell 许可使用
6.3	版权经 J. M. Oswell 许可使用
6.4	版权经 J. M. Oswell 许可使用
6.5	版权经 J. M. Oswell 许可使用
6.6	版权经 J. M. Oswell 许可使用
6.7	版权经 J. M. Oswell 许可使用
6.8	版权经 J. M. Oswell 许可使用
6.9	版权经 J. M. Oswell 许可使用
6.10	版权经 J. M. Oswell 许可使用
6.11	版权经 J. M. Oswell 许可使用
6.12	版权经 J. M. Oswell 许可使用
6.13	版权经 J. M. Oswell 许可使用
6.14	版权经 J. M. Oswell 许可使用
6.15	版权经 J. M. Oswell 许可使用
6.16	版权经 J. M. Oswell 许可使用
6.17	版权经 J. M. Oswell 许可使用
6.18	版权经 J. M. Oswell 许可使用
6.19	版权由加拿大科学出版社或其授权商所有
6.20	版权经 Fannin，Eliadorani 和 Wilkinson Pedersen，Olson 和 Rauch，Baracos，Graham 和 Domaschuk 许可使用
6.21	版权经 J. M. Oswell 许可使用

续表

图	版权及版权许可
6.22	版权由加拿大科学出版社或其授权商所有
6.23	版权经 Boylan, Long 和 O'Kelly, Sivakumar 许可使用
6.24	版权经 J. M. Oswell 许可使用
6.25	版权由加拿大科学出版社或其授权商所有
6.26	转载于《工程地质学》,18,R. A. Bragg 和 O. B. Andersland,应变率、温度和试样尺寸对冻结砂土拉压性能的影响,35-46,版权(1981)由 Elsevier 所有并许可。许可证号码为 3523440116246
6.27	版权由加拿大科学出版社或其授权商所有
6.28	版权经 Roggensack 许可使用
6.29	版权经 Graham, Crooks 和 Bell, T. D. O'Reilly, Brown 和 Overy 许可使用
6.30	经世界地震工程会议许可使用
6.31	版权经 Rod Read 许可使用
6.32	版权经 J. M. Oswell 许可使用
6.33	版权经 J. M. Oswell 许可使用
7.1	版权经 J. M. Oswell 许可使用
7.2	版权经 J. M. Oswell 许可使用
7.3	数据由 Karimian 提供并经其许可使用
7.4	版权经 J. M. Oswell 许可使用
7.5	版权经 J. M. Oswell 许可使用
7.6	数据由 ALA 提供并经其许可使用
7.7	数据由 ALA 提供并经其许可使用
7.8	版权经 Schaminée 许可使用
7.9	版权经 J. M. Oswell 许可使用
7.10	数据由 ALA 提供并经其许可使用
7.11	版权经 Trautmann 和 T. D. O'Rourke, ALA, Yimsiri 许可使用
7.12	数据由 Hansen, Trautmann 和 T. D. O'Rourke 提供并经其许可使用
7.13	版权经 J. M. Oswell 许可使用
7.14	版权经 Manitoba Free Press 许可使用
7.15	版权经 J. M. Oswell 许可使用
7.16	版权经 J. M. Oswell 许可使用
7.17	版权经 J. M. Oswell 许可使用
7.18	版权经 J. M. Oswell 许可使用
7.19	版权经 J. M. Oswell 许可使用
7.20	版权经 J. M. Oswell 许可使用
8.1	版权经 J. M. Oswell 许可使用
8.2	版权经 J. M. Oswell 许可使用

续表

图	版权及版权许可
8.3	版权经 J. M. Oswell, Hart 和 Zulfiqar 许可使用
8.4	版权经 J. M. Oswell, Hart 和 Zulfiqar 许可使用
8.5	数据由 Altaee 和 B. H. Fellenius 提供并经其许可使用
8.6	版权经 J. M. Oswell 许可使用
8.7	版权经 J. M. Oswell 许可使用
8.8	版权经 J. M. Oswell 许可使用
8.9	版权经 J. M. Oswell 许可使用
8.10	版权经 J. M. Oswell 许可使用
8.11	版权经 Gurpersaud, Vanapalli 和 Sivathayalan 许可使用
8.12	版权经 T. D. O'Rourke 许可使用
8.13	版权由加拿大科学出版社或其授权商所有
8.14	版权经 J. M. Oswell 许可使用
8.15	版权经 J. M. Oswell 许可使用
8.16	版权经 J. M. Oswell 许可使用
8.17	版权经 J. F. Nixon 和 J. M. Oswell 许可使用
8.18	版权经 J. F. Nixon 和 J. M. Oswell 许可使用
8.19	版权经 Ariaratnam 和 Beljan 许可使用
8.20	版权经 J. M. Oswell 许可使用
8.21	版权经 J. M. Oswell 许可使用
8.22	版权经 J. M. Oswell 许可使用
8.23	数据由 Scarpelli 提供并经其许可使用
8.24	版权经 P. C. F. Ng. 许可使用
8.25	版权经管道国际理事会许可使用
8.26	版权经 Phillips, Nobahar 和 Zhou. 许可使用
8.27	数据由 R. Phillips 提供并经其许可使用
8.28	数据由 R. Phillips 提供并经其许可使用
8.29	版权经管道国际理事会许可使用
8.30	版权经管道国际理事会许可使用
8.31	版权经 P. C. F. Ng. 许可使用
8.32	版权经 J. M. Oswell 许可使用
8.33	版权经加拿大土壤协会许可使用
8.34	版权经加拿大土壤协会许可使用
8.35	版权经 J. M. Oswell 许可使用
8.36	版权经 J. M. Oswell 许可使用
8.37	版权经 P. Liu 和 T. D. O'Rourke 许可使用

续表

图	版权及版权许可
8.38	版权经加拿大国家地震工程中心许可使用
8.39	版权经加拿大国家地震工程中心许可使用
8.40	版权经 P. Liu 和 T. D. O'Rourke 许可使用
8.41	数据由 P. Liu 提供并经其许可使用
8.42	版权经 J. M. Oswell 许可使用
8.43	数据由 J. F. Nixon 提供并经其许可使用
8.44	数据由 J. F. Nixon 提供并经其许可使用
8.45	版权经 J. M. Oswell 许可使用
8.46	版权经 J. M. Oswell 许可使用
8.47	版权经 J. M. Oswell 许可使用
8.48	版权经 J. M. Oswell 许可使用
8.49	版权经 J. M. Oswell 许可使用
8.50	版权经 J. M. Oswell 许可使用
8.51	版权经 J. M. Oswell 许可使用
8.52	版权经 J. M. Oswell 许可使用
8.53	版权经 J. M. Oswell 许可使用
8.54	版权经 J. M. Oswell 许可使用
8.55	版权经 J. M. Oswell 许可使用
9.1	版权经 Edward McClarty 许可使用
9.2	版权经 Chiriboga Gualberto 许可使用

参 考 文 献

Al-Khazaali, M. and Vanapalli, S. 2017. Experimental model to investigate the axial force - displacement behaviour of a pipeline in an unsaturated sandy soil. Proceedings, 70th Canadian Geotechnical Conference, Ottawa Ontario. Canadian Geotechnical Society, Richmond, B. C.: 9 pages.

Altaee, A. and Fellenius, B. H. 1996. Finite element modeling of lateral pipeline - soil interaction. Proceedings, 14th International Conference on Offshore Mechanics and Arctic Engineering, OMAE 1996. Florence, Italy: 9 pgs.

Amaryan, L. S., Sorokina, G. V. and Ostoumova, L. V., 1973. Consolidation laws and mechanical - structural properties of peaty soils, Proceedings 8th International Conference on Soil Mechanics and Foundation Engineering, Moscow. International Society of Soil Mechanics and Foundation Engineering: 1-6.

American Lifelines Alliance (ALA). 2005. Guidelines for the design of buried steel pipe. Prepared for the American Society of Civil Engineers and the Federal Emergency Management Agency. Washing - ton, D. C., USA. 83 pgs.

American Society of Civil Engineers (ASCE). 1984. Guidelines for the seismic design of oil and gas pipeline systems, committee on gas and liquid fuel lifelines. ASCE, New York, NY.

American Society for Testing and Materials (ASTM). 2005. Standard guide for Use of maxi - horizontal directional drilling for placement of polyethylene pipe or conduit under obstacles, including river crossings. ASTM International, West Conshohocken, PA, USA.

Ariaratnam, S. and Beljan, I. 2005. Post construction of horizontal directional drilling installations. Practice Periodical on Structural Design and Construction. ASCE, 10(2): 115 - 126.

Audibert, J. M. E. and Nyman, K. J. 1977. Soil restraint against horizontal motion of pipes. Journal of Geotechnical Engineering Division, ASCE, 103 (GT10): 1119 - 1142.

Azhar, A., Norholiza, W., Ismail, B., Abdullah, M., and Zakaaria, M. 2016. Comparison of shear strength properties for undisturbed and reconstituted Parit Nipah peat, Johor. International Engineering Research and Innovation Symposium: IOP Conference Series: Materials Science and Engineering, 160: 9 pgs.

Baracos, A., Graham, J. and Domaschuk, L. 1980. Yielding and rupture of a lacustrine clay. Canadian Geotechnical Journal, 17: 559 - 573.

Bierbäumer, A. 1913. Die dimensionnierung des tunnelmanerwerks. Liepzig. 101 pgs.

Bolton, M. 1986. The strength and dilatancy of sands. Geotechnique, 36(1): 65 - 78.

Bowen, H. J., Jacka, M. E., van Ballegooy, S., Sinclair, T. J. and Cowan, H. A. 2012. Lateral spreading in the Canterbury earthquakes - Observations and empirical prediction methods. Proceedings, 15th World Conference on Earthquake Engineering. International Association for Earthquake Engineering. Lisbon Portugal. 10 pgs.

Boylan, N. and Long, M. 2013. Evaluation of peat strength for stability assessments. Proceedings of the ICE, Geotechnical Engineering, 166: 1 - 10.

Bragg, R. A. and Andersland, O. B. 1981. Strain rate, temperature, and sample size effects on compression and tensile properties of frozen sand. Engineering Geology, 18: 35 - 46.

Brooker, E. W. 1992. Abuse of engineering principles, negligence and litigation. Proceedings of the 45th Canadian Geotechnical Confer - ence. Canadian Geotechnical Society. Richmond, B. C. Paper 107: 8 pgs.

Burgess, M. M., Oswell, J. M. and Smith, S. L. 2010. Government – industry collaborative monitoring of a pipeline in permafrost – the Norman Wells Pipeline experience, Canada. Proceedings, 63rd Canadian Geotechnical Conference/6th Canadian Permafrost Conference, Calgary, Alberta. Canadian Geotechnical Society, Richmond, B. C.: 8 pgs.

Burwash, W. and Clark, J. 1981. Compaction of soils in freezing conditions. Proceedings, 34th Canadian Geotechnical Conference. Canadian Geotechnical Society, Richmond, B. C.: 19 pgs.

Canadian Geotechnical Society. 2006. Canadian Foundation Engineering Manual. BiTech Publishing. Canadian Geotechnical Society, Richmond, B. C. 503 pgs.

Cappelletto, A., Tagliaferri, R., Giurlani, G., Andrei, G., Furlani, G., & Scarpelli, G. 1998. Field full scale tests on longitudinal pipeline – soil interaction. Proceedings, International Pipeline Conference, Calgary, Canada. American Society of Mechanical Engineers, Vol. 2: 771 – 778.

Cheuk, C. Y., Take, W. A., Bolton, M. D. and Oliveira, J. 2007. Soil restraint on buckling oil and gas pipelines buried in lumpy clay fill. Engineering Structures, 29(6): 973 – 982.

Cheuk, C. Y., White, D. J. and Bolton, M. D. 2008. Uplift mechanisms ofpipes buried in sand. Journal of Geotechnical and Geo – environmental Engineering. ASCE, 134(2): 154 – 163.

China National Petroleum Corporation. 2013. 2013 Facts & Figures. Published by China National Petroleum Corporation, Beijing, P. R. China. 15 pgs.

Colton, J. D., Chang, P. H. P., & Lindberg, H. E. 1982. Measurement of dynamic soil – pipe axial interaction for fullscale buried pipelines. International Journal of Soil Dynamics and Earthquake Engineering, 1(4): 183 – 188.

Cruden, D. M. and Varnes, D. J. 1996. Chapter 3: Landslide types and processes. In: Landslides: investigation and mitigation. Edited by A. K. Turner and L. R. Schuster. Transportation Research Board Special Report 247. Transportation Research Board. Washington DC, USA.

Craig, R. F. 2004. Craig's Soil Mechanics. 7th Edition. Spon Press, New York, N. Y. 458 pgs.

Det Norske Vetitas (DNV). 2007. DNV – RP – F110: Global buckling of submarine pipelines – structural design due to high temperatures/high pressure. Norway.

Edil, T. B. and Benson, C. H. (principal investigators). 2009. Comparison of basic laboratory test results with more sophisticated laboratory and in – situ tests methods on soils in southeastern Wisconsin. Report to Wisconsin Department of Transportation. Wisconsin Highway Research Program #0092 – 06 – 05. 71 pgs.

El Hmadi, K. and O'Rourke, M. J. 1989. Seismic wave effects on straight jointed buried pipeline. Technical Report NCEER – 89 – 0022, Multi – disciplinary Center for Earthquake Engineering Research, Buffalo, New York, USA.

Ellsworth, W. l, Celebi, M., Evans, J. R., Jensen, E. G., Kayen, R., Metz, M. C., Nyman, D. J., Roddick, J. W., Spudich P. and Stephens, C. D. 2004. Near – field ground motion of the 2002 Denali fault, Alaska, earthquake recorded at pump station 10. Earthquake Spectra, 20(3): 597 – 615.

Fannin, R. J., Eliadorani, A. and Wilkinson, J. M. T. 2005. Shear strength of cohesionless soils at low stress. Geotechnique, 55(6): 467 – 478.

Finnie, I. and Randolph, M. F. 1994. Punch – through and liquefaction induced failure of shallow foundations on calcareous sediments. Proceedings, International Conference on Behavior of Offshore Structures, BOSS'94, Boston: 217 – 230.

Fredlund, D. G., Morgenstern, N. R., and Widger, R. A. (1978). The shear strength of unsaturated soil. Canadian Geotechnical Journal. 15: 313 – 321.

Guha, I. and Flores Berrones, R. 2008. Earthquake effect analysis of buried pipelines. Proceedings, 12th International Conference of International Association for Computer Methods and Advances in Geomechanics. Goa, India: 3957 – 3967.

Graham, J. 2003. Soil parameters for numerical analysis in clays: R. M. Hardy Address. Proceedings, 54th Canadian Geotechnical Conference/4th Joint IAH/CGS Conference. Winnipeg, Manitoba. Canadian Geotechnical Society, Richmond, B. C.: 30 pgs.

Graham, J. and Au, V. C. S. 1985. Effects of freeze – thaw and softening on a natural clay at low stresses. Canadian Geotechnical Journal, 22: 69 – 78.

Graham, J., Crooks, J. H. A., and Bell, A. L. 1983. Time effects on the stress – strain behaviour of natural soft clays. Geotechnique, 33(3): 327 – 340.

Guorui, G. and Yuzhi, L. 1997. The distribution and geotechnical properties of lateritic soils in China. In: Engineering Geology and the Environment, Marios, Koukis, Tsianbaos and Stoumaras eds. Balkema, Rotterdam. 139 – 143.

Gurpersaud, N., Vanapalli, S. K. and Sivathayalan, S. 2011. Pull – out capacity of soil nails in unsaturated soils. Proceedings, Pan – American/Canadian Geotechnical Conference. Toronto, Ontario. Canadian Geotechnical Society, Richmond, B. C.: 8 pages.

Hall, W. J, Nyman, D. J., Johnson, E. R. and Norton, J. D. 2005. Performance of the Trans – Alaska pipeline in the November 3, 2002 Denali Fault earthquake. Proceedings, 6th U. S. Conference and Workshop on Lifeline Earthquake Engineering. ASCE Technical Council on Lifeline Earthquake Engineering, Long Beach, CA.

Hanna, A. J., Saunders, R., Lem, G. and Carlson. L. 1983. Alaska Highway gas pipeline (Yukon Section) – thaw settlement design approach. Proceedings, 4th International Permafrost Conference, Fairbanks, Alaska: 439 – 444.

Hansen, J. B. 1961. A general formula for bearing capacity. Danish Geotechnical Institute Copenhagen Bulletin No. 11. 46 pgs.

Heilongjiang Province Institute of Cold Regions Construction, 1999. Design codes for foundations of infrastructures in the permafrost regions (JGJ – 98). China Construction Industry Press, Beijing, China (in Chinese).

Hobbs, N. B. 1986. Mire morphology and the properties and behaviour of some British and foreign peats. Quarterly Journal of Engineering Geology, 19: 7 – 80.

Honegger, D. G. 1999. Field measurement of axial soil friction forces on buried pipelines. Proceedings, Optimizing Post – Earthquake Lifeline System Reliability, 5th U. S. Conference on Lifeline Earthquake Engineering. W. M. Elliott and P. McDonough, Eds, American Society of Civil Engineers: 703 – 710.

 Pipeline Performance Under Longitudinal... (PDF Download Available). Available from: https://www.researchgate.net/publication/276409466_Pipeline_Performance_Under_Longitudinal_Permanent_Ground_Deformation [accessed Jun 10 2018].

Honegger, D. G., Nyman, D. J. and Youd, T. L. 2006. Liquefaction hazard mitigation for oil and gas pipelines. Proceedings, 8th U. S. National Conference on Earthquake Engineering. Earthquake Engineering Research Institute. San Francisco CA. 10 pgs.

Honegger, D. G., Wijwickreme, D. and Youd, T. L. 2014. Regional pipeline vulnerability assessment based upon probabilistic lateral spread hazard characterization. Proceedings, 10th U. S. National Conference on Earthquake Engineering. Anchorage, Alaska. Earthquake Engineering Research Institute. Oakland CA. 10 pgs.

Hou, Z., Cai, J. and Liu, X. 1990. Response calculation of oil pipeline subjected to permanent ground movement induced by soil liquefaction. Proceedings of the China – Japan Symposium on Lifeline Earthquake Engineering. Beijing, PRC: 107 – 114.

Huang, R. and Li, W. 2011. Formation, distribution and risk control of landslides in China. Journal of Rock Mechanics and Geotechnical Engineering, 3 (2): 97 – 116.

International Working Group (IWG). 1995. A suggested method for describing the rate of movement of a landslide. Prepared by the International Union of Geological Sciences Working Group on Landslides. Bulletin of the International Association of Engineering Geology, No. 52, Paris.

Jaky, J. 1948. Pressure in silos. Proceedings, 2nd International Conference on Soil Mechanics and Foundation Engineering. Rotterdam, The Netherlands, Volume 1: 103 – 107.

Jamiolkowski, M., Ladd, C. C., Germaine, J. T. and Lancellotta, R. 1985. New developments in field and laboratory testing of soils. Proceedings, 11th International Conference on Soil Mechanics and Foundation Engineering, San Francisco, CA., USA. Volume 1: 57 – 153.

Jung, J., O'Rourke, T. D. and Argyrou, C. 2016. Multi – directional force – displacement response of underground pipe in sand. Canadian Geotechnical Journal, 53: 1763 – 1781.

Karlsrud, K., and Hemandez – Martinez, G. 2013. Strength and deformation properties of Norwegian clays from laboratory tests on high – quality block samples. Canadian Geotechnical Journal, 50(12): 1273 – 1293.

Kouretzis, G. P., Sheng, D. and Sloan, S. W. 2013. Sand – pipeline – trench lateral interaction effects for shallow buried pipelines. Computers and Geotechnics. 54: 53 – 59.

Kulhawy, F. H. and Mayne, P. W. 1990. Manual on estimating soil properties for foundation design. Prepared for Electric Power Research Institute, Palo Alto, CA, USA. Project Number EL – 6800; Research Project 1493 – 6. 308 pgs.

Kruk, K. 2011. Stiffness characteristics of buried and on – bottom pipelines loaded axially. In: Geotechnical Engineering: New Horizons, Proceedings, 21st European Young Geotechnical Engineers' Conference. Edited by F. Barends, J. Breedeveld, R. Brinkgreve, M. Korff and L. van Paassen. IOS Press: 279 – 284.

Kwaaitaal, F. 2012. Soil friction modeling in HDD's under operational conditions – new insights in existing theories. Proceedings, 7th Pipeline Technology Conference. Hanover, Germany: 46 pgs.

Lacasse, S. And Nadim, F. 1996. Uncertainties in characterizing soil properties. Proceedings, Uncertainty in the Geologic Environment: From Theory to Practice. Vol. 1, ASCE: 49 – 75.

Lan, H. X., Hu, R. L., Yue, Z. Q., Lee, C. F., and Wang, S. J. 2003. Engineering and geological characteristics of granite weathering profiles in south China. Journal of Asian Earth Sciences, 21: 353 – 364.

Lehane, B. and Liu, Q. B. 2013. Measurement of shearing characteristics of granular materials at low stress levels in a shear box. Geotechnical and Geological Engineering, 31: 329 – 336.

Lin. Z., and Liang, W. 1982. Engineering properties and zoning of loess and loess like soils in China. Canadian Geotechnical Journal, 19: 76 – 91.

Linnitt, C. 2013. Official price of the Enbridge Kalamazoon Spill, a whopping $1,030,000,000. Desmog Canada. Accessed October 18, 2014 at http://www. desmog. ca/2013/08/26/official – price – enbridge – kalamazoo – spill – whopping – 1 – 039 – 000 – 000.

Liu, A. A. and Jia, X. H. 2012. Response analysis of a buried pipeline considering the process of fault movement. Proceedings, 15th World Conference on Earthquake Engineering, Lisbon Portugal. International Association for Earth Engineering, Tokyo, Japan: 8 pgs.

Liu, A., Wu, J. and Yang, Na. 2017. Seismic risk analysis for the oil/gas pipeline system. Proceedings of the 6th International Conference on Risk Analysis and Crisis Response (RACR 2017). Edited by A. Bernatik, C. Huang and O. Salvi. Ostrava, Czech Republic. CRC Press. .

Liu, B. 2015. TransCanada Pipelines Ltd. Personal communication.

Liu, X. and O'Rourke, M. 1997. Behavior of continuous pipeline subject to transverse PGD. Journal of Earthquake Engineering and Structural Dynamics, 26: 989 – 1003.

Luscher, U. Thomas H. P., and Maples, J. A. 1979. Pipe – soil interaction, Trans – Alaska Pipeline. Proceedings, ASCE Conference on Pipelines in Adverse Environments. New Orleans. LA. : 486 – 502.

MacFarlane, I. C. 1958. Guide to a field description of muskeg. National Research Council of Canada Associate Committee on Soil and Snow Mechanics, Technical Memorandum 44. Ottawa, Canada.

Mackenzie, T. R. 1955. Strength of deadman anchors in clay: Pilot tests. A thesis submitted in partial fulfillment of a Master's degree. Princeton University, Princeton, New Jersey, USA.

Martin, R. L. 2018. Personal communication.

Mayne, P. W. 2012. Quandary in geomaterial characterization: New versus the old. In: Shaking the foundations of geo – engineering education Edited by B. McCabe, M. Pantazidou and D. Phillips. CRC Press. 330 pgs.

Mayne, P. W. 1988. Determining OCR in clays from laboratory strength. Journal of Geotechnical Engineering, ASCE, 114(1): 76 – 92.

Mayne, P. W. and Kemper, J. B. 1988. Profiling OCR in stiff clays by CPT and SPT. Geotechnical Testing Journal, ASTM, 11(2): 139 – 147.

Mayne, P. W. and Kulhawy, F. H. 1982. OCR relationship in soils. Journal of the Geotechnical Engineering Division, ASCE. 108(GT6): 851 – 872.

Mayne, P. W., Coop, M. R., Springman, S. M., Huang, A. – B., and Zonrberg, J. G. 2009. Geomaterial behavior and testing. Proceedings, 17th International Conference on Soil Mechanics and Geotechnical Engineering. Alexandria, Egypt. Edited by M. Hamza, M. Shahien and Y. El – Mosallamy. IOS Press. Volume 1. 96 pgs.

McAffee, R., Phillips, R., and Martens, M. 2014a. Field testing of pipeline trench backfill properties. Proceedings, 10th International Pipeline Conference, Calgary, Canada. ASME. Paper No. IPC2014 – 33196.

McAffee, R., Phillips, R., and Martens, M. 2014b. Field testing of pipeline trench backfill properties placed during winter conditions. Proceedings, 67th Canadian Geotechnical Conference. Regina Saskatchewan. Canadian Geotechnical Society, Richmond, B. C. : 8 pgs.

Meyerhof, G. G. 1956. Penetration tests and bearing capacity of cohesionless soils. Journal of the Soil Mechanics and Foundation Division, ASCE. 82(SM1): 1 – 19.

Mesri, G., and Ajlouni, M. 2007. Engineering properties of fibrous peats. Journal of Geotechnical and Geoenvironmental Engineering, ASCE; 133(7): 850 – 866.

Mesri, G. and Huvaj – Sarihan, 2012. Residual shear strength measured by laboratory tests and mobilized in landslides. ASCE Journal of Geotechnical and Geoenvironmental Engineerng, 138(5): 585 – 593.

Ministry of Water Resources of China. 2007. China National Standards GB/T50145 – 2007: Standard for engineering classification of soil. China Planning Press, Beijing.

Mitchell, J. K, 1976. Fundamentals of soil behavior. John Wiley and Sons, New York: 422 pp.

Mokwa, R. L. 1999. Investigation of the resistance of pile caps to lateral loading. Ph. D. Thesis, Department of Civil Engineering Virginia Polytechnic Institute and State University. Blacksburg, Virginia: 383 pgs.

Najjar, S. S., Gilbert, R. B., Liedtke, E., McCarron B. and Young, A. G. 2007. Residual shear strength for interfaces between pipelines and clays at low effective normal stresses. ASCE Journal of Geotechnical and Geoenvironmental Engineering, 133(6): 695 – 706.

National Energy Board. 2011. A comparative analysis of pipeline performance: 2000 – 2009. Document Number: NE2 – 2/2009E. Government of Canada, Ottawa, Ontario. 35 pgs.

Ng, P. C. F. 1994. Behaviour of buried pipelines subjected to external loading. Thesis submitted to the University of

Sheffield for the Degree of Doctor of Philosophy. Sheffield, England. 339 pgs.

Ng, C. W. W., and Springman, S. M. 1994. Uplift resistance of buried pipelines in granular materials. Centrifuge 94. Edited by Leung, Lee, and Tan:753 - 758.

Nixon, J. F. and Lem, G. 1984. Creep and strength testing of frozen saline fine - grained soils. Canadian Geotechnical Journal, 21(3): 518 - 529.

Nixon, J. F. and Nixon, M. 2010. Generated thaw settlementprofiles using autocorrelation function. Proceedings, 63rd Canadian Geotechnical Conference/6th Canadian Permafrost Conference, Calgary, Alberta. Canadian Geotechnical Society, Richmond, B. C. : 7 pgs.

Nixon, J. F. and Oswell, J. M. 2010. Analytical solutions for peak and residual uplift resistance of pipelines. Proceedings, 63rd Canadian Geotechnical Conference/6th Canadian Permafrost Conference, Calgary, Alberta. Canadian Geotechnical Society, Richmond, B. C. : 9 pgs.

Olson, S., and Stark, T. D. 2003. Use of laboratory data to confirm yield and liquefied strength ratio concepts. Canadian Geotechnical Journal, 40: 1164 - 1184.

O'Mahony, M. J., Ueberschaer, A., Owende P. and Ward, S. M. 2000. Bearing capacity of forest access roads built on peat soils. Journal of Terramechanics, 37: 127 - 138.

Oswell, J. M., Hanna, A. J., Doordyn, A., and Costin, A. 1995. A comparison of the CIS and ASTM soil classification systems. Proceedings, 48th Canadian Geotechnical Conference, Vancouver, B. C. Canadian Geotechnical Society, Richmond, B. C. ;573 - 582.

Oswell, J. M. 2011. Pipelines in permafrost: geotechnical issues and lessons. Canadian Geotechnical Journal, 48: 1412 - 1431.

Oswell, J. M. and Chiriboga, G. 2013. Geotechnical aspects of a pipeline rupture in Ecuador: factors and mitigation. Proceedings of the ASME 2013 International Pipeline Geotechnical Conference, Bogota, Colombia. Paper IPG2013 - 1953.

Oswell, J. M. 2018. Geotechnical aspects of pipelines in permafrost. Chapter 11. In: Pipeline geohazards: planning, design, construction and operations. Edited by M. Rizkalla and R. Read. American Society of Mechanical Engineers, New York, NY.

Oswell, J. M., Hart, J. and Zulfiqar, N. 2018. The effect of geotechnical parameter variability on soil - pipeline interaction. Submitted to Journal of Pipeline Engineering for possible publication.

O'Kelly, B. C. and Sivakumar, V. 2014. Water content determinations for peat and other organic soils using the oven - drying method. Drying Technology: An International Journal, 32: 13 pgs.

O'Reilly, M. P., Brown, S. F. and Overy, R. F. 1989. Viscous effects observed in tests on an anisotropically normally consolidated silty clay. Geotechnique, 39(1): 153 - 158.

O'Rourke, T. D. 2005. Soil - structure interaction under extreme loading conditions. Thirteenth Spencer J. Buchanan Lecture. Texas A&M University, College Station, Tx. 36 pgs.

O'Rourke, T. D. and Lane, P. A. 1989. Liquefaction hazards and there effects on buried pipelines. Technical Report NCEER - 89 - 0007. National Center for Earthquake Engineering Research, University of New York at Buffalo. NCEER Contract Numbers 87 - 5001 and 88 - 3014: 198 pgs.

O'Rourke, M. J. and Liu, X. 1999. Response of buried pipelines subject to earthquake effects. MCEER Monograph No. 3;Research Foundation of the State University of New York and MCEER: 276 pgs.

O'Rourke, M. J. and Liu, J. 2012. Seismic design of buried and offshore pipelines. Monograph MCEER - 12 - MN04. MCEER; University at Buffalo, State University of New York: 384 pgs.

Ovesen, N. K. and Strømann, H. 1973. Design method for vertical anchor slabs in sand. Proceedings of Specialty

Conference on Earth and Earth – Supported Structures. Lafayette, Indiana, USA. ASCE. Vol. 2. 1: 1481 – 1500.

Palmer, A. C., Ellinas, C. P., Richards, D. M. and Guijt, J, 1990. Design of submarine pipelines against upheaval buckling. Proceedings, Offshore Technology Conference, Houston Tx. American Society of Mechanical Engineers. Paper: OTC6335: 551 – 560.

Palmer, A. C. and Williams, P. J. 2003. Frost heave and pipeline upheaval buckling. Canadian Geotechnical Journal, 40: 1033 – 1038.

Parsons, R. ., Johnson, R. M., Brown, D. A., Dapp, S., and Brennan, J. J. 2009. Characterization of loess for deep foundations. Deep Foundation Institute Journal, 3(2): 11 pgs.

Peck, R. B., Hanson, W. E., and Thornburn, T. H. 1974. Foundation Engineering, 2nd Edition. John Wiley & Sons, New York: 514 pgs.

Pedersen, R. C., Olsen, R. E. and Rauch, A. F. 2003. Shear and interface strength of clay a very low effective stress. ASTM Geotechnical Testing Journal, 26 (1): 71 – 78.

Pihlainen, J. A. and Johnston, G. H. 1963. Guide to a field description of permafrost. National Research Council of Canada Associate Committee on Soil and Snow Mechanics, Technical Memorandum 79. Ottawa, Canada.

Phillips, R., Nobahar, A. and Zhou, J. 2004. Trench effects on pipe – soil interaction. Proceedings of the International Pipeline Conference, Calgary Canada. ASME. Paper IPC2004 – 141: 321 – 327.

Phoon, K. – K. and Kulhawy, F. H. 1999. Characterization of geotechnical variability. Canadian Geotechnical Journal, 36: 612 – 624.

PRCI (Pipeline Research Council International). 2003. Extended model for pipe soil interaction. Prepared by C – CORE and D. G. Honegger Consulting. Project Contract PR – 271 – 0184: 245 pgs.

PRCI (Pipeline Research Council International). 2004. Guidelines for the seismic design and assessment of natural gas and liquid hydrocarbon pipelines. Prepared by D. G. Honegger Consulting and D. J. Nyman and Associates. Project Contract PR – 286 – 9823: 190 pgs.

PRCI (Pipeline Research Council International). 2009. Guidelines for constructing natural gas and liquid hydrocarbon pipelines through areas prone to landslide and subsidence hazards. Prepared by C – CORE, D. G. Honegger Consulting and SSD Inc. Project ENV – 1: 219 pgs.

Rahman. A., Yahya, A., Zodaidie, M., Ahmad, D., Ishak, W. and Kheiralla, A. 2004. Mechanical properties in relation to vehicle mobility of Sepang peat terrain in Malaysia. Journal of Terramechanics, 41: 25 – 40.

Reddy, K. 2002. Engineering properties of soil based on laboratory testing. University of Illinois at Chicago. Downloaded from http://www.uic.edu/classes/cemm/cemmlab/Experiment 12 – Direct Shear.pdf.

Rizkalla, M., Trigg, A., and Simmonds, G. 1996. Recent advances in the modeling of longitudinal pipeline – soil interaction for cohesive soils. OMAE, Volume V, Pipeline Technology, ASME.

Roggensack, W. 1977. Geotechnical properties of fine – grained permafrost soils. Ph. D. Thesis, Department of Civil Engineering, University of Alberta. Edmonton, Alberta, Canada. 449 pgs.

Rowe, P. W. 1969. The relation between the shear strength of sands in triaxial compression, plane strain and direct shear. Geotechnique, 19(1): 75 – 86.

Rowe, K. K., MacLean, M. D. and Soderman, K. L. 1984. Analysis of a geotextile reinforced embankment construction on peat. Canadian Geotechnical Journal, 21: 563 – 576.

Scarpelli, G., Sakellariadi E. and Furlani, G. 2003. Evaluation of soil – pipeline longitudinal interaction forces. Rivista Iltaliana di Geotecnica. No. 4: 24 – 40.

Schmertmann, J. H. 1962. Comparisons of one and two specimen CFS tests. Journal of the Soil Mechanics and Foundations Division, ASCE, 88(SM6): 169 – 205.

Schaminée, P. , Zorn N. and Schotman G. 1990. Soil response for pipelines upheaval buckling analyses: full-scale laboratory tests and modelling. Proceedings, 22nd Annual Offshore Technology Conference, Houston, TX. OTC paper 6486. Vol. 10: 563 – 572.

Sherif, M. A. , Fang, Y. S. and Sherif, R. I. 1984. KA and Ko behind rotating and non-yielding walls. Journal of Geotechnical Engineering, ASCE, 110(1): 41 – 56.

Sladen, J. A. 1992. The adhesion factor: applications and limitations. Canadian Geotechnical Journal, 29(2): 322 – 326.

Sladen, J. A. and Oswell, J. M. 1988. The induced trench method for buried pipe protection: A critical review and case history. Canadian Geotechnical Journal, 25(3): 541 – 549.

Sorensen, K. and Okkels, N. 2013. Correlation between drained shear strength and plasticity index of undisturbed overconsolidated clays. Proceedings of the 18th International Conference on Soil Mechanics and Geotechnical Engineering, Paris, France: 423 – 428.

Sowers, G. F. 1979. Introductory soil mechanics and foundations: Geotechnical engineering. 4th Edition. Macmillan Publishing Co. , New York, NY. 621 pgs.

Suzuki, N. , Arata, O. and Suzuki, I. 1988. Subject to liquefaction-induced permanent ground displacement. Proceedings of First Japan-US Workshop on Liquefaction, Large Ground Deformation and Their Effects on Lifeline Facilities. Tokyo, Japan. Jointly sponsored by the Association for Development of Earthquake Prediction (Japan) and the National center for Earthquake Engineering Research, Buffalo, N. Y. : 155 – 162.

Sweeney, M. , Gasca, A. H. , Carcia Lopez, M. and Palmer, A. C. 2004. Pipelines and landslides in rugged terrain: A database, historical risks and pipeline vulnerability. Proceedings, Terrain and Geohazard Challenges Facing Onshore Pipelines. London. Thomas Telford, London, UK: 647 – 660.

Terzaghi, K. and Peck, R. B. 1967. Soil mechanics in engineering practice. John Wiley & Sons, New York: 729 pp.

Thomas, H. O. 1978. Discussion of Soil restraint against horizontal motion of pipe. Paper by J. M. Audibert and K. J. Nyman, 1977. Journal of Geotechnical Engineering, ASCE, 104(GT9): 1214 – 1216.

Thusyanthan, N. I. , Mesmar, S. , Robert, D. J. , Wang, J. and Haigh, S. K. 2011. Upheaval buckling assessment based on pipeline features. Proceedings, Offshore Technology Conference. Houston Tx. American Society of Mechanical Engineers. Paper OTC 21802. 9 pgs.

Trautmann, C. H. and O'Rourke, T. D. 1983. Behavior of pipe in dry sand under lateral and uplift loading. Geotechnical Engineering Report 83 – 7, Cornell University, Ithaca, N. Y. 306 pgs.

Troncoso, J. H. and Garces, E. 2000. Ageing effects in the shear modulus of soils. Soil Dynamics and Earthquake Engineering, 19(8): 595 – 601.

Tsatsis, A. , Gelagoti, F. , and Gazetas, G. 2016. Buried pipeline subjected to normal fault offsets: the key role of soil dilatancy in pipeline design. Proceedings, 1st International Conference on Natural Hazards and Infrastructure (ICONHIC2016), Chania, Greece: 12 pgs.

U. S. Department of the Navy. 1971. Design Manual-SoilMechanics. NAVFAC DM – 7.1. U. S. Government Printing Office, Washington, D. C. , USA.

U. S. Department of the Navy. 1982. Soil mechanics: Manual, NAVFAC DM 7.1. U. S. Government Printing Office, Washington, D. C. , USA. 355 pp.

van Everdingen. R. 2005. Multi-language glossary of permafrost and related ground ice terms. International Permafrost Association. 98 pgs.

Vanapalli, S. and Taylan, Z. N. 2012. Design of single piles using the mechanics of unsaturated soils. International

Journal of GEOMATE, 2(1): 197-204.

Vermeer, P. A., and Sutjiadi, W. 1985. The uplift resistance of shallow embedded anchors. Proceedings, 11th International Conference of Soil Mechanics and Foundation Engineering, Vol. 3, San Francisco: 1635-1638.

Wells, D. L and Coppersmith, K. J. 1994. Empirical relationships among magnitude, rupture length, rupture width, rupture area, and surface displacements. Bulletin of the Seismological Society of America, 84(4): 974-1002.

Wijeweera, H. and Joshi, R. C. 1990. Compressive strength behaviour of fine-grained frozen soils. Canadian Geotechnical Journal, 27(4): 472-483.

Wijewickreme, D., Karimian, H., Honegger, D. G. 2009. Response of buried steel pipelines subjected to relative axial soil movement, Canadian Geotechnical Journal, Vol. 46, pp. 735-752.

White, D. J., Barefoot, A. J., and Bolton, M. D. 2001. Centrifuge modeling of upheaval buckling in sand. International Journal of Physical Modeling in Geotechnics, 2 (1): 19-28.

White, D. J., Cheuk, C. Y. and Bolton, M. D. 2008. The uplift resistance of pipes and plate anchors buried in sand. Geotechnique, 58 (10): 771-779.

Wong, J. Y., Radforth, J. R. and Preston-Thomas, J. 1982. Some further studies on the mechanical properties of muskeg in relation to vehicle mobility. Journal of Terramechanics, 19(2): 107-127.

Wood, D. M. 1983. Index properties and critical state soil mechanics. Proceedings, Symposium on Recent Developments in Laboratory and Field Tests and Analysis of Geotechnical Problems. Bangkok: 301-309.

Wood, D. M. 1990. Soil behaviour and critical state soil mechanics. Cambridge University Press. Cambridge, U. K. 465 pgs.

Yimsiri, S., Soga, K., Yoshizaki, K., Dasari, G. R. and O'Rourke, T. D. 2004. Lateral and upward soil-pipeline interactions in sand for deep embedment conditions. Journal of Geotechnical and Geoenvironmental Engineering, ASCE, 30(8): 830-842.

Yoosef-Ghodsi, N., Zhou, J. and Murray, D. W. 2008. A simplified model for evaluating strain demand in pipeline subjected to longitudinal ground movement. Proceedings, 7th International Pipeline Conference. ASME. Calgary, Canada. Paper IPC2008-64415: 8 pgs.

Youd, T. L. 1978. Major cause of earthquake damage is ground failure. ASCE Journal of Civil Engineering, 48(4): 47-51.

Youd, T. L. and Perkins, M. 1978. Mapping liquefaction-induced ground failure potential. ASCE Journal of Geotechnical Engineering, 104 (4): 433-446.

Youd, T. L, Hansen, C. M. and Bartlett, S. F. 2002. Revised multilinear regression equations for prediction of lateral spread displacement. ASCE Journal of Geotechnical and Geoenvironmental Engineering, 128 (12): 1007-1017.

Yoshizaki, K. and Sakoaoue, T. 2004. Analytical study on soil-pipeline interaction due to large ground deformation. Proceedings, 13th World Conference on Earthquake Engineering. Vancouver, Canada. Paper No. 1402.

名 词 术 语

Adhesion factor 内聚力系数
ASTM 美国材料与试验协会
Atterberg Limits 阿特伯格极限
liquid limit 液限
liquidity index 液性指数
plastic limit 塑限
plasticity index 塑性指数
backfill 回填
backfill aging 回填时效
bearing capacity 挤压承载能力
bearing stiffness 挤压刚度
bentonite 膨润土
buoyancy 浮力
coefficient of consolidation 压实系数
coefficient of variation 差异系数
cohesion(soil) 内聚力(土壤)
colluvium 崩积层
compaction 压实
compressive strain 压缩应变
CSA Z662 加拿大标准协会
delta T 温差
diamicton 沉积物
dilatant soil behaviour 土壤剪胀性
displacement rate 位移率
drained loading 排水后载荷
drained soil strength 排水后土壤强度
drilling mud 钻井泥浆
earthquake 地震
effective friction angle 有效摩擦角
effective soil cohesion 有效土壤内聚力
effective stress 有效压力
eolian 风积土
fault 断层
reverse 逆(断层)
strike-slip 走滑(断层)
thrust 逆冲(断层)
fault crossing 穿越断层

field vane 十字板
fluvial 冲积物
friction angle 摩擦角
frost heave 冻胀
frozen backfill 冻土回填
frozen soil 冻土
geohazard 地质灾害
glaciomarine 冰川海洋
groundwater 地下水
horizontal directional drill 水平定向钻
hydrostatic pressure 静水压力
hyperbolic function 双曲函数
illite 伊利石
induced trench method 管沟排水法
kaolinite 高岭土
karst 喀斯特
lacustrine 湖泊
landslide 滑坡
lateral displacement 侧向扩展
lateral earth pressure 侧向土压
lateral spread 侧向位移
liquefaction 液化
mitigation 减缓
Mohr circle 莫尔圆
Mohr-Coulomb 莫尔-库仑
montmorillonite 蒙脱土
muskeg 沼泽图
normal stress 法向应力
normally consolidated 正常压实
over consolidation ratio 超压实比
overconsolidated 超压实
particle size distribution 粒径分布
passive pressure 被动土压力
permafrost 永冻土
plane strain 平面应变
pore water pressure 孔隙水压力
ratcheting 棘轮效应

rate effect 速率效应
relative density 相对密度
remolded soil strength 重塑土壤强度
remolded strength 重塑强度
residual soil 残积土
residual soil strength 残余土壤强度
saturation 饱和
sensitivity 灵敏度
shear stress 剪应力
sinkhole 天坑
slickenside 擦痕
smectite 蒙脱石
soil resistance 土壤抗力
axial 轴向
bearing 轴承
horizontal 侧向
upward 上方
soil spring 土弹簧
soil stiffness 土壤刚度
soil strength tests 土壤强度试验
direct shear test 直接剪切试验
simple shear test 简单剪切试验
triaxial compression test 三轴压缩试验
unconfined compression test 无围压压缩试验
standard penetration test 标准贯入测试

stochastic 随机
strain based design 基于应变的设计
strain rate 应变率
strain softening 应变软化
talus 崩塌碎石
tensile strain 拉伸应变
thaw settlement 融沉
thermal expansion 热膨胀
till 冰渍土
trench wall 管沟沟壁
trench width 管沟宽度
undrained loading 不排水加载
undrained soil strength 不排水土壤强度
unit weight 比重
bulk 体积
dry 干度
effective 有效的
saturated 饱和的
unsaturated soil mechanics 非饱和土壤力学
upheaval buckling 上浮屈曲
uplift resistance 抬升抗力
vertical stress 垂直压力
water content 含水量
yield displacement 屈服位移

国外油气勘探开发新进展丛书(一)

书号：3592
定价：56.00元

书号：3663
定价：120.00元

书号：3700
定价：110.00元

书号：3718
定价：145.00元

书号：3722
定价：90.00元

国外油气勘探开发新进展丛书(二)

书号：4217
定价：96.00元

书号：4226
定价：60.00元

书号：4352
定价：32.00元

书号：4334
定价：115.00元

书号：4297
定价：28.00元

国外油气勘探开发新进展丛书（三）

书号：4539
定价：120.00元

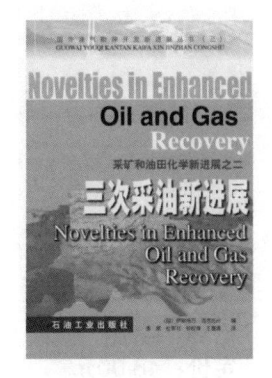

书号：4725
定价：88.00元

书号：4707
定价：60.00元

书号：4681
定价：48.00元

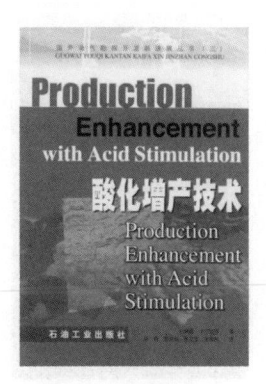

书号：4689
定价：50.00元

书号：4764
定价：78.00元

国外油气勘探开发新进展丛书（四）

书号：5554
定价：78.00元

书号：5429
定价：35.00元

书号：5599
定价：98.00元

书号：5702
定价：120.00元

书号：5676
定价：48.00元

书号：5750
定价：68.00元

国外油气勘探开发新进展丛书（五）

书号：6449
定价：52.00元

书号：5929
定价：70.00元

书号：6471
定价：128.00元

书号：6402
定价：96.00元

书号：6309
定价：185.00元

书号：6718
定价：150.00元

国外油气勘探开发新进展丛书（六）

书号：7055
定价：290.00元

书号：7000
定价：50.00元

书号：7035
定价：32.00元

书号：7075
定价：128.00元

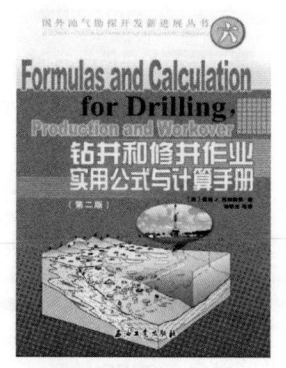

书号：6966
定价：42.00元

书号：6967
定价：32.00元

国外油气勘探开发新进展丛书(七)

书号：7533
定价：65.00元

书号：7802
定价：110.00元

书号：7555
定价：60.00元

书号：7290
定价：98.00元

书号：7088
定价：120.00元

书号：7690
定价：93.00元

国外油气勘探开发新进展丛书(八)

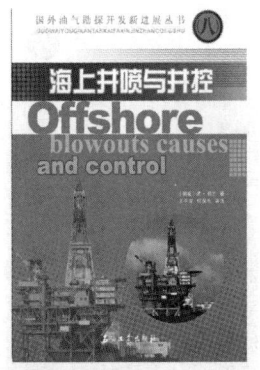

书号：7446
定价：38.00元

书号：8065
定价：98.00元

书号：8356
定价：98.00元

书号：8092
定价：38.00元

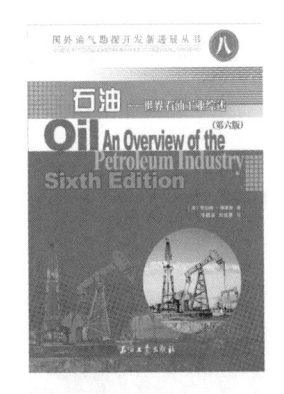

书号：8804
定价：38.00元

书号：9483
定价：140.00元

国外油气勘探开发新进展丛书（九）

书号：8351
定价：68.00元

书号：8782
定价：180.00元

书号：8336
定价：80.00元

书号：8899
定价：150.00元

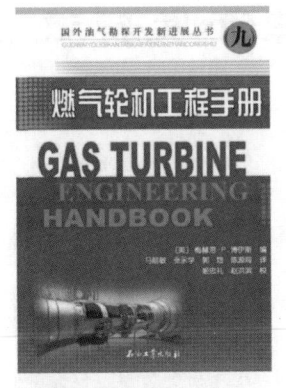

书号：9013
定价：160.00元

书号：7634
定价：65.00元

国外油气勘探开发新进展丛书（十）

书号：9009
定价：110.00元

书号：9989
定价：110.00元

书号：9574
定价：80.00元

书号：9024
定价：96.00元

书号：9322
定价：96.00元

书号：9576
定价：96.00元

国外油气勘探开发新进展丛书（十一）

书号：0042
定价：120.00元

书号：9943
定价：75.00元

书号：0732
定价：75.00元

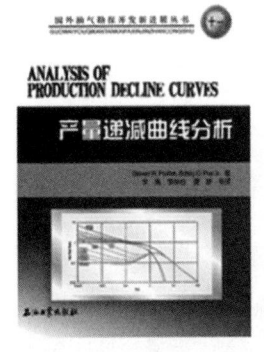

书号：0916
定价：80.00元

书号：0867
定价：65.00元

书号：0732
定价：75.00元

国外油气勘探开发新进展丛书（十二）

书号：0661
定价：80.00元

书号：0870
定价：116.00元

书号：0851
定价：120.00元

书号：1172
定价：120.00元

书号：0958
定价：66.00元

书号：1529
定价：66.00元

国外油气勘探开发新进展丛书（十三）

液化天然气手册	海洋结构物设计、建造与维护	天然气脱硫与处理手册
书号：1046 定价：158.00元	书号：1167 定价：165.00元	书号：1645 定价：70.00元
油气藏勘探与评价	石油工程手册——可持续开发	完井设计
书号：1259 定价：60.00元	书号：1875 定价：158.00元	书号：1477 定价：256.00元

国外油气勘探开发新进展丛书（十四）

实用油藏工程（第三版）	水力压裂解释——评估、实施和挑战	石油工程师指南——油田化学品与流体
书号：1456 定价：128.00元	书号：1855 定价：60.00元	书号：1874 定价：280.00元

管道应力分析相关土壤力学

书号：2857
定价：80.00元

书号：2362
定价：76.00元

国外油气勘探开发新进展丛书（十五）

书号：3053
定价：260.00元

书号：3682
定价：180.00元

书号：2216
定价：180.00元

书号：3052
定价：260.00元

书号：2703
定价：280.00元

书号：2419
定价：300.00元

国外油气勘探开发新进展丛书（十六）

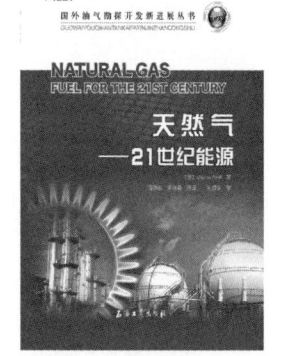

书号：2274
定价：68.00元

书号：2428
定价：168.00元

书号：1979
定价：65.00元

书号：3450
定价：280.00元

国外油气勘探开发新进展丛书（十七）

书号：2862
定价：160.00元

书号：3081
定价：86.00元

书号：3514
定价：96.00元

书号：3512
定价：298.00元

书号：3980
定价：220.00元

国外油气勘探开发新进展丛书（十八）

书号：3702
定价：75.00元

书号：3734
定价：200.00元

书号：3693
定价：48.00元

书号：3513
定价：278.00元

书号：3772
定价：80.00元

国外油气勘探开发新进展丛书（十九）

书号：3834
定价：200.00元

书号：3991
定价：180.00元

书号：3988
定价：96.00元

书号：3979
定价：120.00元

书号：4043
定价：100.00元